DES FRANCHISES
DIPLOMATIQUES

ET SPÉCIALEMENT

DE L'EXTERRITORIALITÉ

ÉTUDE DE DROIT INTERNATIONAL

ET

DE LÉGISLATION COMPARÉE

PAR

EM. VERCAMER

JUGE AU TRIBUNAL MIXTE DU CAIRE

PARIS
LIBRAIRIE MARESCQ AINÉ
CHEVALIER-MARESCQ & Cⁱᵉ, ÉDITEURS
20, RUE SOUFFLOT, 20

BRUXELLES
OFFICE DE PUBLICITÉ
J. LEBÈGUE & Cⁱᵒ, ÉDITEURS
46, RUE DE LA MADELEINE, 46

1891

DES FRANCHISES

DIPLOMATIQUES

ET SPÉCIALEMENT

DE L'EXTERRITORIALITÉ

Bruxelles. — Imprimerie J. Lebègue et Cie, impasse du Devoir, 2.

DES FRANCHISES

DIPLOMATIQUES

ET SPÉCIALEMENT

DE L'EXTERRITORIALITÉ

ÉTUDE DE DROIT INTERNATIONAL

ET

DE LÉGISLATION COMPARÉE

PAR

EM. VERCAMER

JUGE AU TRIBUNAL MIXTE DU CAIRE

✦ ·❖· ✦

<table>
<tr><td align="center">PARIS
LIBRAIRIE MARESCQ AINÉ
CHEVALIER-MARESCQ & Cie, ÉDITEURS
20, RUE SOUFFLOT, 20</td><td align="center">BRUXELLES
OFFICE DE PUBLICITÉ
J. LEBÈGUE & Cie, ÉDITEURS
46, RUE DE LA MADELEINE, 46</td></tr>
</table>

1891

PRÉFACE

En 1876, à l'occasion de l'institution des tribunaux mixtes égyptiens, des traités, intervenus entre l'Égypte et les diverses puissances européennes, stipulèrent « le maintien intégral des immunités, » des privilèges et des prérogatives dont jouissaient » (alors) les consulats et les fonctionnaires qui dépen» dent d'eux ».

L'interprétation de ces traités et du droit coutumier qu'ils consacraient, ne manqua pas de faire naître maintes controverses. Les anciens usages étaient trop incertains et trop vaguement définis pour qu'il en pût être autrement.

En 1880, dans le but de mettre fin aux fluctuations de la jurisprudence et pour fixer d'une manière non équivoque les règles à suivre désormais, le gouvernement égyptien proposa un nouveau texte, qui avait pour objet de définir l'immunité de la juridiction, sous le double rapport de son étendue matérielle et du point de savoir à qui en appartient le bénéfice.

Ce texte fut adopté, avec quelques modifications, par une commission internationale, qui se réunit au Caire dans le courant de la présente année.

Ce sont les discussions soulevées au sein de cette commission qui nous ont déterminé à entreprendre une étude des franchises diplomatiques.

Nous nous étions d'abord proposé de ne traiter la question qu'au point de vue égyptien. Mais comme les anciens usages ont été modifiés en Égypte de façon à faire rentrer ce pays dans le droit commun international, nous avons trouvé préférable d'envisager ce droit lui-même dans sa généralité.

Ce changement de plan nous a été inspiré aussi par cette considération que la question des immunités diplomatiques figure présentement parmi les travaux qui sont à l'ordre du jour de l'Institut du droit international.

Elle est bien ancienne, cette question ! Mais que de controverses elle soulève encore !

L'on sait que le bénéfice de l'exterritorialité a été vivement critiqué, dans ces derniers temps : en France, par le Portugais Pinheïro-Ferreira ; en Italie, par

Pietro Esperson et par Pasquale Fiore; en Belgique, par Laurent.

C'est de ce bénéfice que nous nous sommes occupé particulièrement. Nous l'avons envisagé au double point de vue de sa raison d'être et de ses conséquences pratiques, comme aussi dans ses rapports avec l'ensemble des franchises diplomatiques; et nous sommes arrivé à cette conclusion que le principe de l'exterritorialité est rationnel, mais qu'il en a été fait des applications outrées, surtout en France.

Les nouvelles théories ne nous ont pas séduit. Nos préférences sont pour la doctrine traditionnelle, telle qu'elle a été créée ou propagée par Grotius et développée par Bynkershoek.

Selon nous, personne n'a mieux que Bynkershoek traité la question de l'exterritorialité diplomatique. Nous ne nous sommes écarté de ce maître que sur quelques points d'une importance secondaire.

Notre sujet nous a dominé de façon à nous entraîner parfois dans un ton de polémique peut-être un peu vif; mais nous osons espérer que nul ne nous en tiendra rigueur.

TABLE DES MATIÈRES

PREMIÈRE PARTIE

Notions générales et historiques

CHAPITRE PREMIER

Les sources doctrinales

§ 1. LES ORIGINES

§ 2. LA TRADITION GROTIENNE

§ 3. LE DROIT DES GENS MODERNE

CHAPITRE II

Les sources légales

§ 1. LES ORDONNANCES NÉERLANDAISES DU XVIIe SIÈCLE

§ 2. LA LÉGISLATION DANOISE

§ 3. LE STATUT ANGLAIS DE 1709 ET LA LÉGISLATION DES ÉTATS-UNIS DE L'AMÉRIQUE DU NORD

§ 4. LES ORDONNANCES ESPAGNOLES ET PORTUGAISES DU XVIIe ET DU XVIIIe SIÈCLE

§ 5. LES TRADITIONS ET LA LÉGISLATION FRANÇAISES

§ 6. LA LÉGISLATION RUSSE

§ 7. LA LÉGISLATION HELLÉNIQUE ET LA LÉGISLATION BAVAROISE

§ 8. LA LÉGISLATION AUTRICHIENNE

§ 9. LES LÉGISLATIONS ALLEMANDES

§ 10. LES TRADITIONS EN BELGIQUE ET EN ITALIE

CHAPITRE III

Les règles générales du moderne droit des gens

§ 1. ÉNUMÉRATION DES FRANCHISES DIPLOMATIQUES

§ 2. DE LA DURÉE ET DE LA FORCE OBLIGATOIRE DES FRANCHISES DIPLOMATIQUES

DEUXIÈME PARTIE

Exposé systématique du droit coutumier européen sur l'exterritorialité

CHAPITRE PREMIER

De l'exterritorialité en général

§ 1. LE PRINCIPE ET SA RAISON D'ÈTRE

CHAPITRE II

Du bénéfice d'exemption de la juridiction civile

§ 1. ÉTENDUE MATÉRIELLE DE L'IMMUNITÉ

CHAPITRE III

Des voies de procédure et d'exécution

§ 1. DE LA FACULTÉ D'AGIR

§ 2. LES FORMALITÉS JUDICIAIRES

CHAPITRE IV

Franchise qui protège la demeure des diplomates

CHAPITRE V

Des personnes qui jouissent du bénéfice
de l'exterritorialité

§ 1. FONCTIONNAIRES DIPLOMATIQUES ET CONSULAIRES

§ 2. FAMILLE DU BÉNÉFICIAIRE ET GENS DE SA MAISON PRIVÉE

CONCLUSION

ANNEXE

PREMIÈRE PARTIE

Notions générales et historiques

CHAPITRE PREMIER

Les sources doctrinales

§ 1. LES ORIGINES

1. Le droit des gens est une création récente de l'esprit humain, soit qu'on l'envisage comme science ou comme coutume positive. Le *jus gentium* des Romains n'a rien de commun avec ce droit moderne : c'était un droit territorial, qui se forma en opposition avec la loi personnelle du Romain, un droit moins formaliste, plus conforme aux enseignements de la raison, partant plus libéral et plus progressif que l'inflexible *jus civile Quiritium,* mais un droit qui ne s'étendait pas au delà des frontières de l'empire (1).

(1) « Rome possédait, touchant ses relations avec les autres peuples, un ensemble de règles, que l'on appelait tantôt le *jus feciale,* tantôt le *jus belli et pacis,* tantôt le *jus gentium.* Mais on ne saurait soutenir que ces règles constituent un droit interna·tional dans le sens actuel du mot, c'est-à-dire un ensemble

Et, en effet, l'idée d'un droit international ne pouvait naître dans une race qui aspirait à la domination universelle, ni dans un monde qui confondait l'étranger et l'ennemi (2).

Cette idée est née en même temps que celle d'un équilibre européen; et elle ne put naître qu'après qu'une collectivité de nations, également souveraines et indépendantes, se fut formée, sous l'influence instinctive d'une commune civilisation, due à une

de principes ayant en eux-mêmes leur fondement..., indépendants des États et supérieurs aux organisations particulières de ceux-ci, etc... » (Voir un article de M. G. Jasinato sur *Le Droit international de la république romaine*, dans la *Revue de droit international et de législation comparée*, tome XVII, année 1885.)

L'ensemble des relations extérieures du peuple romain était le plus souvent désigné par l'expression *jus belli et pacis*, laquelle resta usitée jusqu'à Grotius. Richard Zouch, qui professa à Oxford vers l'an 1620, employa le premier la locution de *jus inter gentes*. Déjà Grotius avait parlé du *jus inter civitates*, mais il avait conservé l'expression *jus gentium*. D'Aguesseau n'a pu faire prévaloir l'expression « droit entre les gens », et ce n'est que grâce à l'influence de Bentham que l'appellation nouvelle de *international law* ou *droit international* a pris place à côté des anciennes dénominations. (*Introduction au droit des gens*, par Franz de Holtzendorff et Alph. Rivier.)

(2) « *Adversus hostem peregrinum æterna auctoritas esto* », disait la loi des XII tables.

« Aucun traité du droit des gens de l'antiquité ne nous a été conservé, dit Wheaton, quoique Grotius prétende qu'Aristote ait fait un ouvrage sur les droits de la guerre et les institutions de la loi féciale. » (*Histoire du progrès du droit des gens...*, Leipzig, Brockhaus, 1865.)

communauté d'origine, dans la partie du monde que colonisèrent les antiques Aryens (3).

2. Cependant, l'on peut dire que le *droit d'ambassade,* qui forme la partie la plus ancienne de la littérature du droit des gens, se perd historiquement dans la nuit des temps.

Dès qu'il a existé plusieurs peuples, constitués en sociétés politiques distinctes et ayant entre eux des rapports d'affaires, des relations d'amitié ou des conflits d'intérêts, le besoin a dû se faire sentir pour eux de se communiquer leurs vues respectives par des mandataires, choisis à cette fin; et, comme cette pratique n'eût jamais pu s'établir sans que la sûreté des envoyés fût pleinement garantie, l'inviolabilité de ceux-ci a dû s'imposer, comme une nécessité d'ordre naturel. Aussi voyons-nous ce principe consacré et généralement respecté dans les temps les plus reculés, à une époque où la notion même d'un droit des gens n'était pas encore née, et jusque chez les peuples qui appliquaient le

(3) D'après G.-F. DE MARTENS, il est des points dont on ne trouve la source qu'en remontant assez haut dans le moyen âge; pour d'autres, c'est la fin du XVe siècle qui fait époque; pour d'autres encore, le règne du roi de France Henri IV; mais en général, l'époque principale du moderne droit des gens date de la paix de Westphalie de 1648. (*Précis du droit des gens moderne de l'Europe.* Éd. Ch. Vergé. Intr., § 10.)

droit de la guerre avec le plus de rigueur (1).

« L'inviolabilité des ambassadeurs a été admise,
» dit Laurent (2), dès que les peuples ont eu la plus
» faible conscience du lien qui les unit. »

3. Il est vrai que ce principe relevait chez les
peuples primitifs de la religion plutôt que de la loi
civile. C'était la crainte d'offenser les dieux dans une
personne que les rites sacrés avaient placée sous leur
protection, qui les déterminait à ménager exceptionnellement la personne et la liberté de l'étranger. Ce
n'était pas dans la pensée que la nation représentée
par l'ambassadeur eût des droits comme nation, ni
que l'envoyé eût comme homme des droits attachés
à cette seule qualité (1).

(1) L. 17, Dig. *De legationibus*, 507. « *Si quis legatum hostium
pulsasset..., contra jus gentium id commissum esse existimatur,
quia sancti habentur legati.* »
Le même principe est proclamé dans le droit canon. La coutume
de respecter les envoyés est énoncée dans la *Concorde des canons
discordants*, de GRATIEN, parmi les règles qui relèvent du droit des
gens : « *Jus gentium est sedium occupatio..., legatorum non violan-
dorum religio.* » (Voir *Les Commencements de la diplomatie et le
droit d'ambassade jusqu'à Grotius*, par ERN. NYS, juge au tribunal de
première instance de Bruxelles, dans la *Revue de droit international
et de législation comparée*, tomes XV et XVI, années 1883 et 1884.)
(2) *Le Droit civil international*, Bruxelles, 1880, tome III, n° 11.
(1) G.-F. DE MARTENS, op. cit.; et BLUNTSCHLI, *Le Droit international codifié*, traduit de l'allemand par Lardy. Paris, 1886. —
« La crainte des dieux, dit ce dernier auteur, suppléait (alors) à
l'impuissance du droit international. »

Cependant, le respect de l'ambassadeur n'en est pas moins une tradition aussi antique qu'universelle.

Montesquieu a exprimé ce fait général sous une forme pittoresque : « Toutes les nations ont un droit » des gens. Les Iroquois, qui mangent leurs prison- » niers, en ont un : ils envoient et reçoivent des » ambassadeurs... (2) »

Il n'y a pas bien longtemps, à la vérité, que les Turcs retenaient encore, dans la forteresse des Sept-Tours, les envoyés des puissances avec lesquelles ils entraient en guerre. Mais c'était pour le plus grand bien de messieurs les ambassadeurs qu'ils étaient censés agir de la sorte : c'était, disaient-ils, pour les protéger contre les fureurs populaires.

La Sublime Porte a d'ailleurs renoncé, depuis le commencement de ce siècle, à cet usage brutal, qui la mettait en dehors de la communauté européenne. En 1827, lors des conférences qui précédèrent le départ des ambassadeurs de France, d'Angleterre et de Prusse, la Porte déclara solennellement « qu'il n'y avait plus de Sept-Tours (3) ».

(2) Montesquieu, *L'Esprit des lois,* l. I, chap. III.

(3) Ch. de Martens, *Guide diplomatique,* § 23, note; Fr. de Martens, *Traité du droit international,* traduit du russe par A. Leo. Paris, 1886, t. II, ch. II, § V. — D'après Merlin, le respect des ambassadeurs forme l'un des préceptes du Coran. Nous n'y avons trouvé pourtant aucun texte dans ce sens.

4. Ce n'est guère qu'à partir du xve siècle, que le droit d'ambassade a commencé à préoccuper les jurisconsultes et les légistes. Et cela se conçoit : jusqu'alors, les missions n'avaient été qu'accidentelles et temporaires; par suite, le vague principe de leur inviolabilité semblait suffire à la sauvegarde des intérêts internationaux qu'elles représentaient. Mais lorsqu'au xve siècle les légations étrangères tendirent à devenir une institution régulière et permanente (*a*), on fut naturellement amené à se demander quel est le degré d'indépendance que l'inviolabilité diplomatique comporte.

Or, ce siècle se distinguait particulièrement par son culte de l'antiquité classique. Il semblait alors que nulle maxime politique ou morale, que nul précepte juridique ne fût sûr d'un assentiment universel, s'il n'était sanctionné par une législation positive, que l'on considérait comme l'expression de la raison écrite. C'est donc dans les monuments législatifs de l'ancienne Rome que l'on chercha des règles propres à définir la situation juridique des représentants d'une puissance étrangère.

(*a*) Voir sur l'institution des légations permanentes : G. Krauske, *Die Entwickelung der Ständigen Diplomatie*, Leipzig, 1815 ; — Wheaton, *Hist.*, p. 62 ; — Ern. Nys, loc. cit. ; — Franz de Holtzendorff et Alph. Rivier, *Introduction au droit des gens*, § 83.

5. Pourtant, le droit romain ne définit nulle part cette situation; un seul de ses textes concerne manifestement les ministres étrangers, et c'est celui qui proclame leur inviolabilité : *Sancti habentur legati* (1).

La loi D. *ad legem Juliam de vi publica* punit bien, comme un délit contre le droit des gens, les offenses commises à l'égard de ces ministres; mais la question de savoir si et jusqu'à quel point ils étaient indépendants de l'autorité publique du lieu de leur résidence, n'en reste pas moins indécise.

Néanmoins, les publicistes de la Renaissance prétendirent étendre par analogie aux ministres étrangers le *jus domum revocandi*, que certains textes consacrent au profit des citoyens romains envoyés en députation à Rome par des provinces ou des municipalités; ce qui s'entendait du droit de décliner la compétence des tribunaux du lieu où ils étaient envoyés en mission, pour toutes les affaires par eux conclues ou pour tous les délits par eux commis *avant leur envoi en députation* (2).

6. Tel fut l'enseignement généralement professé

(1) Voir le n° 2, note 1.

(2) L. 2, § 3 et 4, l. 24, § 1 et 2, D. *de judiciis*; et l. 12, *de accusationibus.* (Voir MERLIN, *Rép.*, v° Ministre public, sect. V, § IV, art. I.)

jusqu'à Grotius : — en Italie et en Espagne, par Gonzalve de Villadiego (Gundisalvus) (1), dans la seconde moitié du xv° siècle ; et, au siècle suivant, par Ottaviano Maggi (2) et par Cavarassias (3) ; — en Allemagne, par Conrad Braun (Brunus) (4), l'auteur d'un traité *De Legationibus*, publié à

(1) Né à Villadiego, dans le diocèse de Burgos ; il étudia à Salamanque, fut nommé en 1476 chanoine de Tolède, obtint ensuite un poste d'auditeur pour les affaires d'Espagne dans le tribunal de la Rote à Rome, et mourut dans cette ville après avoir été promu au siège épiscopal d'Oviedo. (Voir ERN. NYS, loc. cit.)

(2) Ottaviano Maggi, auteur d'un traité *De Legato*, publié à Venise en 1566, fut chargé par la République de Venise de diverses missions à Rome et en France. Voici ce qu'il dit au sujet de l'immunité des envoyés : « *Quia legati Reipublicæ causa videntur abesse, civili jure præscriptum est, legatum in omni re rationeque cum altero etiam ante legationem contracta, vendendo, emendo, conducendo, locando, si ei dies dicta sit, habere jus, ut lator legis ait, revocandi domum, id est non posse usquedum domum revenerit in judicium vocari ; nec injuria, propterea quod minime æquum est ut quæ publicæ rei causa fiunt, privatis commodis impediantur.* » (Voir une notice de CATTELANI, dans la *Revue de droit international et de législation comparée*, t. XVI, année 1884.)

(3) Né à Tolède, il enseigna le droit canon à Salamanque, fut envoyé par Charles-Quint au concile de Trente, obtint de Philippe II en 1562 la présidence du conseil de Castille. « Ce fut l'un des plus grands romanistes de son époque ; ses contemporains l'avaient surnommé le Barthole espagnol. » Grotius le proclame un jurisconsulte d'un jugement exquis. (Voir ERN. NYS, *Le Droit de la guerre et les précurseurs de Grotius.*)

(4) Originaire du Wurtemberg, il étudia le droit à Tubingue, et fut chargé par Charles-Quint de rédiger les règlements de la Chambre impériale d'Augsbourg. D'après ERN. NYS, son traité est diffus et manque de méthode. (Voir *Les Commencements de la diplomatie.*

Mayence en 1547; — en Angleterre, par Albéric Gentil (Albericus Gentilis) (5), auteur d'un traité notable, *De Legationibus*, dont la première édition remonte à 1585; — en France, par Charles Paschal, dont le *Legatus* parut en 1598 (6); — en Angleterre et en France, par Jean Hotman (7), qui publia à

(5) Originaire de la Marche d'Ancône, il fut obligé de quitter son pays pour cause de protestantisme et vécut successivement en Allemagne et en Angleterre. Il devint professeur de jurisprudence à l'Université d'Oxford. — « Des jugements divers, dit ERN. NYS, ont été portés sur son traité *De Legationibus;* mais louanges et critiques ont été également exagérées; il faut dire que si le livre de l'illustre professeur d'Oxford n'est pas précisément un chef-d'œuvre, c'est du moins le premier travail systématique sérieux qui ait paru sur la matière. » (Voir *Les Commencements de la diplomatie.*) — Quoi qu'il en soit, Grotius reconnaît qu'il doit beaucoup à Gentil et il est évident, d'après WHEATON (loc. cit.), qu'il a été d'une grande utilité à ce célèbre publiciste.

(6) Né dans une petite ville du Piémont en 1547; il étudia le droit à Paris et se fixa en France où il obtint des lettres de naturalisation. Il remplit diverses missions de confiance sous Henri III, Henri IV et Louis XIII. Wicquefort l'appelle un fort savant homme, mais un ministre des plus médiocres. « De fait, son livre jouit longtemps d'une grande réputation, dit ERN. NYS (loc. cit.); et cependant, à la lecture des quatre-vingt-sept chapitres qui le composent, on se demande quel a bien pu être le fondement de cette renommée. Bynkershoek, bon juge en la matière, a sévèrement apprécié Paschal, auquel il reproche d'avoir plus d'érudition fastueuse et de grands mots que de jugement et d'exactitude... Notamment, au sujet de la juridiction criminelle, il manque de clarté et se laisse entraîner par des considérations politiques qui obscurcissent son raisonnement juridique. »

(7) Né en 1552 à Lausanne, où il étudia le droit; il passa ensuite en Angleterre, où nous le voyons incorporé à l'Université

Paris en 1603 son *Traité de l'ambassadeur* ; — en Belgique, par Frédéric de Marselaer (8), l'auteur d'un *Legatus* édité à Anvers en 1618 ; — enfin, par deux contemporains de Grotius, l'Allemand Christophe Besold (9) et l'Italien Germonius (10).

§ 2. LA TRADITION GROTIENNE

7. C'est en 1625 que parut enfin, presque en même temps que les traités de Germonius et de Besold, le fameux *De Jure belli ac pacis* du célèbre

d'Oxford le même jour qu'Albéric Gentil ; il fut nommé en 1585 maître des requêtes par le roi de Navarre et envoyé par celui-ci en Allemagne pour négocier avec les princes protestants. (Voir WHEATON et ERN. NYS, loc. cit.)

(8) Né à Anvers en 1584 ; il étudia le droit à Louvain, fut échevin de Bruxelles en 1614 et bourgmestre en 1623. — « On lui reproche, dit Nys, une vanité excessive, qui apparaît dans la plupart de ses œuvres. » — Cet auteur soumet l'envoyé à la juridiction pénale du lieu où il est accrédité, et enseigne que si le souverain local ne punit pas l'ambassadeur délinquant, c'est par humanité ou par politique. (Voir ERN. NYS, loc. cit.)

(9) Né en 1567, il professa à Tubingue et à Ingolstadt et publia en 1624 une importante étude : *De Legatis eorumque jure*. Après avoir suivi le droit romain dans une première dissertation, il en vint, dans l'ouvrage précité, à préconiser, par rapport à la juridiction criminelle, une distinction entre le devoir de l'homme, *(officium hominis)* et le devoir de l'ambassadeur *(officium legati)*. (Voir ERN. NYS, loc. cit.)

(10) Né en 1551 dans le Piémont ; il étudia et enseigna le droit à Turin ; passa ensuite à Rome, où Clément VIII l'attacha à la congrégation de la codification des décrétales ; remplit diverses missions diplomatiques pour le compte de la maison de Savoie

Néerlandais De Groot, si universellement connu sous
le nom latinisé de Grotius (1).

Avec lui, la littérature du droit des gens entre

en Italie et en Espagne, et mourut à Madrid en 1629, l'année
même de la publication de son traité *De Legatis principum et
populorum*. (Voir dans la *Revue de droit international et de législation comparée*, tome XIX, année 1887, une intéressante notice
de LUIGI OLIVI, suivie d'une notice biographique d'ALPH. RIVIER.)

(1) « Cette époque si fertile en grands hommes, dit WHEATON,
(loc. cit.), n'en a pourtant pas produit de plus illustre, par le
génie, par la variété de ses connaissances et par l'influence de
ses travaux sur les opinions et sur la conduite de ses contemporains et de la postérité. Également distingué comme savant et
comme homme politique, il fut en même temps avocat éloquent,
savant jurisconsulte, historien célèbre, homme d'État dévoué à
sa patrie, et théologien versé dans toutes les parties de la
science... »

Grotius naquit en 1583. Il n'avait que quinze ans lorsqu'il accom-
pagna Barnevelt à la cour de France. Henri IV appelait cet enfant
précoce « le prodige de la Hollande ». A l'âge de dix-huit ans, il fut
chargé par les États-Généraux d'écrire l'histoire de l'affranchissement des Provinces-Unies des Pays-Bas. Après avoir pratiqué
le barreau, il devint avocat général des provinces de Hollande, de
Zélande et de Frise, et peu d'années après membre des États-Généraux. En 1613, il remplit une mission diplomatique en Angleterre. Tout le monde sait l'histoire de son arrestation (1618), de
sa condamnation à une prison perpétuelle, de sa captivité et de
son évasion (1621). Il reçut l'accueil le plus favorable à Paris, où il
se réfugia ; et c'est à Louis XIII qu'il dédia son fameux *De Jure belli
ac pacis*, dont la première édition remonte à 1625. — En 1634, il
passa au service de la Suède. Oxenstiern, qui faisait grand cas de
lui, comme auparavant Gustave-Adolphe, l'envoya en qualité de
ministre à Paris, « poste difficile, rendu plus difficile encore par
l'antipathie de Richelieu et les intrigues du ministre des
Pays-Bas ». Il mourut en 1645 des suites d'un naufrage. (Voir
FRANZ DE HOLTZENDORFF et ALPH. RIVIER, loc. cit.)

dans sa période scientifique et un principe nouveau triomphe dans le droit d'ambassade : celui de l'*exterritorialité*, lequel consiste à considérer les légations étrangères comme pleinement affranchies de l'autorité souveraine et de la juridiction du lieu de leur résidence (2).

Ce n'est pas à dire que Grotius inventa la théorie de l'exterritorialité. Nous allons voir qu'il en parle lui-même comme d'un système qui avait déjà cours à son époque ; et, en effet, on en trouve des traces dans les ouvrages de plusieurs de ses devanciers, notamment dans celui d'un publiciste français du xvie siècle, Ayrault (1536-1601) (3).

Mais il n'en est pas moins certain que c'est Grotius

(2) « L'exterritorialité, dit Ern. Nys (loc. cit.), fut encore combattue de temps en temps ; quelques écrivains la rejetèrent totalement ; d'autres ne l'admirent qu'en partie ; mais elle réunit dans ses grandes lignes la majorité des suffrages, et avec elle s'ouvre une période nouvelle pour l'histoire du droit de légation. »

(3) Auteur d'un livre intitulé : *L'Ordre, formalité et instruction judiciaire...* Il naquit à Angers et mourut en cette ville, où il occupait alors la charge de lieutenant criminel. La fiction de l'exterritorialité se trouve dans Ayrault, quoique le terme n'y soit pas, et aussi la théorie de la représentation. Pour lui, l'immunité de la juridiction civile et criminelle est un corollaire de l'inviolabilité diplomatique. L'ambassadeur représente la personne du prince, qui est sacrée, et il n'est au lieu de sa résidence que pour les affaires de son office ; pour tous les autres actes de sa vie civile, il faut le tenir pour absent. (Voir Ern. Nys, *Les Commencements de la diplomatie.*)

D'après Wheaton (loc. cit.), l'Allemand Conrad Braun (dont

qui assura le triomphe définitif de ce système dans la doctrine, et qui fit passer cette doctrine dans la pratique des États (4).

Si grande fut l'influence de Grotius, qu'on a pu dire que son *Traité de la paix et de la guerre* était considéré, vers l'époque de la paix de Westphalie, comme le code du droit des gens de l'Europe (5).

8. Tout ce qui concerne le droit d'ambassade, dans cet ouvrage si renommé, ne forme pourtant que l'objet d'un chapitre assez court (le treizième). Quelques règles s'y dégagent nettement d'un fatras de citations, empruntées, suivant la mode du temps, aux Écritures saintes, à la littérature romaine, à l'histoire et aux opinions des hommes d'État, des

il a été question dans la note 4 du n° 6) avait déjà préconisé en 1547 le principe de l'immunité absolue de toute juridiction civile ou criminelle. — Voir aussi : Ottaviano Maggi, note 2 du n° 6.

(4) Un savant magistrat néerlandais, dont il va être question tantôt, Bynkershoek, constatait au siècle suivant, dans un remarquable traité sur le droit d'ambassade, et d'après le témoignage des principaux auteurs de son époque (Huber, Antoine de Mornac, Wicquefort) et de nombreux faits historiques, que la doctrine de Grotius était alors passée à l'état de coutume internationale. (Voir n° 11.)

(5) Franz de Holtzendorff et Alph. Rivier, loc. cit. — « Deux sciences sont sorties de là, ajoutent ces auteurs : le droit naturel et le droit des gens. »

philosophes et des poètes de tous les temps. Elles touchent trop étroitement à notre sujet et leur autorité doctrinale fut trop grande pour que nous puissions nous dispenser de les mentionner.

La question de l'immunité pénale formait alors l'objet de nombreuses controverses, que notre estimable auteur ne manque pas de signaler : « Pour ce » qui est, dit-il, de ne pas faire violence aux » ambassadeurs, la question est difficile et elle a été » traitée diversement par d'illustres esprits de ce » siècle ». Puis, après avoir fait connaître sommairement les divergences de vue qui existaient sur ce point parmi ses contemporains, Grotius conclut : « ... Le salut des ambassadeurs serait placé dans » une situation bien critique, s'ils devaient rendre » compte de leurs actes à un autre qu'à celui par » qui ils sont envoyés. Car, comme les conseils de » ceux qui envoient les ambassadeurs et de ceux qui » les reçoivent sont, la plupart du temps, différents » et souvent contraires, on ne manquerait guère de » trouver dans la conduite de l'ambassadeur quelque » chose à redire, qui prendrait l'aspect d'un crime ; » et bien que certains crimes soient tellement mani- » festes qu'ils ne comportent aucun doute, un péril » universel suffit toutefois pour l'équité et l'utilité » d'une loi universelle. Aussi, je crois pleinement

» qu'il a plu aux nations que la commune coutume,
» qui soumet à la loi du lieu quiconque se trouve
» sur le territoire d'autrui, souffrît exception pour
» les ambassadeurs; et que, de même que, par une
» sorte de fiction, ils sont pris pour les personnes de
» ceux qui les envoient..., de même, par une
» fiction semblable, ils fussent réputés comme étant
» hors du territoire; d'où ils ne sont pas régis par le
» droit du peuple chez lequel ils vivent. C'est
» pourquoi, si le délit est tel qu'il puisse être
» méprisé, ou on devra dissimuler ou l'ambassadeur
» recevra l'ordre de quitter les frontières... Si le
» crime est atroce ou s'il tend au préjudice public,
» il devra être renvoyé à celui qui l'a envoyé, avec
» la demande qu'il le punisse ou qu'il le livre... »

« Les gens de la suite et les bagages de l'ambassa-
» deur sont aussi sacrés à leur manière.

» Non seulement ceux qui ont insulté l'ambassa-
» deur, mais encore ceux qui ont fait insulte aux
» personnes de sa suite sont sous le coup de la loi
» *Julia de vi publica*; mais ces choses ne sont saintes
» qu'accessoirement et pour autant qu'il plaît à
» l'ambassadeur. C'est pourquoi si les gens de la
» suite ont commis quelque grave délit, on pourra
» demander à l'ambassadeur de les livrer; mais on
» ne devra pas les enlever de force... »

Quant à l'immunité civile, « l'opinion la mieux
» fondée, c'est que les biens meubles de l'ambassa-
» deur et ceux qui sont considérés comme attachés
» à sa personne ne peuvent être saisis à titre de gage,
» ni pour le payement d'une dette, ni par ordre de
» justice, ni (ce que veulent quelques-uns) par
» main royale; car toute contrainte doit être écartée
» de l'ambassadeur, tant à l'égard des choses qui lui
» sont nécessaires qu'à l'égard de sa personne, afin
» que sa sécurité soit complète. Si donc il a con-
» tracté quelque dette, et, comme cela arrive, s'il ne
» possède pas d'immeuble dans le lieu où il se trouve,
» on devra s'adresser amiablement à lui, et s'il
» refuse, à celui qui l'a envoyé; après quoi, on
» emploiera enfin les moyens dont on se sert ordi-
» nairement contre les débiteurs qui sont hors du
» territoire ».

Telle est, en substance, toute la doctrine de
Grotius sur les immunités diplomatiques.

9. Une première observation à faire au sujet de
cette doctrine, c'est qu'elle ne fait plus aucune distinction entre les obligations contractées par l'envoyé
durant sa mission et celles nées antérieurement à
cette mission. Cette distinction disparaît définitivement de la littérature du droit des gens et des légis-

lations positives (1); et il nous semble que c'est à
juste titre, car on n'en voit pas bien le fondement
juridique.

Le motif qu'Ulpien invoque à l'appui du *jus
domum revocandi,* que la loi romaine consacre au
profit des *legati,* c'est qu'un intérêt public s'oppose
à ce qu'ils puissent être détournés de l'accomplissement de leur mandat politique par des conflits d'un
intérêt purement privé; mais (ainsi que l'observent
divers anciens jurisconsultes) cette raison s'applique
aussi bien aux affaires qui ont pris naissance pendant la mission qu'à celles qui l'ont précédée (2).

Il importe aussi d'observer que Grotius ne semble
pas admettre une exemption absolue de la juridiction
civile. Ses principes en cette matière sont l'insaisissabilité des biens meubles, qui sont considérés comme
attachés à la personne de l'agent, ainsi que l'interdiction de toute contrainte personnelle. Sous ces
réserves, qui concernent les voies d'exécution, les

(1) Voir les numéros 37 et 38.
(2) « C'est certainement une raison très véritable de la conces-
sion du privilège; mais elle est également forte par rapport
aux affaires contractées pendant le temps de l'ambassade; car en
plaidant contre un ambassadeur pour ces sortes d'affaires, on ne
le détourne pas moins de ses fonctions que si on l'appelait en
justice pour toute autre affaire. » (BYNKERSHOEK, *Le Juge compétent des ambassadeurs,* ch. VI, § II. — Voir aussi MERLIN, *Rép.,*
v° Ministre public, sect. V, § IV, art. I.)

ministres étrangers resteraient donc assujettis aux tribunaux civils du lieu de leur résidence, dans les limites du pouvoir juridictionnel qui appartient à ces tribunaux, selon le droit commun, à l'égard des étrangers non établis dans le pays. Si, en effet, les voies amiables n'aboutissent pas « on emploiera, » dit-il, les moyens dont on se sert ordinairement » contre les débiteurs qui sont hors du territoire ».

Mais quelles sont les voies de recours dont on peut user à l'égard des ambassadeurs, comme à l'égard de tous ceux qui sont hors du territoire? Grotius ne s'explique pas à cet égard.

Un savant magistrat hollandais, l'auteur d'un traité sur *Le Juge compétent des ambassadeurs*, Bynkershoek, déclare ignorer la pensée véritable de Grotius (3). Mais il n'hésite pas à donner, de la règle ci-dessus énoncée, une interprétation qui cadre avec son propre système (4) :

« Dans les pays, dit-il, où l'on est appelé en » justice à cause des biens qu'on y possède et où » la saisie de ces biens fonde une juridiction com- » pétente sur ceux à qui ils appartiennent, je ne

(3) Chapitre IX, n° XIV : « Il ne marque pas quelles sont ces voies. Et comme il n'entend ni la voie d'ajournement en justice, ni la détention en vertu d'une saisie, je ne comprends guère ce qu'il veut dire. »

(4) Chapitre XVI, n° III à n° VI.

» doute nullement qu'on ne puisse faire saisir les
» biens d'un ambassadeur et par là l'obliger à se
» défendre en justice contre ceux qui ont quelque
» chose à lui demander. Je dis les *biens* en général,
» meubles ou immeubles, pourvu qu'ils ne soient
» point attachés à la personne même de l'ambassa-
» deur... Les biens mêmes d'un prince étranger,
» qui se trouvent dans les terres de notre dépen-
» dance, peuvent être saisis et par là rendre le prince
» sujet à la juridiction du pays... Et je ne vois
» pas pourquoi les biens d'un ambassadeur devraient
» avoir plus de privilège. L'ambassadeur n'est pas
» notre sujet, il est vrai; mais ses biens sont dépen-
» dants de notre juridiction. Partout où un proprié-
» taire peut être appelé en justice, à l'occasion et en
» vertu de ses biens, quoiqu'il soit lui-même hors du
» territoire, on peut en user de même à l'égard d'un
» ambassadeur, s'il a dans le pays des biens, meubles
» ou immeubles, qui n'aient aucun rapport à l'am-
» bassade... Dans les pays où l'usage des arrêts
» n'est point reçu, on ne peut pas même faire saisir
» les immeubles de l'ambassadeur pour le rendre
» par là sujet à la juridiction des lieux où ils sont
» situés. Mais partout où la coutume autorise les
» arrêts, on peut faire saisir les immeubles et les
» effets mobiliers, parce que ces choses dépendent

» de la souveraineté du pays où réside l'ambassa-
» deur, pendant tout le temps qu'elles se trouvent
» sur le territoire de ce pays. L'ambassadeur, à la
» vérité, quoiqu'il soit en personne dans le pays et
» qu'il y ait contracté, est regardé comme absent,
» par une fiction de droit que l'usage a établie...
» Les choses qui servent à son usage, sont comme
» attachées à sa personne et regardées, à cause de
» cela, comme si elles étaient hors du territoire de
» l'État. Mais pourquoi ne pourrait-on pas arrêter
» les biens d'une personne absente et fonder
» là-dessus la juridiction? Et pourquoi n'en serait-
» il pas de même à l'égard des biens d'un
» ambassadeur, à l'exception de ceux qui sont pour
» son usage? S'il n'avait jamais été envoyé en
» ambassade, et qu'il fût encore chez son prince, il
» dépendrait de notre juridiction, eu égard à ses
» biens qui se trouveraient dans notre pays; pour-
» quoi en serait-il exempt lorsqu'il réside lui-même
» chez nous, puisqu'en ce cas-là il n'y a rien de
» nouveau qui apporte aucun changement à l'état
» des choses? »

10. On voit, par ce qui précède, que la règle de
compétence territoriale, préconisée par Bynkershoek, se rattache à un système de procédure con-

sistant à contraindre l'étranger, par une saisie de ses biens, à répondre en justice, dans le lieu de leur situation, *à toutes espèces de réclamations.*

Quoi qu'il en soit de l'admissibilité de ce système, il est certain que, dans la pensée des propagateurs du principe de l'exterritorialité, l'immunité diplomatique n'a rien d'absolu en matière civile; et il est important de remarquer que Grotius semble même admettre l'assujettissement du bénéficiaire de l'immunité à la juridiction territoriale, dans tous les cas où un étranger y est soumis, quoique résidant à l'étranger (*a*).

II. C'est en 1721 que Bynkershoek (1) publia son excellent traité *De Foro legatorum*, qu'un Fran-

----

(*a*) Ce système a encore été enseigné de nos jours : en Allemagne, par Heffter et Bluntschli; en France, par Favard (v° *Ministres publics*) et par Gand (dans son *Code des étrangers*). Toutefois, nous verrons qu'il n'a été admis dans la pratique des États ni en France ni en Allemagne, pas plus que dans les Pays-Bas néerlandais. — Voir sur ce point de doctrine le n° 101 du chapitre II de la 2° partie.

(1) Bynkershoek naquit à Middelbourg en 1673; il étudia à l'Université de Franeker; s'établit à La Haye, où il suivit avec grand succès la carrière du barreau; et publia de nombreuses dissertations savantes sur divers sujets du droit romain et du droit civil de son temps. Il entra en 1703 dans le haut conseil des provinces de Hollande, de Zélande et de Frise, qu'il présida depuis 1724 jusqu'à sa mort, survenue en 1743. (Voir WHEATON, loc. cit., et l'*Introduction au droit des gens* précitée). — « Comme civiliste, disent les savants auteurs de cette *Introduction*, il mérite d'être cité parmi les premiers de la grande école hollan-

çais de ses amis, Barbeyrac, traduisit en 1723, sous le titre : *Le Juge compétent des ambassadeurs*.

On peut dire que ce traité est resté classique, malgré son ancienneté : tous les publicistes modernes ont puisé à cette source féconde. Et cependant, c'est une œuvre de circonstance, écrite à la hâte, au milieu des distractions d'autres occupations et à propos d'une affaire litigieuse qui passionnait alors les esprits. La cour suprême de la province de Hollande, dont Bynkershoek fut un membre très distingué, venait de condamner un regnicole à une peine d'emprisonnement, nonobstant sa qualité de résident du duc de Lunebourg. Le condamné éprouva le besoin de décharger sa bile dans une élucubration connue sous le nom de : *L'Ambassadeur et ses fonctions*, par M. de WICQUEFORT (2); et c'est ce qui valut à la littérature du droit des gens une de

daise, à côté de Huber, de Voet et de Noodt. Au point de vue scientifique, Moser n'est nullement en progrès sur Bynkershoek ; au contraire, celui-ci se rapproche plutôt des auteurs plus récents, G.-F. de Martens, Klüber..., qu'il surpasse d'ailleurs de beaucoup comme jurisconsulte. »

(2) Wicquefort, né à Amsterdam en 1598, fut ministre résident de l'électeur de Brandebourg à Paris de 1626 à 1658. Cette année-là, le cardinal Mazarin, irrité d'une correspondance qu'il jugeait offensante pour sa personne, intima au susdit résident d'avoir à quitter le royaume, et, sur son refus, il le fit embarquer pour l'Angleterre, après l'avoir fait enfermer à la

ses bonnes œuvres : le *De Foro legatorum*, de Bynkershoek.

A cette époque, l'exterritorialité diplomatique était passée à l'état de coutume internationale (3); mais son application donnait lieu, dans la pratique, à maintes difficultés et soulevait maintes controverses. Ce sont ces controverses que le traité de Bynkershoek a pour objet de trancher (4). Toutefois, ce savant magistrat ne manque pas d'envisager l'exterritorialité dans son principe même; et l'on peut affirmer que nul mieux que lui n'a fait ressortir le fondement juridique de ce principe, encore tant

Bastille. Nommé par le duc de Lunebourg son résident à La Haye, Wicquefort fut accusé en 1675 d'avoir communiqué des secrets d'État à l'étranger, et on le condamna à une peine d'emprisonnement. Il s'évada en 1679 et se retira dans le pays de Hanovre, où il mourut en 1682.

« Son livre n'est qu'une collection d'exemples historiques, d'anecdotes plus ou moins applicables au sujet, mais rassemblés sans méthode, et sans que les principes qui doivent guider dans l'application des cas analogues, aient reçu un développement suffisant. » (WHEATON, loc. cit.) — Voir n° 162, note 2.

(3) Un contemporain de Bynkershoek, HUBER, membre du conseil souverain de Frise, dit, dans ses *Prælectiones juris civilis*, « qu'après bien des disputes et des raisonnements au sujet des ambassadeurs, l'opinion de Grotius a fini par prendre le dessus ». Suivant le témoignage d'ANTOINE DE MORNAC (*Obs. in Dig. de judiciis*), cette opinion avait déjà prévalu auparavant chez d'autres nations. (BYNKERSHOEK, ch. VIII, § V.)

(4) Nous les rencontrerons dans le cours de l'exposé systématique de la matière, au titre II de ce travail.

discuté de nos jours. Comme nous ne pouvons avoir la prétention de mieux dire, nous nous en tiendrons pour le moment, sur ce point spécial, à l'auteur zélandais, en nous bornant à exposer, aussi méthodiquement que possible, les diverses considérations qu'il a disséminées dans le cours de son œuvre.

Un adversaire de l'exterritorialité diplomatique a dit que l'apologie de l'immunité par Bynkershoek ressemble à une satire (5). Et en effet, notre vieux publiciste a parfois, à l'adresse de la diplomatie, un ton de persiflage, qui doit étonner chez un aussi intelligent défenseur du privilège de l'exterritorialité, si l'on perd de vue les circonstances qui donnèrent naissance à son œuvre et la tendance générale de cette œuvre, qui est de restreindre l'exterritorialité dans les limites de sa raison d'être.

Bynkershoek examine, d'ailleurs, le pour et le contre impartialement, comme il sied à un magistrat; et il expose le pour et le contre avec une égale force, comme il convient à un publiciste dénué de parti pris.

---

(5) LAURENT, loc. cit., n° 25.— C'est pourtant bien à tort, selon nous, qu'il prétend trouver dans Bynkershoek « une condamnation de la doctrine des immunités ».

12. Quoique ro maniste distingué, Bynkershoek s'affranchit complètement du préjugé, alors en vogue, qui considérait le droit romain comme une raison écrite, un code universel, « la voix commune de toutes les nations ». Ce qu'il consulte, c'est l'usage, les enseignements du moderne droit des gens et les raisons tirées de la nature des choses.

Les *legati* étaient des sujets territoriaux, chargés d'une mission d'ordre purement national. Mais quand même les Romains auraient clairement et nettement appliqué aux ambassadeurs des nations étrangères ce qu'ils disaient des députés d'une ville ou d'une province, cela seul n'établirait pas une règle du droit des gens. « Il s'ensuivrait seulement » qu'ils auraient jugé à propos de régler ainsi les » choses, en suivant leurs idées et leurs lumières. » Cela n'empêcherait pas que si les autres peuples » ont, depuis, autrement décidé..., on ne doive se » régler là-dessus dans la question du juge compé- » tent des ambassadeurs. » Il est évident qu'on ne peut appliquer à des « ambassadeurs non sujets » des règles établies dans le droit romain à l'égard des « ministres sujets ». Il y a bien quelques rapports entre ces deux sortes de *legati*, et « ce qui » est dit des uns pourra donc souvent être dit

» des autres, mais non pas toujours et à tous
» égards... (1) »

Le droit des gens proclame l'inviolabilité des
ambassadeurs. Mais ce privilège n'implique aucunement, comme corollaire, celui d'être exempt de
la juridiction du lieu de sa résidence. Quelque
sacrée que soit une personne, on ne porte aucune
atteinte à son inviolabilité par cela seul qu'on l'appelle en justice. « Les prêtres, les vestales, les
» tribuns du peuple étaient, parmi les anciens, des
» personnes sacrées, et cependant on pouvait les
» appeler en justice... »

Les ambassadeurs sont tenus pour inviolables,
« parce qu'ils représentent leur prince et qu'ils
» sont les messagers de la paix et des alliances,
» en sorte que, sans eux, les peuples ne pour-
» raient vivre en repos, ni avoir entre eux une
» douce société... », et c'est pourquoi « l'on punit
» plus rigoureusement ceux qui ont maltraité un
» ambassadeur que ceux qui ont fait injure à un
» simple particulier... »; mais, de ce que l'ambassadeur mérite d'être particulièrement protégé contre
toute injure, toute offense, tout mauvais traitement,
il ne résulte pas nécessairement que sa personne

(1) Chapitre VI.

doive être indépendante de la souveraineté territoriale. « Le caractère qui rend quelqu'un sacré
» et respectable n'a jamais exempté qui que ce
» soit de la juridiction du magistrat de qui il
» dépend (2). »

Il faut donc chercher quelque autre raison qui
donne aux ambassadeurs le privilège de ne pouvoir
être appelés en justice dans le lieu de leur ambassade, et, « pour la trouver, cette raison, on n'a qu'à
» se souvenir que, selon l'usage reçu, un ambassa-
» deur n'est point considéré comme sujet de la
» puissance auprès de laquelle il est envoyé, mais
» demeure sujet de celle qui l'envoie... (3). » C'est
par ce principe qu'il faut décider la question du
juge compétent des ambassadeurs. « Toute juri-
» diction, civile ou criminelle, appartient au
» souverain seul, qui peut l'exercer ou par lui-
» même ou par autrui. Mais de quelque manière
» qu'il en dispose, elle ne saurait jamais s'étendre
» plus loin que sur les personnes et les biens qui
» dépendent de sa domination... C'est une règle
» inviolable du droit des gens qu'on ne doit com-
» mander qu'à ses sujets. Tout dépend donc ici de
» la *sujétion*, sans laquelle la juridiction n'a aucune

(2) Chapitre V.
(3) Chapitre V.

» force, non plus que l'assignation en justice qui la
» précède...

» Si on appelle quelqu'un en justice dans le lieu
» où il réside, c'est parce qu'il relève de la domina-
» tion de celui qui est maître de ce lieu. Si l'on
» appelle quelqu'un en justice dans le lieu où il a
» contracté, c'est parce qu'il était sujet, dans le
» temps où il traitait, et qu'ainsi il s'est soumis à
» cette juridiction... (4) »

Or, « un ambassadeur n'est ni sujet de l'État, ni
» habitant du pays; il n'est point venu chez nous
» pour y établir son domicile, c'est-à-dire pour y
» transporter le siège et le capital de sa fortune;
» c'est seulement un étranger qui séjourne dans le
» pays, pour y vaquer aux affaires de son prince... »
« Posons donc en principe, en suivant les
» maximes de la raison, qu'en matière d'affaires
» civiles, si l'on a quelque chose à demander à un
» ambassadeur, on doit agir comme s'il n'était point
» dans le lieu de l'ambassade, comme s'il n'y avait
» point contracté, comme s'il n'y avait aucuns
» biens en qualité d'ambassadeur... Aussi, il y a une
» grande différence entre les ministres publics
» d'une puissance étrangère et les anciens députés

(4) Chapitre II.

» d'une ville ou d'une province romaine, qui, ne
» pouvant être regardés sur ce pied-là, ne pou-
» vaient avoir le même privilège que les ambassa-
» deurs proprement dits. Ceux-ci sont indépendants
» de la puissance à laquelle on les envoie; et cela
» uniquement afin que l'exercice de leur emploi ne
» leur fasse pas changer de condition et ne les rende
» pas sujets d'un autre souverain, souvent ennemi
» de celui qu'ils représentent... (5) »

Toutefois, de même qu'on peut, sans violer le
droit des gens, « ne pas recevoir toute sorte d'am-
» bassadeurs, ni à quelques conditions que ce soit, »
de même « rien n'empêche aussi qu'en les recevant,
» on ne leur déclare qu'on ne veut le faire qu'à la
» charge qu'ils se soumettront à notre juridiction.
» S'ils viennent sur ce pied-là, ils sont censés avoir
» consenti de reconnaître une juridiction qui autre-
» ment aurait été incompétente à leur égard. Mais
» la question est de savoir sur quel pied on est
» censé avoir traité avec une nation étrangère,
» lorsqu'en recevant de sa part un ambassadeur, on
» ne s'est point expliqué là-dessus. » En ce cas, « on
» est convenu tacitement que l'ambassadeur ne pour-
» rait être contraint de plaider devant nos tribu-

(5) Chapitre VIII.

» naux pour affaires civiles (6). » Tel est l'usage consacré par un accord tacite des nations.

A la vérité, à en juger par la raison toute seule, on peut « disputer pour et contre... » Il y a bien des objections à faire. « Un ambassadeur représente, » à la vérité, son prince, mais de la même manière » qu'un procureur représente celui qui lui a donné » commission, c'est-à-dire dans les affaires dont il » a été chargé. Ainsi, il faut, à la vérité, qu'on » n'apporte aucun retardement ni aucun empêche- » ment à ce que l'ambassadeur puisse commodé- » ment vaquer à ses négociations pour l'intérêt de » son prince. Mais, comme il n'a pas ordre de traiter » pour son avantage particulier, moins encore de » mal faire, ne peut-on pas, sans choquer son » maître, le laisser dépendre de la juridiction de » l'autre puissance, dans les États de qui il a con- » tracté ou délinqué ? »

Il semble inadmissible, à première vue, qu'une personne quelconque puisse appeler ses co-contrac- tants en justice dans le lieu de sa résidence, sans pouvoir y être appelée elle-même. « Doit-on souffrir » que, dans les contrats particuliers, qui n'ont » aucun rapport avec l'ambassade, un étranger dupe

(6) Chapitre VIII.

» nos sujets, qu'il emporte chez lui leur bien et leur
» argent, et cela souvent sans aucune espérance de
» recouvrer ce qui leur est dû, à cause des difficultés
» et de la dépense du voyage, et par le risque qu'ils
» courent en s'exposant à plaider dans un autre
» État contre une partie redoutable ?

   » Tout ce qu'on peut dire, pour colorer la justice
» d'un privilège si incommode, c'est qu'il est néces-
» saire de l'accorder jusqu'à ce point, pour ne pas
» détourner les ambassadeurs des fonctions de leur
» emploi. Mais s'ils ont le temps et la commodité
» de faire des contrats et d'escroquer l'argent des
» sujets de l'État, ne peuvent-ils pas aussi trouver
» moyen de poursuivre un procès sans préjudice des
» affaires de l'ambassade ? Qu'ils ne contractent donc
» point, s'ils craignent les procès ; ou s'ils veu-
» lent contracter, qu'ils se résolvent à répondre en
» justice pour ce sujet : et qu'ils pensent qu'en tout
» ce qu'ils font au delà de ce que demande manifes-
» tement le bien de l'ambassade, ils agissent en
» simples particuliers et comme tels sont soumis
» aux mêmes lois et à la même juridiction que les
» sujets naturels de l'État. On a beau dire qu'ils
» seraient détournés des fonctions de l'ambassade,
» s'il fallait qu'ils vaquassent à des procès. Les
» ambassadeurs qui résident pendant longtemps

» dans un lieu étranger..., n'ont presque rien à
» faire et ne passent guère leur temps qu'en festins,
» en spectacles et autres divertissements, se conten-
» tant quelquefois d'écrire à leur prince, pour leur
» apprendre qu'ils sont encore en vie et qu'ils pen-
» sent à lui quelquefois. »

Voilà les raisons qu'on allègue contre le privilège diplomatique, et elles sont puissantes. Mais
« il ne manque pourtant point de quoi opposer
» raison à raison. Les ambassadeurs sont si utiles
» et si nécessaires, pour que les nations vivent
» entre elles en repos et en bonne union, qu'autant
» qu'on a à cœur cette fin, autant doit-on faire cas
» de leur ministère, qui la procure... S'il naît de
» là quelque injustice, c'est là une de celles qui est
» récompensée par l'utilité publique. Qu'on per-
» mette une fois de rechercher les crimes que les
» ambassadeurs peuvent avoir commis et de les
» punir, surtout lorsqu'ils trament quelque chose
» contre le prince auprès duquel ils sont envoyés, et
» aucune ambassade ne sera jamais bien en sûreté...

» Il en sera de même, à peu près, des procès in-
» tentés pour des affaires civiles ; car en accordant
» juridiction à quelqu'un, on accorde en même
» temps au juge tout ce qui est nécessaire pour que
» la juridiction ait son effet... »

On a objecté que si l'on accorde aux ambassadeurs
privilège de renvoi en justice au lieu de leur domicile, pour les engagements contractés pendant la durée
de leur mission, personne ne voudra contracter avec
eux. Mais c'est l'affaire de l'ambassadeur de veiller
à ce que son privilège ne lui devienne pas préjudi-
ciable ; « et il peut l'empêcher en traitant argent
» comptant, ou, comme cela se pratique souvent, en
» donnant des gages ou des cautions. D'un autre
» côté, les sujets de l'État doivent, ou ne pas con-
» tracter du tout avec un ambassadeur étranger, ou
» bien prendre leurs précautions. C'est à eux de
» savoir que s'il survient quelque démêlé entre lui
» et eux, il peut bien les appeler en justice, mais ne
» peut y être appelé lui-même... Ceux qui font
» quelque affaire avec un ambassadeur sans prendre
» leurs précautions, ne doivent se plaindre que
» d'eux-mêmes... (7). »

Quant aux causes criminelles, Bynkershoek s'en
tient à l'opinion de Grotius, d'après lequel il faut ici
avoir plus d'égard à ce que réclame l'utilité des
ambassades qu'à l'avantage que pourrait procurer
l'action de la souveraineté locale. La question de
savoir lequel de ces deux intérêts sociaux doit être

(7) Chapitre VII.

sacrifié à l'autre est une question d'expérience pratique et de politique; « il faut voir quelle est ici la
» volonté des peuples ».

Du reste, il ne s'agit pas vraiment de sacrifier
l'intérêt de la répression à la sûreté de l'ambassade;
car la puissance qui a envoyé l'ambassadeur peut le
punir elle-même, et il n'y a pas lieu de présumer *à
priori* qu'elle laissera impunis les crimes ou délits
que ses ministres pourraient commettre durant leur
mission.

Une raison juridique exclut, au surplus, l'applicabilité de la loi territoriale; « c'est que par un con-
» sentement unanime des nations, un ambassadeur
» n'est pas censé le sujet de la puissance auprès
» de qui il remplit son emploi ».

Ceux qui ont traité cette matière n'ont pas tous
entendu l'état de la question. « Il ne sert de rien
» de moraliser ici sur le devoir des ambassadeurs,
» de leur prêcher qu'ils doivent tenir une conduite
» sans reproche;... ce sont là de beaux discours;
» mais il s'agit de savoir où l'on doit accuser un
» ambassadeur délinquant...

» On n'avancera rien non plus en soutenant et
» en prouvant qu'un ambassadeur qui a commis
» quelque crime, ne doit pas demeurer impuni, et
» que plus il est d'un rang élevé, plus il mérite d'être

» puni rigoureusement »; car personne n'a jamais eu cette pensée d'assurer l'impunité aux ambassadeurs.

« Enfin, c'est encore une question hors de notre » sujet de demander si un ambassadeur qui use » de voies de fait, ne peut pas être à son tour » repoussé par la force... Il a toujours été permis de » repousser la force par la force, d'où qu'elle vienne, » et il n'y a ici aucune exception pour les ambassa- » deurs... »

Ce droit de légitime défense compète à l'État comme aux particuliers. Il appartient en outre à la souveraineté locale de prendre toutes les mesures préventives que commande l'intérêt supérieur de l'ordre public (8).

§ 3. LE DROIT DES GENS MODERNE

13. Corneille van Bynkershoek (1673 à 1743) est, sans conteste, le principal représentant de la tradition grotienne, au moins pour la matière des immunités diplomatiques.

A cette tradition se rattachent plus ou moins : Richard Zouch (1590 à 1660) (1), — Chrétien

(8) Chapitre XVII.
(1) Richard Zouch fut professeur de droit à Oxford et juge de l'amirauté. Son *Jus inter gentes* a fait date. Il prend surtout

Wolff (1679 à 1754) (2), dont *Le Droit des gens* de Vattel (3) a vulgarisé les doctes enseignements, — Gaspard de Réal (1682 à 1752)(4), — Jean-Jacques Moser (1701 à 1785) (5), — les jurisconsultes allemands déjà cités : Georges-Frédéric de Martens (6),

pour guide Albéric Gentil et Grotius, et il s'abstient généralement de donner son opinion propre. (Voir Franz de Holtzendorff et Alph. Rivier, loc. cit.)

(2) Chrétien Wolff, le contradicteur de Püffendorff et le plus important des disciples de Leibnitz, naquit à Breslau ; il professa à Halle et à Marbourg ; il avait soixante-dix ans lorsque parut son *Jus gentium*. « La doctrine de Wolff, disent Holtzendorff et Rivier, peut être caractérisée comme constituant un retour partiel à Grotius. » *(Id.)*

(3) Emer de Vattel, né en 1714 en Suisse, dans la principauté de Neufchâtel, étudia à Bâle et à Genève et représenta Auguste III, électeur de Saxe et roi de Pologne, près la république de Berne. *(Id.)*

(4) Le chapitre Ier du tome V de sa *Science du gouvernement* traite des ambassades. Il est impossible, d'après Kaltenborn, de méconnaître dans l'ouvrage de cet auteur l'influence de Wolff, quoiqu'il ne le cite pas. *(Id.)*

(5) Il publia en 1732 les *Éléments de la science de la constitution actuelle des États de l'Europe;* en 1736, l'*Esquisse d'une introduction au droit des gens le plus récent de l'Europe;* et en 1737, une *Note sur le droit des gens en général et le droit des gens européen en particulier...*

(6) Né à Hambourg en 1756; il étudia et professa à l'Université de Göttingue et représenta le Hanovre à la diète de Francfort. La première édition de son *Précis du droit des gens moderne de l'Europe* remonte à 1789. C'est le premier essai d'une exposition systématique du droit des gens. « Elle est ordonnée, disent Holtzendorff et Rivier, d'une façon arbitraire, mais consciente et raisonnée, et elle a le mérite d'avoir rejeté la division en droit de la paix et droit de la guerre... C'est le principal représentant de l'école historique. Il invoque pourtant le droit.

Charles de Martens (7), Jean-Louis Klüber (8) et
Auguste-Guillaume Heffter (9), — le Suisse Bluntschli (10), — les jurisconsultes autrichiens Slatin (11)
et Neumann (12), — les Américains Wheaton et

naturel, mais à défaut de règles positives... Il a eu l'infortune
d'être commenté par Pinheïro-Ferreira, publiciste portugais, non
sans mérite assurément, mais incapable de comprendre l'esprit
et la tendance de Martens et de les respecter. »

(7) Ch. de Martens, le fils de G.-F. de Martens, né en 1790 à
Francfort, fut ministre de Prusse. Il publia en 1822 un *Manuel
diplomatique*, qui fut refondu de 1832 à 1837 sous le titre de
Guide diplomatique.

(8) La première édition de son *Droit des gens moderne
de l'Europe*, publiée à Stuttgart, remonte à 1819; la dernière
édition française, à 1874 (édition Aug. Ott). Il était, à l'époque
de cette publication, conseiller intime de légation au ministère
prussien des affaires étrangères. Il naquit à Thann, dans la Basse-
Franconie, en 1762; il professa à Erlangen de 1786 à 1795; il
passa ensuite au ministère prussien des affaires étrangères et
plus tard (en 1804) au service du grand-duc de Bade.

(9) Heffter, *Le Droit international de l'Europe*, traduit par
J. Bergson. La première édition de cet ouvrage est de 1844;
la dernière édition française (Bergson-Geffken), de 1883. — Né
à Schweinitz en 1796, mort à Berlin en 1880, Heffter étudia à
Leipzig et à Berlin, professa successivement à Bonn, à Halle et à
Berlin, et occupa dans la magistrature une position éminente.

(10) Jean-Gaspard Bluntschli, né à Zurich en 1808, décédé
en 1881. Il étudia à Berlin et à Bonn et professa successivement
à Zurich, à Munich et à Heidelberg. (Voir n° 3, note 1.)

(11) Slatin, conseiller près le Oobersthofmarschallamt de la
cour d'Autriche : *De la juridiction sur les agents diplomatiques*,
traduit par Beauchet (dans le *Journal du droit international privé*,
de Clunet, t. XI, année 1884, pp. 329 à 342 et 463 à 477).

(12) Baron Léopold de Neumann, professeur à l'Université de
Vienne : *Éléments du droit des gens moderne européen* (voir l'appendice I de la 3e édition originale).

Warthon (13), — les Anglais sir Phillimore et sir
Travers Twiss (14), — le publiciste russe F. de
Martens (15), — ainsi que les auteurs français
contemporains Fœlix et Demangeat, Charles Calvo,
Pradier-Fodéré, Georges Bousquet et Weiss (16).

Nous croyons pouvoir rattacher ces publicistes à
la tradition grotienne, quoique plusieurs d'entre eux
aient critiqué la fiction de l'exterritorialité comme
superflue ou dénuée d'une signification exacte, vu
que la plupart d'entre eux admettent néanmoins

(13) Henry Wheaton, né en 1785, pratiqua le barreau, fut
de 1827 à 1835 chargé d'affaires des États-Unis d'Amérique à
Copenhague, et de 1835 à 1846 ministre à Berlin. — La première édition de ses *Éléments de droit international* fut publiée
à Londres en 1836 ; la première édition française remonte à 1848.

Francis Wharton, né en 1820, a publié des *Commentaires* et
un *Digest* d'une importance considérable.

(14) Sir Robert Phillimore (1810 à 1885) étudia à Oxford, fut
successivement avocat général de l'amirauté (1862) et président
de cette cour. — La première édition de ses *Commentaries upon
international law* fut publiée à Londres de 1854 à 1861. « Il est
permis de dire que c'est l'ouvrage anglais le plus important du
droit international, tant à raison de son étendue que de l'abon-
dance et de l'excellence du contenu. » (HOLTZENDORF et RIVIER.)

Sir Travers Twiss, né en 1810, professeur à Oxford, où il
occupa la chaire d'Albéric Gentil et de Richard Zouch, a écrit *Le
Droit des gens ou des nations considérées comme communautés
politiques indépendantes* (voir le t. II, Paris, 1889, ch. XII).

(15) Frédéric de Martens, né à Pernau en 1845, est professeur
à Saint-Pétersbourg. Son *Traité de droit international*, publié en
russe, à partir de 1882, en trois volumes, a été traduit en français par A. Leo. (Paris, 1883-1887.)

(16) JEAN-JACQUES-GASPARD FŒLIX, *Traité du droit in-*

toutes les conséquences que la jurisprudence internationale a tirées de cette fiction.

Il est vrai que la portée pratique du principe de l'exterritorialité a été diversement appréciée par quelques-uns de ces auteurs. Nous verrons, notamment, que la doctrine enseignée par Heffter et par Bluntschli s'écarte, d'une façon assez notable, du système adopté par la jurisprudence; mais c'est une question de savoir si cette jurisprudence est bien conforme aux enseignements du maître néerlandais.

14. Le système de l'exterritorialité diplomatique a été vivement combattu, dans ces derniers temps, par plusieurs publicistes.

Le premier en date est Pinheïro-Ferreira, l'auteur d'un système dont la forme tranchante dissimule mal le caractère fantaisiste (1).

A sa suite viennent deux jurisconsultes italiens,

ternational privé. Éd. Charles Demangeat. Paris, 1856.

Charles Calvo, *Le Droit international théorique et pratique.* Paris, 1870-1872.

Pradier-Fodéré, *Traité de droit international public*, tome III.

Georges Bousquet, *Agents diplomatiques et consulaires*, Paris, 1883.

André Weiss, *Traité élémentaire du droit international privé.* Paris, 1885 (ch. II, § II et III).

A mentionner aussi un travail récemment publié par M. P.-G. Odier sur *Les Privilèges et immunités des agents diplomatiques et consulaires en pays de chrétienté.* Paris, 1890.

(1) Pinheïro-Ferreira, commentateur de Martens et de Vattel

·Piètro Esperson (2) et Pasquale Fiore (3), ainsi que le fécond publiciste belge Laurent (4).

(1769 à 1847). Il fut ministre de Portugal et passa la plus grande partie de son existence à Paris, comme simple particulier.

. Cet auteur déclare tenir « pour absolument fausse et gratuite la supposition de l'utilité de déclarer les ambassadeurs non justiciables des tribunaux du pays, parce qu'elle n'a aucun rapport avec le motif qui est le seul fondement de toute immunité diplomatique et parce qu'il n'est pas vrai que d'assujettir les ministres étrangers aux tribunaux du pays, il doive résulter le moindre préjudice à la bonne harmonie entre les nations. » « S'il était jamais permis, dit-il, de supposer que l'intérêt public exige que le citoyen fît à l'État le sacrifice de ses droits (?), la conséquence à en tirer serait que l'État, au profit de qui ce sacrifice devrait tourner, se trouverait dans l'obligation rigoureuse de dédommager le citoyen qui, d'après le droit commun, ne devrait jamais être forcé à se dessaisir de sa propriété, à moins qu'on ne lui accordât préalablement une indemnité. »

Ce raisonnement porte évidemment à faux, ainsi que l'observe DALLOZ (*Rép.*, v° Agent diplomatique, n° 115), personne n'ayant jamais soutenu qu'un ambassadeur ne soit pas obligé de payer ses dettes.

Pinheïro-Ferreira admet d'ailleurs des tempéraments. Les autorités locales, chargées de pratiquer des actes d'exécution, seraient tenues « d'y mettre plus de formalités que dans les cas ordinaires, afin qu'il ne puisse naître aucun doute sur la scrupuleuse exactitude avec laquelle ils se seront acquittés des égards dus à la personne de l'envoyé... » De même, en matière criminelle, le ministère public pourra s'en rapporter, pour l'exécution, à la justice du gouvernement étranger, « toutes les fois que des raisons majeures ne lui feront pas un devoir d'en juger autrement..... »

. (2) PIETRO ESPERSON, *Diritto diplomatico*. Turin 1872-1877, vol. I.

(3) PASQUALE FIORE, *Trattato di diritto internazionale pubblico*, (3e édition, vol. II, Turin 1888), — et *Traité de droit pénal international*, traduit par Ch. Antoine. Paris, 1880.

(4) Voir n° 2, note 2.

Nous rencontrerons leurs critiques dans le cours de la présente étude.

Il importe toutefois de faire remarquer, dès à présent, que tous ceux qui ont nié le fondement rationnel ou juridique des immunités diplomatiques, ont pourtant toujours reconnu l'existence de celles-ci, comme usage international (5).

15. Et, en effet, il n'est pas douteux que la doctrine de Grotius ne soit passée, au moins depuis la paix de Westphalie, dans la pratique constante des États,

L'existence de ce *droit coutumier international* est démontrée par la littérature du droit des gens, par la jurisprudence des tribunaux, et par les législations positives des diverses nations européennes.

16. Nous nous proposons de faire un exposé systématique du droit coutumier européen (a).

Il est pourtant indispensable de mentionner

(5) C'est ainsi que Pasquale Fiore parle d'une « *dottrina tradizionale, accettata dagli scrittori come un' assioma di diritto delle genti, sanzionata dai tribunali, e dichiarata come una regola certa stabilita dal consentimento universale e dall' uso di tutti popoli civili* ». (N° 1200.)

(a) Nous entendons par là non seulement le droit coutumier de l'Europe, mais encore celui des pays occupés par les diverses races européennes et où prédominent les traditions de la civilisation européenne.

préalablement les dispositions législatives qui ont consacré ou défini le principe des immunités diplomatiques; car elles n'ont pas seulement une force obligatoire pour les pays qu'elles concernent, mais elles ont aussi une grande valeur doctrinale.

Au point de vue de l'interprétation de la coutume internationale, leur autorité nous semble supérieure à celle que l'on peut attacher aux opinions isolées ou collectives des publicistes ou à la jurisprudence des tribunaux : elles sont, à nos yeux, la principale expression du droit coutumier européen, le principe de la réciprocité formant une des bases essentielles du droit des gens.

CHAPITRE II

Les sources légales

§ 1. LES ORDONNANCES NÉERLANDAISES DU XVIIe SIÈCLE

17. C'est dans la patrie de Grotius qu'apparaît la première législation positive sur les immunités diplomatiques. Elle eut pour objet de donner satisfaction aux réclamations de certains agents diplomatiques, qui se plaignaient de ce que la cour de la province de Hollande prétendait à une juridiction sur eux, contrairement aux usages reçus dans leurs pays.

Il y eut longtemps des discussions à ce sujet entre la cour et les États de cette province.

Suivant le témoignage de Bynkershoek (1), le 19 décembre 1644, les États ayant donné avis à la cour des plaintes que formait contre elle un ambassadeur de Suède, elle répondit « qu'elle avait

(1) Chapitre VII, § III, d'après AITZEMA (1. 24) et BORT (*De Arrestis*, ch. 4, n° 14).

» juridiction sur les ambassadeurs en ce qui ne
» concernait pas l'exercice de leur emploi (en quoi
» ils n'ont à répondre que devant celui qui les a
» envoyés); que, pourvu qu'on n'usât d'aucune
» violence ni d'aucune contrainte sur leur personne
» même, et qu'on leur laissât de quoi s'entretenir du
» nécessaire, ils n'avaient aucun sujet de se plaindre;
» que les juges de son corps avaient toujours suivi
» cette règle et que tel était aussi l'usage de la
» plupart des nations ».

Vers la même époque, la cour de Hollande cita
aussi devant elle un ambassadeur d'Espagne pour un
contrat de louage.

Bien plus, elle fit non seulement ajourner, mais
encore arrêter un résident du Portugal, pour dettes
contractées pendant son ambassade (2).

18. C'est pour couper court à cette pratique que
les États-Généraux rendirent, le 9 septembre 1679,
une ordonnance portant « que les personnes,

(2) BYNKERSHOEK, ch. VII, § VII, et ch. XIII, § I; — et
WICQUEFORT, l. I, sect. 27. — Non seulement les meubles du
résident portugais furent saisis et vendus par autorité de justice,
mais il fut lui-même arrêté à la requête de ses créanciers et ne
fut relâché qu'après s'être accommodé avec eux. Wicquefort
dit à ce propos « que l'ambassadeur de Portugal ne fit pas de
grands devoirs pour la liberté du résident, parce qu'il y avait
dans le procédé de celui-ci quelque chose de si infâme qu'on

» domestiques, ou effets des ambassadeurs ou
» ministres venus en ce pays, y résidans ou y
» passans, et y contractans quelques dettes, ne
» pourront, pour aucune dette qu'ils y aient con-
» tractée, être arrêtés, saisis ou détenus, ni à leur
» arrivée, ni pendant leur séjour, ni à leur départ...;
» et que les habitants auront à se régler là-dessus
» en ce qu'ils voudront contracter avec les susdits
» ambassadeurs et leurs domestiques (a). »

19. Le traité de Bynkershoek contient quelques commentaires sur ce texte, dont nous croyons utile de tirer diverses observations.

Si l'ordonnance ne dit rien de l'ajournement en justice, c'est que, suivant les règles générales de compétence et de procédure alors reçues dans les Pays-Bas, aucun étranger ne pouvait y être appelé en justice qu'en vertu d'un arrêt ou d'une saisie. C'est donc des saisies et arrêts par lesquels on commence un procès, que l'ordonnance entendait

n'avait garde d'en faire du bruit, de peur que la friponnerie du ministre ne fît tort à la dignité du prince qui l'employait ». Bynkershoek déclare tenir les procédures suivies alors « pour illégitimes et contraires au droit des gens, quoi qu'il pût y avoir quelque mauvaise foi de la part de celui contre qui elles étaient faites ».

(a) Bynkershoek, ch. IX, § II.

parler, et non des arrêts ou saisies qui se font pour l'exécution d'une sentence judiciaire (*a*).

20. L'immunité de juridiction est accordée aux ambassadeurs « venans dans le pays, y résidans ou y passans ».

En ce qui concerne ceux qui viennent dans le pays, il est clair qu'on doit les regarder comme ambassadeurs, dès qu'ils ont été officiellement reçus et reconnus comme tels. Mais quant à ceux qui ne font que passer, Bynkershoek trouve « qu'on » témoigne ici beaucoup de bonté envers les ambas- » sadeurs ; car c'est une maxime communément » reconnue que les droits et les privilèges des » ambassadeurs n'ont lieu qu'entre le prince qui » envoie les ambassadeurs et celui qui les reçoit ; » en sorte que, par rapport à tout autre, ils » ne sont que comme simples particuliers. Et » certainement les privilèges des ambassadeurs » n'ont lieu que sur les terres de la puissance » auprès de laquelle ils sont envoyés. » Notre auteur invoque ici les enseignements d'Albéric Gentil, de Grotius, de Zouch, de Hüber et de Wicquefort ; puis il conclut : « Ainsi, ce que la » déclaration (des États) dit des ambassadeurs qui

(*a*) BYNKERSHOEK, ch. IX, § III.

» passent, je l'explique, non de ceux qui, venant
» d'ailleurs, passent simplement sur les terres de
» l'État pour aller dans un autre pays, mais de ceux
» qui passent en s'en allant. L'ordre même des termes
» le donne à entendre : « venans en ce pays, y
» résidans ou y passans ». Cela paraît encore par
» les paroles suivantes : « Ni à leur arrivée, ni pen-
» dant leur séjour, ni à leur départ de ce pays ».
» Sur ce pied-là, la déclaration ne regarde que les
» ambassadeurs qui ou doivent exercer leurs fonc-
» tions dans le pays, ou les y exercent actuellement,
» ou les y ont exercées. Et ainsi il n'y a rien de con-
» traire au sentiment le mieux fondé qui est autorisé
» par l'usage des nations (a). »

21. On remarquera que l'ordonnance parle « des
dettes contractées dans le pays ». Cela ne veut
pas dire que l'agent diplomatique pourra être traduit
en justice pour des dettes qu'il aurait contractées
ailleurs. Les États n'ont voulu parler « que du cas
» où il y a le plus de difficultés, étant assez certain
» qu'un ambassadeur ne peut être appelé en justice
» ou arrêté pour les affaires qu'il a contractées avant
» son ambassade (1). »

(a) Chapitre IX, § VII.
(1) Bynkershoek, ch. IX, § VIII : « Il y a aussi une lettre des

Merlin cite, de son côté, *Le Mercure hollandais*
de 1679, disant « que le seul objet des États-Géné-
» raux, en portant cette ordonnance, a été de lever le
» doute qui, d'après la distinction des lois romaines,
» s'était formé sur la question de savoir si les ministres
» publics devaient jouir, pour les dettes contractées
» dans le pays, de la même franchise et de la même
» indépendance qu'on leur accordait pour des dettes
» créées antérieurement à leur ambassade ; que c'est
» la seule raison du silence que garde la loi sur
» celles-ci ; et que d'ailleurs on savait bien que la
» question ne pouvait pas souffrir de difficulté à cet
» égard, puisqu'il existait une lettre des États de
» Hollande, du 18 janvier 1642, qui ordonnait à la
» cour de justice de cette province de n'accorder
» aucune voie de droit contre un ministre étranger,
» pour dettes contractées hors de cette province... (2) »

22. Le 19 juin 1681 intervint une seconde ordonnance des États néerlandais, sur le point spécial de
savoir à qui appartient le bénéfice d'exemption de la
juridiction locale.

États de Hollande à la cour de Hollande du 18 janvier 1642, par
laquelle leurs nobles puissances lui disent « qu'elle ait à ne
» point accorder aucune voie de droit contre aucun ministre
» (étranger) résidant en ce pays, pour dettes contractées hors de
» cette province. »

(2) MERLIN, *Rép.*, vᵒ Ministre public, sect. V, § IV, art. III.

Des créanciers d'un résident du duc de Mecklembourg avaient sollicité des États une interprétation authentique de leur ordonnance, en soutenant qu'elle ne devait pas s'étendre à des dettes contractées pour faits de négoce. Les États éludèrent cette question; mais ils déclarèrent en même temps que s'il était établi que le débiteur eût demeuré et négocié à Amsterdam avant d'avoir été reconnu et agréé comme ministre du duc de Mecklembourg, il ne pouvait invoquer la déclaration du 9 septembre 1679; et « ils ajoutèrent, dit Bynkershoek, une raison géné-
» rale, exprimée avec beaucoup de mots dont le sens
» se réduit à ceux-ci : qu'aucun sujet de l'État n'est
» reçu comme ambassadeur ou ministre d'une autre
» puissance qu'à condition de ne pas dépouiller sa
» qualité de sujet, même à l'égard de la juridiction,
» tant pour les affaires civiles que pour les crimi-
» nelles; et que si quelqu'un, en se faisant recon-
» naître pour ambassadeur ou ministre, n'a point
» fait mention de sa qualité de sujet de l'État, il ne
» jouira point des droits et privilèges qui ne con-
» viennent qu'aux ministres des puissances étran-
» gères (a). »

(a) BYNKERSHOEK, ch. XI, § X. — Merlin, en reproduisant cette ordonnance, observe que l'objet des États-Généraux n'avait pas été, comme le dit Vattel, d'éluder la question

23. Il nous reste à mentionner, pour en finir avec la législation néerlandaise, une ordonnance du 25 juin 1663, qui proscrit la pratique abusive connue sous le nom de *droit d'asile*. Elle déclare que « les hôtels » ou logis des résidents ne sont nullement exempts de » recherche ou perquisition, au cas qu'il s'y trouve- » rait des gens que l'on voulût arrêter ou saisir sur » des fondements légitimes et de la part de la souve- » raineté ou de la justice ». C'est, croyons-nous, le plus ancien monument législatif sur la matière.

§ 2. LA LÉGISLATION DANOISE

24. Nous venons de voir que l'ancienne jurisprudence néerlandaise admettait à l'égard des ministres étrangers la *procédure des arrêts*, qui consistait à agir en justice contre les étrangers non domiciliés dans le pays, par la voie d'une saisie conservatoire de leurs biens, laquelle était attributive de compétence (1); mais qu'une ordon-

de savoir si un sujet devient indépendant de la juridiction de son souverain lorsqu'il est nommé ministre d'une puissance étrangère. Il est néanmoins à constater que les États ont éludé la question qui leur était posée, de savoir s'il y a lieu de distinguer, en ce qui concerne l'immunité diplomatique, entre les dettes contractées comme marchand ou simple particulier, et les dettes contractées comme ministre de quelque prince étranger.

(1) Voir les nᵒˢ 9, 10 et 19.

nance des États-Généraux mit fin à cette pratique.

Il en fut de même en Danemark, ainsi que le montre une ordonnance royale de Frédéric IV, du 8 octobre 1708 (2) :

« Vu les nombreuses demandes qui nous ont été
» adressées pour obtenir la permission de saisir
» conservatoirement les biens ou effets de quelqu'un
» des ministres étrangers en résidence près de notre
» cour, pour cause de dettes qu'ils auraient contrac-
» tées vis-à-vis de nos fidèles sujets ;

» Attendu que le cas se serait même produit, qu'au
» départ de quelques ministres étrangers leurs meu-
» bles auraient été saisis de cette manière; ce qui est
» de nature à occasionner du désordre, des difficultés,
» et à nuire au caractère public des ministres étrangers;

» C'est pourquoi, et afin de prévenir tout
» événement semblable et pour que nos chers et
» fidèles sujets soient informés de nos intentions,

» Nous ordonnons et défendons très gracieuse-
» ment qu'aucun « arrest » ne soit désormais
» autorisé ou pratiqué au préjudice de la personne,

(2) Nous devons la communication du texte de cette ordonnance et des documents dont il sera ultérieurement question, à la bienveillante collaboration de notre ancien collègue M. Holten, magistrat danois, à qui nous adressons ici nos remerciements.

» des domestiques ou des biens d'aucun ministre
» étranger, à raison des dettes qu'ils pourraient
» avoir contractées dans nos royaumes pendant
» qu'ils y ont séjourné ou à leur départ;

» A quoi chacun aura soin de se conformer..., et
» nous commandons et ordonnons à nos comtes et
» barons, gouverneurs des provinces et des dis-
» tricts, présidents, bourgmestres, conseils muni-
» cipaux, baillis et tous autres auxquels la pré-
» sente ordonnance sera envoyée, qu'ils la fas-
» sent lire et publier dans les formes légales pour
» l'information de tous. »

- On voit que l'ordonnance danoise est conçue dans
le même esprit et presque dans les mêmes termes
que l'ordonnance néerlandaise.

25. Dans la langue danoise, comme dans la
langue néerlandaise, le terme *arrêt* désigne aussi
bien la saisie conservatoire que la contrainte par
corps, ainsi que cela ressort d'ailleurs de la con-
texture de la disposition ci-dessus reproduite.

Nous devons observer à ce propos qu'il s'agit
ici, de même que dans l'ordonnance néerlandaise,
des arrêts par lesquels s'introduisaient les procès
dirigés contre les étrangers non domiciliés dans le
pays. De là résulte qu'il était *à fortiori* interdit

d'agir en justice contre des agents diplomatiques par
la voie directe d'un ajournement. C'est ce que décide
formellement un rescrit royal du 19 juillet 1743,
qui ordonne d'annuler une assignation signifiée à un
ministre de Suède.

26. L'ordonnance de Frédéric IV vise spécialement
les causes civiles, et elle montre que les domestiques
des agents diplomatiques participaient, sous ce rapport, aux immunités de leurs maîtres.

Un autre rescrit royal, du 2 décembre 1741,
nous apprend, d'autre part, que les personnes attachées au service personnel d'un agent diplomatique
jouissent aussi en Danemark du bénéfice de l'exterritorialité en matière pénale.

Ce rescrit règle la procédure à suivre par la
police locale dans les cas de désordres commis par
les domestiques d'un envoyé. Il porte que, dans de
pareils cas, les délinquants seront arrêtés et provisoirement enfermés à l'hôtel de ville, dans un local
spécial; que la légation sera immédiatement avisée
de cette détention; et que les délinquants lui seront
livrés sur sa réquisition.

Ce rescrit fut rendu à la suite d'un arrangement
intervenu entre le gouvernement danois et les
envoyés de Russie, d'Allemagne et d'Espagne.

27. L'exemption de la juridiction criminelle est formellement consacrée par l'article 8 du code pénal du 10 février 1866, ainsi conçu : « Pour ce » qui concerne les *légations des puissances étran-* » *gères,* les vaisseaux de guerre et les corps de » troupes étrangers, ainsi que les délits commis par » des *fonctionnaires étrangers* dans l'exercice de leurs » fonctions, pendant leur mission en Danemark, on » leur appliquera les règles du droit des gens. »

On remarquera que cette loi moderne ne parle plus de la domesticité des diplomates.

28. Il nous reste à mentionner : 1° une circulaire ministérielle du 13 septembre 1865, prescrivant aux autorités locales de ne communiquer avec les légations étrangères que par l'intermédiaire du département des affaires étrangères (1); et 2° une instruction du 31 décembre 1880, sur la procédure à suivre en cas de perquisitions à opérer dans l'hôtel d'une légation (2).

§ 3. LE STATUT ANGLAIS DE 1709 ET LA LÉGISLATION DES ÉTATS-UNIS DE L'AMÉRIQUE DU NORD

29. En 1708, l'année même de la promulgation de l'ordonnance de Frédéric IV de Danemark, sur-

(1) Voir le n° 58.
(2) Voir le n° 143.

vint à Londres un incident mémorable, qui donna lieu, l'année suivante, à l'adoption d'un statut dont les termes offrent une grande analogie avec ceux employés par les lois du Danemark et des Pays-Bas.

Un ambassadeur de Russie, le comte de Matucof, venait de prendre congé de la reine d'Angleterre et se disposait à passer en Hollande, lorsqu'il fut arrêté en pleine rue par des officiers de justice, munis d'un décret de prise de corps qu'avaient obtenu contre lui des marchands, qui lui réclamaient une somme de trois cent cinquante livres. Des sergents le tirèrent de son carrosse et le traînèrent dans une maison d'arrêt, où survint fort à propos un lord, qui le fit relâcher, en se rendant sa caution. L'ambassadeur réclama une prompte réparation, par une lettre du 22 juillet 1708 où l'on remarque le passage suivant : « L'immunité des ambassadeurs et
» leurs privilèges ne sont que trop connus ; et si l'on
» allègue le prétexte de dettes, ce n'est qu'impu-
» demment, car j'avais marqué ce jour pour le
» payement ; et loin que je m'en allasse sans payer,
» je n'ai pas encore reçu de lettre de recréance, ni
» passeport, ni autres choses nécessaires pour mon
» départ ; de sorte qu'on m'a tendu ce piège unique-
» ment pour insulter Sa Majesté Czarienne, dans la
» personne de son représentant... »

Cette accusation était fondée, paraît-il, les accusés ayant été déclarés coupables « d'avoir comploté » ensemble de faire arrêter le comte de Matucof, le » connaissant revêtu du caractère d'ambassadeur, et de » causer par là de la mésintelligence entre la reine et » le czar ». Le cas parut néanmoins embarrassant au magistrat chargé de l'application de la peine, l'inculpation n'étant prévue par aucune loi pénale. Le czar dut en conséquence se contenter des excuses publiques que la reine lui fit présenter. Mais un bill fut soumis au Parlement pour prévenir le retour de tout attentat contre l'inviolabilité des ambassadeurs et pour garantir leurs privilèges.

Un premier projet, qui leur fut communiqué, souleva des protestations et donna lieu à un mémoire qu'il est intéressant de rappeler.

D'après Merlin (a), le corps diplomatique s'y plaignait : 1° de ce que le bill se bornait à annuler les poursuites exercées contre l'ambassadeur de Russie, sans y ajouter aucune peine contre les auteurs de ces poursuites ; 2° de ce que la franchise attachée au caractère de ministre public n'y était pas présentée comme dérivant du droit des gens, et paraissait n'avoir d'autre fondement que la loi même qu'il

______

(a) Loc. cit., sect. V, § IV, art. III.

était question de faire ; 3° de ce qu'il n'y était point
fait défense, sous des peines déterminées, d'insulter
ou maltraiter les ministres publics et leurs domestiques, « jusqu'au moindre » ; 4° de ce qu'il n'y
était pas défendu d'arrêter les équipages et autres
effets, de quelque nature qu'ils fussent, appartenant
aux ministres publics, et qui étaient censés *inter vasa
legatorum* ; 5° de ce qu'il n'y était point parlé de la
franchise et sûreté entière de tout droit dont doit
jouir l'hôtel ou habitation de tout ambassadeur ou
autre ministre public, ni, par suite, de la défense d'y
introduire des sergents ou officiers de justice, et à
plus forte raison d'y commettre aucune violence par
saisie ou autrement ; 6° de ce qu'il n'y était point
dit que les ministres publics devaient jouir de leurs
privilèges, tant dès leur entrée dans la Grande-Bretagne qu'après leur congé et pendant qu'ils se trouveraient encore dans les pays et terres britanni-
ques...

30. Un statut du 21 avril 1709 donna satisfaction
à la majeure partie de ces réclamations.

Il commence par déclarer nuls et invalides « toutes
» actions, arrêts et procédures commencées et pour-
» suivies contre le comte de Matucof..., attendu
» que plusieurs personnes turbulentes et qui ne

» gardent point de règles, ont insulté et outragé la
» personne de l'ambassadeur de Sa Majesté Cza-
» rienne, en l'arrêtant en pleine rue, en le tirant par
» violence hors de son carrosse et en le retenant sous
» garde pendant plusieurs heures, au mépris de la
» protection accordée par Sa Majesté, contre le droit
» des gens et au préjudice des droits et privilèges
» que les ambassadeurs et les autres ministres
» publics, autorisés et reçus comme tels, ont en tous
» temps possédés et qui doivent être tenus pour
» sacrés et inviolables ». Puis, « afin de prévenir
» de pareilles insolences à l'avenir », il est statué
« qu'il est défendu d'arrêter ou d'emprisonner la per-
» sonne d'un ambassadeur, d'aucun autre ministre
» public... ou de leurs serviteurs, comme de
» retenir, saisir ou arrêter leurs biens, meubles ou
» immeubles », et que tous actes semblables seront
désormais tenus « pour entièrement nuls et invalides
» à toutes fins et égards quelconques ».

D'autre part, le statut frappe d'une peine arbitraire quiconque contreviendrait à ses prescriptions,
en déclarant que les contrevenants seront tenus
pour « violateurs du droit des gens et perturbateurs
» du repos public ».

Toutefois, « aucune personne ne sera poursuivie
» en justice pour avoir arrêté le serviteur d'un

» ambassadeur ou d'un ministre public dont le nom
» n'aurait pas été enregistré au département des
» affaires étrangères ».

De plus, « aucun marchand mentionné dans aucun
» statut contre les banqueroutiers, qui s'est mis ou
» se mettra au service d'un ambassadeur ou d'un
» ministre public, ne pourra tirer avantage de ce
» fait, en aucune manière (*a*). »

31. On voit que le bill anglais est conçu dans le
même esprit que l'ordonnance néerlandaise. Il est
pourtant à noter qu'il consacre le privilège diplomatique par une formule plus explicite, en proscrivant toute *rétention, saisie ou arrêt de biens
meubles ou immeubles.* L'ordonnance néerlandaise
ne défend formellement que la saisie des effets ; ce
qui ne peut s'entendre que de biens mobiliers, et pas
même de toutes espèces de biens de cette nature (*a*).

Au reste, l'une et l'autre ordonnance ne visent
que les saisies introductives d'instance. Nul doute
que les biens immobiliers d'un ambassadeur ne

(*a*) Le texte littéral de ce statut se trouve dans BLACKSTONE,
l. I., ch. 7, et dans MERLIN, loc. cit.

Avant ce statut de la reine Anne, le jurisconsulte Cocke enseignait, d'après le témoignage de Blackstone, qu'on peut poursuivre
un ambassadeur pour l'exécution d'un contrat valide suivant les
principes du droit de gens.

(*a*) Voir le n° 128.

puissent former l'objet, en Angleterre comme ailleurs, d'une procédure d'exécution. Il est universellement admis que ces biens peuvent être saisis au
préjudice d'un agent diplomatique, en vertu d'un
titre exécutoire émanant de la juridiction compétente. Mais le statut interdit d'*agir en justice* contre
un ambassadeur par la voie d'une saisie de ses
biens ; procédure qui formait, dans ce temps, la
manière ordinaire d'introduire un procès contre un
étranger non domicilié dans le pays.

32. La même interdiction de « retenir, saisir ou
» arrêter les biens d'un ambassadeur » *(distrained,
seized or attached)*, se trouve reproduite dans un
acte du Congrès des États-Unis de l'Amérique du
Nord, du 30 avril 1790.

33. Une disposition de la Constitution de ce dernier
pays (a) attribue à la cour suprême la connaissance,
au premier degré, de toutes « les causes concer-
» nant des ambassadeurs, d'autres agents publics
» ou des consuls ». Ceci ne veut pourtant pas dire
qu'en Amérique les agents diplomatiques soient assujettis en principe à la juridiction territoriale, mais
seulement que c'est devant la cour suprême que

(a) Du 17 septembre 1787.

l'action doit être portée, dans les cas où la juridiction territoriale est exceptionnellement compétente,
selon le droit commun international.

§ 4. LES ORDONNANCES ESPAGNOLES ET PORTUGAISES
DU XVIIe ET DU XVIIIe SIÈCLE

34. D'après deux anciens publicistes, Antoine de
Vera et Frédéric de Marselaer (1), le roi d'Espagne
Philippe II aurait médité d'assujettir à sa juridiction
les envoyés des puissances étrangères, à la suite d'un
violent conflit provoqué par un ambassadeur vénitien,
qui avait prétendu donner un asile dans son hôtel à
des régnicoles poursuivis par l'autorité locale ; et il
aurait, en conséquence, notifié aux princes chrétiens
sa volonté de voir ses propres ambassadeurs déchus
de leurs privilèges et jugés d'après les lois du lieu
de leur résidence, s'ils venaient à commettre quelque
grave délit.

Wicquefort (2) et Bynkershoek tiennent ce fait
pour apocryphe ; et, en effet, en dehors des livres des
deux publicistes cités, qui étaient l'un et l'autre fort
hostiles au principe de l'immunité pénale des ambas-

(1) ANTOINE DE VERA, *Le Parfait Ambassadeur*, l. I, ch. 43, et
FRÉDÉRIC DE MARSELAER, *Legatus,* l. II, diss. XIII; cités par BYN-
KERSHOEK, ch. XIX.

(2) *L'Ambassadeur et ses fonctions,* l. IV, sect. 29.

sadeurs, on ne trouve nulle part la moindre trace
d'une notification qui était pourtant de nature à pro-
duire quelque sensation (3).

35. Quoi qu'il en soit, il est certain que l'entreprise attribuée à Philippe II fut abandonnée par ses
successeurs, sinon par lui-même.

Deux faits qui se rattachent à l'histoire diplomatique des premières années du xviie siècle, le prouvent
clairement.

En 1604, les Espagnols arrêtèrent plusieurs gen-
tilshommes de la suite d'Antoine de Sully, ambassadeur de France; il s'agissait d'un meurtre, que les
accusés prétendaient n'avoir commis qu'étant en état
de légitime défense. Sur les réclamations de l'ambassadeur, ses gens lui furent rendus et ne passèrent
pas en jugement (1). Or, il est évident que si la
prétendue déclaration de Philippe II eût encore fait
loi, dans un temps si voisin de son émanation, la
France n'aurait pas réclamé et l'Espagne n'aurait eu
garde de relâcher ses prisonniers, ainsi que Merlin
en fait très justement la remarque (2).

(3) MERLIN, loc. cit., sect. V, § IV, art. III : « Aucun auteur des
pays où l'on prétend qu'a été notifiée la déclaration de Philippe II, n'en a fait mention. »

(1) WICQUEFORT, l. I, sect. 28.

(2) MERLIN, loc. cit., sect. IV, § IV, art. III.—Voir aussi les *Causes
célèbres du droit des gens,* de MARTENS, II, appendice.

L'autre fait est encore plus caractéristique, puisqu'il s'agit cette fois d'une réclamation de l'Espagne elle-même, impliquant de la part de cette puissance une prétention de tenir ses propres ambassadeurs comme absolument inviolables en matière pénale. L'incident est rapporté comme suit par Merlin :

« Le 5 décembre 1605, Bruneau, secrétaire de » l'ambassadeur d'Espagne, et le baron de Mai- » rargue, Provençal, furent arrêtés, traitant de la » surprise de Marseille. Des lettres patentes les » livrèrent au Parlement de Paris, qui fit décapiter » le Français en place de Grève, mais douta de » son pouvoir de juger l'Espagnol. Henri IV, » retenu par le droit des gens, renvoya le secrétaire » à son maître. Or, l'ambassadeur, loin de savoir » gré au roi de son indulgence, se plaignit fort » vivement de la détention de son secrétaire. » Henri IV lui répondit fort judicieusement que » le droit des gens n'empêche pas qu'on ne puisse » arrêter un ministre public, pour lui ôter le » moyen de nuire (3). »

Ces précédents établissent clairement que les agents diplomatiques n'ont pas cessé de jouir en Espagne d'une pleine immunité pénale.

(3) MERLIN, loc. cit., sect. V, § IV, art. XI, d'après les *Mémoires de Nevers.*

Il est à noter, au surplus, que l'usage abusif de la franchise des quartiers et du droit d'asile se maintint en Espagne beaucoup plus longtemps que partout ailleurs. Or, un tel usage implique nécessairement une indépendance diplomatique absolue.

36. La franchise des quartiers, en vertu de laquelle l'envoyé étranger prétendait exercer une sorte de protectorat au dehors de sa demeure, ne fut abrogée en Espagne qu'en 1684 (1); et ce n'est qu'en 1772 qu'y fut définitivement aboli le prétendu droit d'asile dans l'hôtel des ambassades étrangères (2).

Divers faits historiques montrent clairement que la franchise de l'habitation diplomatique fut reconnue en Espagne jusqu'en 1772, avec une étendue plus grande que dans la plupart des autres pays.

(1) BYNKERSHOEK, ch. XXI, § 5 : « Ce droit d'asile avait lieu autrefois à Madrid pour tous les quartiers de la ville ; mais en 1684, on déclara aux ambassadeurs que désormais le privilège ne s'étendrait pas au delà de l'intérieur de leurs hôtels, et les ambassadeurs ne s'y opposèrent pas beaucoup, si ce n'est que celui des États-Généraux (des Pays-Bas) répondit qu'on ferait encore mieux d'ôter en Espagne le droit d'asile aux églises, comme on le voit dans *Le Mercure hollandais* de cette année. »

(2) Recueil intitulé : *Recopilacion de las leyes de España*, mentionné par FOELIX, loc. cit., n° 220. — Ce recueil contiendrait aussi, d'après le même auteur, une loi relative à la franchise des impôts établie en faveur des envoyés étrangers.

En 1735 éclata, entre l'Espagne et le Portugal,
un grave conflit, à propos des entreprises des domestiques d'un ambassadeur de cette dernière puissance,
qui avaient arraché des mains de plusieurs officiers
de justice, pour le transporter dans la maison de leur
maître, un criminel que ces officiers conduisaient en
prison. Avisé du fait, le roi d'Espagne ordonna qu'on
arrêtât les domestiques du ministre, en quelque lieu
qu'on les trouvât, et l'ordre fut exécuté dans l'hôtel
même de la légation. Il en résulta une rupture entre
les deux puissances, laquelle menaça d'aboutir à une
guerre ouverte ; et il fallut, pour amener leur rap-
prochement, une médiation collective de la France
et de l'Angleterre. Finalement, le roi de Portugal
désavoua son ministre, et les domestiques portugais
furent relâchés.

En cette circonstance, l'arrestation de ceux-ci
n'avait été qu'un acte de représaille. Néanmoins,
le cabinet de Madrid crut devoir adresser à tous
les ministres étrangers un mémoire dans lequel
il protestait « de l'indispensable nécessité où
» il avait été, vu la hardiesse du ministre
» portugais, d'avoir recours à des moyens si vio-
» lents », et de sa volonté « d'observer, avec la
» dernière exactitude, les égards qu'on doit au carac-
» tère des envoyés des puissances étrangères... »

Le mémoire se termine par cette phrase significative : « Le cas présent ne peut être comparé à aucun » de ceux où des fugitifs peuvent, pendant quelque » temps, jouir d'un asile dans les maisons de minis- » tres caractérisés... (3). »

On voit donc que le gouvernement espagnol admettait encore en 1735, en faveur des membres du corps diplomatique, une certaine faculté de protéger des régnicoles contre les poursuites de la justice locale.

Neuf ans auparavant, un conflit analogue avait éclaté entre l'Espagne et l'Angleterre, à l'occasion de l'hospitalité qu'un ambassadeur de cette dernière puissance avait cru pouvoir accorder à un ministre disgracié, le duc de Ripperda. Or, cette fois encore, le cabinet de Madrid ne niait pas absolument la franchise, mais il prétendait qu'elle n'était pas applicable à une espèce où il s'agissait d'un prétendu crime d'État (4).

37. Quelle était alors en Espagne la situation juridique des agents diplomatiques en matière civile?

---

(3) MERLIN, loc. cit., sect. V, § V, d'après *Le Cérémonial diplomatique,* t. II, p. 373.

(4) MERLIN, loc. cit., sect. V, § V, d'après *Le Cérémonial diplomatique,* t. II, p. 362.

Si l'on considère que la franchise des quartiers ne fut jamais tolérée dans le nord de l'Europe et que la simple prétention au droit d'asile fut solennellement condamnée par les États-Généraux des Provinces-Unies des Pays-Bas dès l'année 1663, il est bien difficile d'admettre que la situation juridique des diplomates étrangers ait pu être inférieure en Espagne à celle dont ils bénéficiaient, par exemple, en Hollande et en Angleterre, là où la civilisation européenne prédominait alors manifestement.

Néanmoins, il est certain qu'une loi de Philippe V, du 15 juin 1737, relative aux dettes des ambassadeurs, consacre formellement la compétence de la juridiction territoriale à l'égard des *engagements* par eux *contractés pendant leur mission*, et qu'elle ne leur reconnaît la faculté de décliner cette compétence qu'à raison de leurs engagements antérieurs. Mais cette loi ne tarda pas à tomber en désuétude et il est même probable qu'elle sera restée une lettre morte dans la pratique, par l'effet naturel d'une franchise domiciliaire qui rendait toute procédure d'exécution impraticable (*a*).

(*a*) Loi **VI** insérée dans le titre IX, l. III, de la *Novisima recopilacion de las leyes de España*.

Une obligeante communication de **M.** de Olloqui, notre collègue près les tribunaux mixtes égyptiens, nous a permis de prendre

38. D'après un publiciste français (1), en Portugal de même qu'en Espagne l'immunité diplomatique aurait été jadis moins étendue qu'ailleurs, vu qu'une ordonnance de Jean IV, renouvelée sous Jean V,

personnellement connaissance de ce texte. C'est sur cette note que nous nous fondons pour affirmer que la loi prémentionnée est tombée en désuétude.

D'après FOELIX (loc. cit., n° 220), une autre loi espagnole, figurant au même recueil, porte que les nationaux seuls peuvent être nommés ambassadeurs par les puissances étrangères.

Il convient de mentionner aussi quelques dispositions du moderne code de procédure espagnol, qui règlent la marche à suivre dans le cas de perquisitions à opérer dans la demeure d'un agent diplomatique. En voici la traduction en italien, d'après Pasquale Fiore :

ART. 440. *Per entrare e perquisire la casa destinata all' abitazione ed all' uffizio d'un rappresentante di nazione straniera accreditato presso il governo di Spagna, il giudice istruttore gli domanderà il permesso per mezzo di ossequioso ufficio nel quale lo pregherà di rispondere nel termine di dodici ore.*

ART. 441. *Se trascoresse tale termine senza che il rappresentante estero avesse risposto, o se il medesimo negasse il permesso, il giudice istruttore farà conoscere immediatamente l'accaduto al ministro di giustizia, adoperando il telegrafo se vi fosse. Fino a tanto che il ministro non gli avrà comunicata la sua risoluzione si asterrà di entrare nella casa onde perquisirla, pero adotterà quelle misure di vigilanza a cui si riferisce l'articolo 442.*

ART. 442. *Dal momento in cui il giudice istruttore è autorizato a entrare o perquisire in qualunque casa o luogo chiuso prenderà le misure opportune di vigilanza per evitare la fuga del processato o la estrazione di strumenti ed effeti del delitto, libri, carte, et qualunque altra cosa possa essere oggetto di perquisizione.*

(1) FOELIX, *Traité de droit international privé*, I, n° 220. — Nous n'avons pas trouvé le texte visé par cet auteur, à l'endroit indiqué (MARTENS, *Causes célèbres*, II, pp. 362 et 364).

aurait autorisé des poursuites judiciaires contre les ministres étrangers, *pour les engagements par eux contractés antérieurement à leur réception.*

Nous n'avons trouvé aucune trace d'une telle disposition dans le texte de l'ordonnance de Jean V, que nous avons eu sous les yeux (2), et nous sommes porté à croire qu'elle sera restée sans application, en supposant qu'elle ait jamais existé. L'usage abusif du droit d'asile, qui subsista en Portugal comme en Espagne jusqu'au xviiie siècle, indique au contraire un développement outré des franchises diplomatiques. Il serait d'ailleurs étrange que le Portugal eût rompu non seulement avec les us et coutumes des autres pays, mais encore avec les traditions romaines.

39. Quoi qu'il en soit, voici, en substance, l'ordonnance de Jean V, du 11 décembre 1748 :

Elle prescrit de respecter les ministres étrangers et de les traiter « avec la délicatesse et les égards qui » ont toujours été reconnus justes et nécessaires dans » l'opinion de tous les peuples »; et, « pour qu'on » sache les bornes équitables et précises dans » lesquelles on doit se tenir », elle déclare « que » les immunités consacrées par le droit des gens et

(2) Nous devons la communication de ce texte à l'obligeance de M. De Sande e Castro, notre collègue près la juridiction mixte égyptienne.

» par les usages concernent la personne des minis-
» tres publics qui est inviolable, de même que leur
» demeure en dedans des portes (*das portas para*
» *dentro*) ou la partie exclusivement réservée à leur
» résidence s'ils logent dans une maison habitée par
» d'autres personnes ».

L'ordonnance insiste sur ce point « qu'en dehors
» des portes, l'immunité ne s'étend plus qu'aux
» choses qui servent à l'usage du ministre et aux
» personnes attachées à son service ».

Voilà une consécration formelle de l'immunité
personnelle et de la franchise de la demeure, telles
qu'elles sont reconnues par le droit des gens.

« Mais qu'il soit bien entendu, ajoute Jean V, que
» tout ce qu'on prétendrait au delà doit être tenu
» pour un abus qui ne saurait être toléré. » Ainsi,
« si quelque personne arrêtée par mandat de justice
» ou en flagrant délit, prétendait être au service d'un
» ministre étranger, sans justifier de la qualité
» qu'elle allègue, l'arrestation sera provisoirement
» maintenue jusqu'après due information. De même,
» si quelque personne de la famille ou de la suite du
» ministre cherchait à empêcher l'exécution d'un
» mandat de justice, il y aura lieu de la tenir pour
» déchue de ses privilèges, et de la punir selon la
» gravité du cas. »

D'autre part, l'ordonnance édicte des pénalités arbitraires « contre ceux qui aideraient le domes-
» tique d'un ministre » à entraver l'action de la police locale, et aussi contre l'officier de justice qui s'aviserait « de solliciter d'un ministre étranger
» l'autorisation de notifier ou d'exécuter un ordre
» de justice dans le voisinage d'une légation ».

Enfin, le seul fait de chercher un refuge dans l'hôtel d'une légation étrangère, est érigé en délit,
« étant arrivé, dit l'ordonnance, que des accusés se
» sont réfugiés dans la maison d'un ministre étranger
» pour se soustraire à des poursuites judiciaires, et
» que ceux-ci les ont gardés, contrairement au droit
» des gens, qui n'a jamais voulu que l'inviolabilité
» de l'habitation diplomatique pût servir de cause
» d'impunité aux malfaiteurs, ou d'empêchement au
» régime du pays, ou de contrariété à la tranquillité
» et à la sûreté des nationaux ».

On voit qu'en plein xviiie siècle, les prétentions des ministres étrangers allaient encore, en Portugal, jusqu'à vouloir exercer une sorte de protectorat sur le *voisinage de la légation* (1), et que la légation elle-

(1) Une ordonnance abolissant la franchise des quartiers avait déjà été rendue par Pierre II en l'an 1684. Elle édictait que « les officiers de justice pourraient passer dans les rues et devant les hôtels des ambassades, *avec leurs baguettes* qui sont les

même était encore considérée par le gouvernement territorial comme une sorte de lieu d'asile. L'ordonnance se borne, en effet, à édicter des pénalités contre les régnicoles qui s'aviseraient de chercher un refuge dans cet asile, ou qui se concerteraient avec la domesticité d'un ministre étranger pour entraver l'action des autorités locales. Mais la faculté pour celles-ci de perquisitionner dans l'hôtel de la légation n'est nullement édictée, et ceci est d'autant plus caractéristique que cette faculté était reconnue ailleurs, notamment dans les Pays-Bas (2).

L'ordonnance a donc pour but spécial de réagir contre des abus traditionnels, et, à ce point de vue, 'elle vise particulièrement les gens de la famille et de la suite du ministre.

Quant au ministre lui-même, elle ne nous apprend rien de bien précis au sujet de la situation juridique qui lui était faite, puisqu'elle s'en réfère, sur ce point, à des usages préexistants, qui ne sont pas définis; mais il y a lieu de croire, *à priori,* qu'elle n'était pas différente de celle dont les représentants des puissances étrangères bénéficiaient ailleurs. C'est ce qui

marques de leur charges ». — « L'ambassadeur de France voulut en empêcher l'effet dans son quartier, dit MERLIN, mais il fut obligé de se rétracter et de faire faire satisfaction à deux officiers de justice qui avaient été insultés. » (Loc. cit., sect. V, § V.)

(2) Voir le n° 23.

ressort, au surplus, des termes de l'ordonnance, laquelle invoque expressément les *usages consacrés par le droit des gens*.

§ 5. LES TRADITIONS ET LA LÉGISLATION FRANÇAISES

40. L'ancien régime français n'avait aucune législation positive sur la matière des immunités diplomatiques; mais il avait des usages, que les législatures de la période révolutionnaire consacrèrent formellement (1).

Voici ce que dit à cet égard un contemporain de Henri IV, Mornac, dans ses *Observationes ad Pandectas*, publiées en 1616 (2) : « Les ambassadeurs » du premier ordre, tels que sont ceux qui viennent » de la part d'un roi, d'un duc ou d'une république, » sont tellement sous la protection du droit des » gens, qu'ils ne peuvent être contraints à se défendre » en justice, eux et leurs gens, soit qu'il s'agisse » d'affaires civiles ou d'affaires criminelles. Témoin » ce que nous avons vu en 1608, au sujet d'un » ambassadeur de Venise. Celui de qui il avait pris » un appartement à bail, l'avait fait assigner devant

(1) Voir le n° 42.
(2) A propos de la loi 2, § I, *de judiciis*. (Voir MERLIN, loc. cit., sect. V, § IV, art. III.)

» le prévôt de Paris, et avait même, de l'autorité de
» ce magistrat, saisi ses meubles, parce que, sortant
» de sa maison avant le terme, il refusait de lui
» payer le loyer du trimestre entier. L'ambassa-
» deur réclama avec une chaleur extraordinaire; et
» Henri le Grand accueillit sa réclamation. Après
» avoir nommé des arbitres parmi les membres de
» son conseil et fait terminer, par cette voie, le
» procès, qui roulait sur un point de coutume, il
» donna pleine satisfaction à l'ambassadeur; et par
» là il éleva son caractère au plus haut degré de
» considération. »

Merlin fait à ce sujet l'observation suivante :
« On voit que Henri IV, tout en regardant les
» juges ordinaires de son royaume comme incom-
» pétents pour condamner un ministre public et
» faire saisir ses meubles, croyait avoir le droit
» de faire prononcer entre ce ministre et son créan-
» cier par des arbitres de son choix; ce qui sem-
» blerait annoncer qu'à ses yeux les ministres
» publics étaient bien exempts de la juridiction des
» tribunaux français, mais qu'en même temps ils
» demeuraient soumis à sa propre autorité, pour
» l'acquit de leurs dettes. »

Et, en effet, Jean Hotman, l'ancien collègue
d'Albéric Gentil à l'Université d'Oxford, enseignait à

cette époque, dans un *Traité de l'ambassadeur* publié à Paris en 1603, « qu'il faut s'adresser non aux » juges, mais au prince; et non au prince qui a envoyé » l'ambassadeur, mais à celui auprès duquel il réside ».

41. C'est encore cette tradition qui règne au siècle suivant, comme le montre un précédent mémorable, qui est rapporté tout au long dans les *Institutions du droit de la nature et des gens* de Rayneval, ainsi que dans les *Causes célèbres du droit des gens* de Martens (1).

En 1772, un ministre du landgrave de Hesse-Cassel, qui avait fait beaucoup de dettes à Paris, se disposait à partir sans les acquitter et même sans donner avis de son départ. Ses créanciers s'en plaignirent au gouvernement, lequel, trouvant leurs réclamations fondées, donna des ordres pour qu'il ne fût pas expédié de passeports à l'envoyé. Celui-ci prétendit qu'étant rappelé en termes pressants, personne n'avait le droit de le retenir, et il saisit le corps diplomatique de ses doléances. Dans l'entre-temps, un huissier entra chez lui pour lui signifier un exploit; ce qui souleva de sa part de nouvelles

______

(1) RAYNEVAL, 1. II, note 42; MARTENS, t. II, p. 110. — Voir aussi MERLIN, loc. cit., sect. V, § IV, art. III, d'après le *Journal politique de Bouillon*, janvier 1772.

récriminations. Tout le corps diplomatique prit parti pour le ministre et envoya au duc d'Aiguillon, qui présidait à la direction des affaires étrangères, une note ainsi conçue : « Les ambassadeurs, ayant
» été instruits qu'on avait refusé un passeport à un
» ministre étranger et que même on avait attenté
» à leurs droits et privilèges en signifiant un exploit
» au même ministre; croyant par là le droit des gens
» blessé, en ce que cela gênerait la liberté qui leur est
» nécessaire pour se retirer lorsque les circonstances
» peuvent l'exiger, ils réclament aujourd'hui la justice
» et l'équité de Sa Majesté Très Chrétienne, pour mettre
» en sûreté ces mêmes droits et privilèges. »

Louis XV fit répondre « qu'il aurait constam-
» ment l'attention la plus scrupuleuse à maintenir
» les immunités attachées au caractère sacré du
» ministre public; mais qu'il pensait que les circon-
» stances du fait qui avait excité la réclamation des
» ambassadeurs, étaient telles qu'il ne pouvait en
» résulter aucune atteinte à leurs droits ni à leurs
» privilèges ». De son côté, le duc d'Aiguillon envoya un mémoire justificatif à toutes les cours de l'Europe (2).

----

(2) Nous reproduisons ce mémoire à la fin de ce travail.

Il fut rédigé par Pfeffel, jurisconsulte du roi, d'après FLESINS (*Histoire de la diplomatie française*).

Laurent, grand adversaire des immunités diplomatiques, tire de ce mémoire des arguments contre la doctrine de l'exterritorialité, arguments qu'il tient pour très concluants (3).

Nous ne pouvons partager cette manière de voir. Ce qu'on en peut déduire, selon nous, c'est que le gouvernement de Louis XV, tout en reconnaissant l'indépendance des ministres publics, cherchait à la limiter, comme l'observe Merlin, « par des exceptions » qui en diminuaient singulièrement les effets ». Mais nous ne croyons pas qu'on puisse y voir « des » restrictions au principe de l'immunité qui iraient » jusqu'à détruire ce principe ».

Le mémoire avait pour but d'établir qu'un ministre public ne doit pas quitter le lieu de sa résidence sans avoir satisfait ses créanciers, et que, s'il manque à ce devoir, on peut le contraindre à payer ses dettes par une saisie des biens qui ne sont pas nécessaires à l'exercice de ses fonctions. Or, ceci est conforme à la doctrine de Grotius, ainsi que nous l'avons précédemment établi.

Cette doctrine, le mémoire l'admet pleinement : « L'immunité du ministre, dit-il, consiste essentiel- » lement à le faire considérer comme s'il continuait

_____

(3) Loc. cit., n° 21.

» à résider dans les États de son maître. Rien
» n'empêche donc d'employer, vis-à-vis de lui, les
» moyens de droit dont on userait s'il se trouvait
» dans le lieu de son domicile ordinaire. »

Il ne faut, d'ailleurs, pas perdre de vue que le
mémoire du duc d'Aiguillon n'est qu'une œuvre de
polémique, qui sort, comme toute œuvre de ce
genre, des sphères sereines du droit, et dont l'autorité doctrinale n'est par suite qu'assez mince ; et,
en effet, il contient plus d'une proposition qui nous
paraît pour le moins hasardée (4).

Encore est-il bon de remarquer que ce document
vise des « circonstances particulières et aggravantes », sur lesquelles le ministre de Louis XV ne
manque pas d'insister : « Les voies indécentes que le
» baron de Wrech avait adoptées pour se procurer
» de l'argent ayant été supprimées, il s'était livré à
» toutes sortes de manœuvres, que les ménagements
» qu'on avait pour son caractère représentatif empê-
» chaient de caractériser. »

Enfin, le mémoire conclut que « c'est par ces
» considérations que, sur des plaintes multiples de ses
» créanciers, le ministre des affaires étrangères crut
» devoir suspendre la délivrance du passeport que ce

(4) Nous rencontrerons ces diverses propositions dans notre
exposé systématique de la matière, au titre II.

» ministre demandait pour sortir du royaume, en allé-
» guant des ordres du landgrave, son maître, *jusqu'à*
» *ce que les intentions de ce prince fussent connues* ».

Finalement, d'après ce que nous apprend Martens, ce ne fut que lorsque le landgrave de Hesse-Cassel « eut fait son affaire des engagements » contractés par son agent », que celui-ci obtint ses passeports et put quitter Paris.

Les conclusions à tirer de cet incident sont donc qu'au xviie comme au xvie siècle, les ministres étrangers étaient soumis en France à une sorte de juridiction gracieuse du prince auprès duquel ils étaient accrédités, en conformité de la doctrine alors enseignée par Jean Hotman, et qu'en fait le recours par la voie diplomatique n'était pas sans avoir quelque efficacité pratique.

42. Nous avons déjà dit qu'en matière d'immunités diplomatiques, les législatures de la période révolutionnaire se sont bornées à maintenir le droit traditionnel.

Ainsi s'explique la rédaction assez vague de la législation intermédiaire.

Un premier décret fut rendu par l'Assemblée nationale le 11 décembre 1789, dans les circonstances suivantes.

Le droit d'asile dans les édifices religieux s'était plus ou moins maintenu en France, malgré de nombreux édits qui en prononçaient la suppression. La Constituante édicta, en conséquence, à la date du 13 octobre 1789, que « dans tous les cas où le salut » de l'État est compromis, *il n'y a pas de lieux pri-* » *vilégiés* ».

Cet édit fut rendu à l'occasion d'une affaire particulière, d'ailleurs dénuée d'importance ; mais il éveilla néanmoins les susceptibilités du corps diplomatique et donna lieu à une demande d'explications. C'est à la suite de cette réclamation que l'Assemblée nationale déclara, le 11 décembre 1789, par un arrêt interprétatif du décret prémentionné, « qu'elle » n'avait entendu porter aucune atteinte à aucune » des immunités des ambassadeurs et ministres » étrangers (1). »

(1) Voici la lettre qui fut adressée en cette occasion à l'Assemblée, au nom du corps diplomatique, par le ministre des affaires étrangères, telle qu'elle est rapportée dans *Le Droit civil international* de Laurent (t. III, n° 21) d'après le *Moniteur* du 14 décembre 1789 : « Les ambassadeurs et ministres étrangers auprès de Sa Majesté m'ont témoigné le désir qu'ils avaient d'obtenir une explication au sujet d'une réponse de l'Assemblée nationale à une députation de la Commune de Paris. Cette députation avait pour objet de demander qu'il fût permis à la Commune de faire des recherches dans les maisons privilégiées. Les ministres publics, bien persuadés que l'Assemblée n'a pas eu l'intention de les comprendre, eux ni leurs maisons, dans les termes généraux

Elle eut soin pourtant de laisser dans l'ombre la question de savoir si les hôtels d'ambassade peuvent servir de lieu d'asile ; question qui, du reste, était définitivement tranchée à cette époque par le droit des gens.

Un second décret fut rendu par la Convention à l'occasion d'une autre réclamation diplomatique, suscitée par un incident qui ne mérite pas non plus d'être relaté. Dans un rapport qui en explique la portée, Barrère déclarait, sur le ton déclamatoire alors en vogue : « Il est nécessaire de dire à cette tribune » (car de cette tribune vous parlez à tous les gou- » vernements étrangers) que, quoique la Convention » et les comités ne puissent ni ne veuillent garantir la » moralité des agents étrangers, ils reposent ici sous » l'empire du droit des gens, que nous respectons » alors même qu'on le viole à notre égard (2). »

de la réponse qu'elle fit à la Commune, se seraient dispensés de demander aucune explication, si l'un d'entre eux, réclamant de quelques subalternes des égards auxquels un usage constant les avait accoutumés, n'en avait reçu pour réponse *qu'il n'y avait plus de privilégiés*. Cette réponse a fait craindre aux ministres étrangers que l'on ne donnât une interprétation trop étendue à la manière dont l'Assemblée s'est expliquée dans sa réponse à la Commune de Paris, et qu'il n'en résultât des faits dont ils seraient forcés de se plaindre. Responsables envers les souverains dont ils sont les représentants, de tout ce qui concerne la dignité du caractère dont ils sont revêtus, ils doivent prévoir tout ce qui pourrait y porter atteinte. »

(2) Le *Moniteur universel* (t. X, p. 664), reproduit par P.-G. Odier, loc. cit., p. 56.

C'est à la suite de ce pompeux rapport que fut rendu le décret suivant, à la date du 13 ventôse an II : « La Convention nationale interdit à toute » autorité constituée d'attenter en aucune manière à » la personne des envoyés des gouvernements étran- » gers ; les réclamations qui pourraient s'élever » contre eux seront portées au comité de salut » public, qui seul est compétent pour y faire » droit. »

43. De ce texte, la doctrine et la jurisprudence ont tiré cette règle : Aucun recours ne peut être exercé en France contre un agent diplomatique, tant en matière civile qu'en matière criminelle, que par la voie diplomatique (1).

(1) DALLOZ, loc. cit., n° 104 ; — VERGÉ sur MARTENS, loc. cit., t. II, § 216 ; — FŒLIX et DEMANGEAT, loc. cit., n° 192 ; — PRADIER-FODÉRÉ, loc. cit., n° 1439, etc., et *Cours de droit diplomatique*, ch. XII ; — DEMANGEAT, dans le *Journal du droit international privé*, t. II, p. 91 ; — Tribunal de la Seine, 8 mars 1886 ; — Cour de Lyon, 11 décembre 1883 (Brux contre Beumard).

« Considérant, dit ce dernier arrêt, que la position des représentants étrangers en France est réglée par le décret du 13 ventôse an II... ; considérant que les auteurs qui ont écrit sur le droit international ont eu quelques divergences entre eux ; qu'on a cherché à faire une distinction entre la personne officielle et la personne privée, de même qu'entre les actes accomplis en qualité de représentant et pour le compte d'un gouvernement étranger et les actes accomplis par ce même représentant dans un intérêt personnel et privé ; que dans ce dernier

Laurent trouve cette interprétation « étrange ».
« Il n'est pas dit un mot de *relations diplomatiques*
» dans le décret ; c'est au contraire le comité de
» salut public qui est déclaré *seul juge*. Et s'agit-il
» d'*intérêts privés ?* Le décret parle des *attentats* contre
» la *personne* des ambassadeurs ; or , les *intérêts*
» *privés* sont étrangers à la liberté de la personne.
» Le décret avait pour but de proclamer que la Con-
» vention nationale respectait la liberté des ministres
» publics, et elle s'en remettait au comité de salut
» public qui concentrait tous les pouvoirs de la
» République. On ne voit pas ce que cela a de
» commun avec l'immunité des ambassadeurs, notam-
» ment en matière civile (2) ».

Cette argumentation revient à forcer le sens des

cas, certains auteurs accordent une action en justice ; que
d'autres au contraire la refusent absolument dans quelque cas
et pour quelque cause que ce soit ; considérant que cette
opinion est celle qui a prévalu et que la jurisprudence n'a
jamais varié sur ce point, d'accord en ceci avec les principes
du droit des gens ; qu'ainsi il faut reconnaître que l'immunité
complète de la juridiction existe en faveur de toute personne
investie d'un caractère officiel comme représentant à un titre
quelconque d'un gouvernement étranger. »

Il est à observer que c'est à raison de l'existence de ce décret
de la Convention que l'art. 14 du code Napoléon, qui traite de la
juridiction territoriale à l'égard des étrangers, ne formule aucune
réserve à l'égard des ministres étrangers, comme les autres codes
modernes dont nous parlerons plus loin.

(2) Loc. cit., n° 2.

termes et à méconnaître une intention évidente.

Il est vrai que le décret ne parle pas de *relations diplomatiques*; mais il ne déclare pas non plus qu'il ne s'agit que de protéger la *liberté personnelle des ambassadeurs*, ni que le comité de salut public sera *seul juge* : il dit que c'est au comité de salut public, c'est-à-dire au gouvernement du moment, que seront portées les réclamations qui pourraient s'élever contre les envoyés des gouvernements étrangers; ce qui s'entend très bien de toutes sortes de contestations, même privées.

Si le comité de salut public est déclaré seul compétent pour faire droit à ces réclamations, il va de soi qu'il s'agit ici d'une compétence politique ou diplomatique; car ce comité était le représentant de la souveraineté nationale et non pas un organe du pouvoir judiciaire. L'intention du législateur est dès lors manifeste : il veut substituer, en ce qui concerne les représentants des puissances étrangères, la juridiction politique du gouvernement à la juridiction ordinaire des tribunaux. Et cela est conforme aux traditions françaises.

Laurent reconnaît lui-même, à propos du décret précédemment rendu par la Constituante, que le législateur entendait alors maintenir purement et simplement le droit traditionnel. Or, la tradition française, c'est manifestement le recours par la voie diplomatique.

En somme, le décret est très clair, malgré la généralité de ses termes. Il se compose de deux parties : l'une qui consacre l'éternel principe de l'inviolabilité des diplomates, en interdisant aux autorités locales d'attenter en aucune manière à leur personne; l'autre qui consacre l'exterritorialité diplomatique, en soustrayant le diplomate aux juridictions de droit commun.

Que si le décret de la Convention offre quelque obscurité, il y a lieu néanmoins de considérer les tendances générales de la nation; car il est inadmissible qu'une législature ait pu varier d'une session à une autre dans une matière aussi éminemment traditionnelle. Or, le même respect de la tradition que nous avons constaté chez les constituants et chez les conventionnels, nous allons le retrouver chez les rédacteurs du code Napoléon.

44. Le premier projet du code civil des Français portait, dans son article 3, une disposition ainsi conçue : « La loi oblige tous ceux qui habitent » le territoire. » Cette rédaction fut vivement critiquée par le Tribunat : « Il n'est pas vrai, disait le » rapporteur, que la loi oblige sans exception ceux

» qui habitent le territoire, puisque les étrangers
» revêtus d'un caractère représentatif, et ceux qui
» composent leur famille et leur suite, ne sont pas
» soumis aux lois civiles de la France, quoiqu'ils
» habitent le territoire » (1).

Le second projet contenait, dans une section intitulée : *Des étrangers revêtus d'un caractère représentatif de leur nation,* une disposition unique, conçue comme suit : « Les étrangers revêtus d'un
» caractère représentatif de leur nation, en qualité
» d'ambassadeurs, de ministres, d'envoyés ou sous
» quelque dénomination que ce soit, ne seront pas
» traduits, ni en matière civile ni en matière crimi
» nelle, devant les tribunaux de France. Il en sera
» de même des étrangers qui composent leur famille
» ou qui seront de leur suite. »

Voilà qui est clair. La disposition fut écartée, mais uniquement, suivant le témoignage de Portalis, parce que la matière, appartenant au droit des gens, ne trouvait pas sa place naturelle dans une loi de régime intérieur (2) — et peut-être aussi parce qu'elle était déjà réglée par un décret de la Convention.

L'intention des rédacteurs du code Napoléon est.

(1) LOCRÉ, t. I, p. 242 (édit. belge).
(2) LOCRÉ, t. I, n° 11, et t. II, n° 12.

donc manifeste : ils admettent le principe traditionnel de l'exterritorialité, la doctrine de Grotius et de son précurseur Ayrault. Laurent lui-même ne le conteste plus ; conteste-t-on l'évidence ? « On ne voit pas, dit-il, » que, dans ces longs débats, la règle de l'exterrito- » rialité ait été contestée : le Tribunat l'établissait » dans les termes les plus absolus, ainsi que le second » projet de code civil soumis au conseil d'État (3). »

La disposition que les rédacteurs du code Napo- léon écartèrent « comme appartenant au droit des gens », a pour nous une haute valeur doctrinale ; elle contien tune excellente définition de l'exterritorialité diplomatique, une définition précise, juridique, d'une rédaction irréprochable. Mais nous verrons, par la suite, que la jurisprudence française n'en a pas tou- jours tenu un compte suffisant.

45. Le premier consul contribua, paraît-il, à faire rejeter la disposition susdite. Il trouvait préférable de ne pas parler des immunités diplomatiques, « la » nation française n'ayant déjà (d'après lui) que » trop de considération pour les étrangers ».

Il fut même question plus tard, à l'instigation de Fouché, de supprimer ces immunités par une mesure d'administration intérieure de l'empire. Ce fut l'inter-

(3) Loc. cit., n° 1.

vention de d'Hauterive qui empêcha cette violation flagrante des principes essentiels du droit des gens. D'Hauterive rédigea, à ce propos, un mémoire que Locré porta à l'empereur; celui-ci le lut rapidement et ne parla plus de la suppression projetée (*a*).

§ 6. LA LÉGISLATION RUSSE

46. Le code des lois civiles de la Russie contient, sur les immunités diplomatiques, une disposition qui offre quelque analogie avec le décret prémentionné de la Convention française : « Toute autorité » saisie d'une réclamation quelconque élevée contre » un individu attaché à une mission étrangère, doit » la transmettre au ministre des affaires étrangères. » Aucun jugement ne peut être mis à exécution dans » les hôtels occupés par les ambassadeurs et envoyés » diplomatiques, que par l'intermédiaire du même » ministre. »

Voilà un singulier témoignage en faveur de l'exterritorialité! s'écrie Laurent. La disposition suppose que des poursuites ont lieu contre un ambassadeur, qu'un jugement intervient contre lui (1)!

(*a*) Voir Ch. VERGÉ, *Diplomates et publicistes* ; — et PRADIER FODÉRÉ, loc. cit., n° 1379.
(1) Loc. cit., n° 8.

Et pourquoi pas? Nul n'a jamais soutenu qu'un ambassadeur doive être à l'abri de toutes poursuites judiciaires; il s'agit seulement de savoir devant quelle autorité on procédera contre lui et dans quelles formes. A cela, le législateur russe répond que la réclamation sera adressée au ministre des affaires étrangères. C'est en vain que nous cherchons ce qu'il peut y avoir de singulier dans une telle disposition. L'ambassadeur est affranchi, comme personne exterritoriale et à raison de son caractère représentatif, de l'autorité souveraine du lieu de sa résidence; il est donc rationnel de s'adresser au gouvernement, qui a seul qualité pour transmettre la réclamation à l'autorité étrangère dont l'ambassadeur relève. La disposition précitée ne dit aucunement que le ministre des affaires étrangères jugera la réclamation, mais seulement qu'il la recevra. Et pourquoi la recevrait-il, si ce n'est pour la transmettre à qui de droit?

« C'est le gouvernement qui décide quelle suite il » faut donner à la demande! »

Mais sans aucun doute, et il n'y a en cela rien d'étrange. Il s'agit d'un recours par la voie diplomatique; dès lors, c'est au département des affaires étrangères qu'il appartient d'apprécier s'il y a lieu à des négociations. Le recours au gouvernement local n'exclut pas, au reste, la faculté pour tout sujet russe d'agir par les voies judiciaires devant la juridiction nationale du défendeur ; de quoi la loi russe n'avait pas à s'occuper.

L'hypothèse prévue par cette loi d'un jugement intervenu contre un agent diplomatique, impliquerait, d'après Laurent, « que les ministres publics » sont justiciables des tribunaux russes ».

Vraiment, l'induction est par trop téméraire ! Le texte a manifestement pour objet de trancher une première question : celle de savoir quelle est l'autorité russe qui a qualité pour recevoir les réclamations relatives aux membres d'une mission étrangère, et il déclare que c'est le ministre des affaires étrangères. Une deuxième disposition a pour objet de décider dans quelles conditions un jugement peut être mis à exécution dans les hôtels occupés par les envoyés diplomatiques. Mais pas un traître mot sur le point de savoir quelle est la juridiction compétente à l'égard des dits envoyés. Qu'est-ce à dire, si ce n'est que le législateur russe s'en est référé implicitement, sur ce point, au droit des gens, à l'exemple du législateur français ?

Le texte en question prévoit l'hypothèse d'un jugement à exécuter contre un envoyé diplomatique, sans rien décider quant à la compétence. Et d'ailleurs, il peut très bien arriver, en Russie comme ailleurs, qu'il y ait lieu à exécution d'un jugement émané de la juridiction locale, l'incompétence de cette juridiction n'ayant rien d'absolu.

Mais il s'agirait, dans l'espèce, d'une exécution pratiquée dans l'hôtel d'un ambassadeur ou d'un envoyé diplomatique!

Et pourquoi pas? Le droit des gens veut qu'aucun jugement ne puisse être exécuté dans la résidence d'une légation étrangère, sans l'assentiment du gouvernement de qui cette légation dépend ; mais cette partie intéressée a qualité pour consentir à ce que la justice suive son cours ordinaire, et alors il n'y a plus d'empêchement.

Reconnaissons donc, de bonne foi, que la législation russe ne contredit aucunement la doctrine de l'exterritorialité; que, bien au contraire, elle la consacre par un texte dont la portée est évidente, encore qu'il soit peut-être défectueusement rédigé, ce que nous n'admettons pas (2).

Et, au surplus, il est impossible d'admettre que le

(2) Laurent intitule le paragraphe dans lequel il mentionne la législation russe : *Singulière méprise de Fœlix*, parce que ce publiciste serait si imbu de la doctrine traditionnelle, qu'il la retrouverait partout, même là où elle n'est point. On peut dire, à plus juste titre, que Laurent est tellement hostile à la doctrine traditionnelle, qu'il ne veut la voir nulle part, même là où elle

principe de l'immunité diplomatique ne soit pas en grande faveur en Russie, si l'on se rappelle que c'est sur l'intervention de cette puissance que fut promulgué en Angleterre le statut prémentionné de 1709 (3).

Il est vrai qu'au siècle dernier, l'on vit le gouvernement russe agir à l'égard d'un ministre de France de la même façon que le duc d'Aiguillon traita par la suite en France un ministre du landgrave de Hesse-Cassel, et dans des circonstances analogues (4). Mais l'un et l'autre de ces précédents prouvent seulement qu'il n'appartient pas aux ministres étrangers d'abuser de leur caractère représentatif; que les réclamations qui les concernent peuvent faire l'objet de négociations diplomatiques; et que le recours au gouvernement local semble suffire à la sauve-

---

a été consacrée par un texte positif. — Les *Pandectes belges* ont déjà reconnu que la loi russe admet le principe de l'immunité en soustrayant l'agent diplomatique au droit commun. « Quelle est l'étendue de cette immunité, d'après le droit russe? Quel est au juste le mode d'intervention que le gouvernement se réserve? Est-ce le droit de décider souverainement par lui seul, ou après une négociation avec l'État que l'agent représente? Nous ne le savons pas au juste, et peu importe... Ce qui demeure constant, c'est que là comme dans d'autres pays, le ministre est mis sur un pied privilégié et qu'ainsi cette législation nous fournit un nouveau témoignage en faveur de l'usage... »

(3) Voir le n° 29.

(4) Voir le mémoire du duc d'Aiguillon, à la fin de notre livre.

garde des intérêts privés, qu'une indépendance trop absolue des agents diplomatiques compromettrait manifestement.

47. Il n'a été question jusqu'ici que de l'immunité civile.

Quant à l'immunité pénale, elle est consacrée en Russie par un texte formel, ainsi conçu :

« Les affaires concernant les crimes et délits » commis par des personnes faisant partie d'une » ambassade et d'une mission étrangère, ne peuvent » être traitées qu'au moyen de communications » diplomatiques entre les autorités supérieures dont » dépendent les inculpés. » (Art. 171 du code pénal et art. 229 du code civil d'instruction criminelle.)(a)

§ 7. LA LÉGISLATION HELLÉNIQUE ET LA LÉGISLATION BAVAROISE

48. Le code de procédure hellénique du 2/14 avril 1834 a formulé le principe de l'immunité diplomatique par un texte qui semble avoir été emprunté au code de procédure bavarois : « Sont exceptés de la » juridiction ordinaire tous les étrangers qui jouis- » sent en Grèce du droit des ambassadeurs. » (Art. 8.)

(a) Voir Fr. de Martens, traduit par Leo, loc. cit., t. II, l. I, ch. II, sect. V, § 13.

Il y a cependant entre les deux textes une différence que nous croyons utile de signaler, parce qu'elle est manifestement intentionnelle, d'après nous.

49. Le code bavarois accorde l'immunité « à tous » ceux qui jouissent du droit des ambassadeurs », lesquels sont déclarés « exempts de la juridiction » ordinaire ». Au contraire, le texte hellénique ne l'accorde qu'aux ambassadeurs « étrangers », à l'exemple de la disposition qu'il fut question d'insérer dans le code Napoléon. Il s'ensuit que, dans le système de la législation hellénique, le bénéfice d'exemption de la juridiction ordinaire ne peut appartenir aux régnicoles (1).

On remarquera aussi cette terminologie des deux textes susdits : « la juridiction ordinaire ». Elle implique la possibilité d'un recours contre les agents diplomatiques dans le pays de leur résidence; et quel peut être ce recours, si ce n'est celui de la voie diplomatique?

L'on remarquera enfin que les lois de la Bavière et de la Grèce s'en réfèrent, par la généralité de leurs termes, au commun usage des nations; c'est cet usage qu'il faut consulter pour apprécier la

____

(1) Voir le n° 162.

question de savoir en quoi consiste le *droit des ambassadeurs* (2).

§ 8. LA LÉGISLATION AUTRICHIENNE

50. Le recours par la voie diplomatique, que nous avons vu formellement consacré par les législations de la France et de la Russie, et implicitement par celles de la Grèce et de la Bavière, nous le retrouvons en Autriche organisé et réglementé par un rescrit impérial du 29 janvier 1795.

Voici comment un magistrat autrichien, Slatin, a décrit la procédure autrichienne, dans un intéressant article publié par le *Journal du droit international privé*, de Clunet (1) :

Le créancier d'un membre quelconque de l'ambassade a la ressource de s'adresser au grand maréchal de la cour, lequel transmet la réclamation à l'ambassade, avec invitation d'y satisfaire ou de déclarer, en cas de contestation, si la partie intéressée est disposée à se soumettre à la juridiction autrichienne. Si l'ambassadeur accepte cette juridiction, la cause est soumise à l'arbitrage du grand maréchal ou bien portée, si le défendeur le préfère, devant le tribunal

(2) Voir sur ce point notre exposé systématique (2e partie).
(1) Année 1884, p. 328, etc.

duquel l'affaire dépend à raison de sa nature. Si la juridiction autrichienne est déclinée, le grand maréchal renouvelle ses avertissements, et un fonctionnaire est spécialement chargé de tenter une conciliation par les voies amiables. En cas d'insuccès, la réclamation est transmise au département des affaires étrangères, qui essaye à son tour d'accommoder les parties. Que si, enfin, ces diverses démarches demeurent sans résultat, il ne reste plus au réclamant que la ressource d'assigner l'exterritorial devant sa juridiction nationale, en conformité du droit commun international.

D'après Slatin, l'expérience a démontré que la procédure ci-dessus décrite atteint son but dans la plupart des cas.

Un autre jurisconsulte autrichien observe que la juridiction du grand maréchal de la cour n'est pas rigoureusement obligatoire, selon les principes du droit des gens; mais qu'en fait, les diplomates accrédités près la cour de Vienne l'acceptent de leur plein gré (2).

51. Deux dispositions de la législation autrichienne consacrent, d'autre part, formellement le privilège de l'exterritorialité : l'article 38 du code

(2.) Neumann, loc. cit., § 62.

civil général, aux termes duquel « les ambassadeurs,
» les chargés d'affaires, ainsi que les personnes qui
» sont à leur service, jouissent des franchises éta-
» blies par le droit des gens et par les traités
» publics », — et le § 221, n° 4, du code pénal,
qui porte ce qui suit : « Les membres des ambas-
» sades étrangères et les personnes faisant partie de
» ces missions sont traités selon le droit des gens
» et ne sont pas soumis aux autorités du pays.
» Aussi les gens de la maison et les domestiques
» d'un ambassadeur, qui sont sujets immédiats de
» l'État auquel il appartient, ne sont pas soumis à
» la juridiction ordinaire ; en conséquence, si ces
» individus commettent quelque crime ou délit, les
» autorités s'assureront de la personne du prévenu ;
» mais, en même temps, elles en donneront connais-
» sance au ministre, afin que celui-ci reçoive la per-
» sonne arrêtée. »

52. Un précédent célèbre, rapporté par Merlin (a),
montre qu'en Autriche l'immunité pénale est de date
ancienne et qu'elle s'étend à tous les crimes ou délits
commis par l'agent diplomatique, quelle qu'en soit
la gravité. — Au commencement du XVIIIe siècle, un
ambassadeur de Portugal assassina, de dessein pré-

(a) Loc. cit., sect. V, § IV, art. XI, quest. II.

médité, un chambellan de l'empereur. Aussitôt que la nouvelle en eut été répandue dans la ville, l'empereur fit investir l'hôtel du coupable, mais il lui fit dire en même temps que la garde n'était pas envoyée pour s'assurer de sa personne; qu'il prétendait encore moins s'arroger quelque juridiction sur lui; qu'un rapport de l'affaire serait fait au roi, son maître, dont on attendrait les ordres; que si sa maison avait été investie, c'était pour empêcher quelque malheur dont l'empereur pourrait être responsable envers Sa Majesté portugaise, « vu que la » noblesse et le peuple témoignaient tant d'animosité » de l'assassinat, qu'il y avait tout lieu de craindre » qu'on ne s'en prît à sa personne, à son hôtel et à » ses équipages ».

§ 9. LES LÉGISLATIONS ALLEMANDES

53. Le principe général des franchises diplomatiques fut législativement consacré pour la première fois en Allemagne, par une ordonnance prussienne du mois de juin 1724 (*a*).

(*a*) En voici le contenu d'après MERLIN, sect. V, § IV, art. III. « Elle avertit ceux qui vendent et louent aux ministres étrangers résidant près de Sa Majesté comme ambassadeurs, envoyés, résidents, commissaires, agents, secrétaires d'ambassade et autres qui jouissent du droit des gens, que Sa Majesté ne juge

On le retrouve ensuite dans le code général de Prusse, énoncé dans des termes analogues à ceux employés dans le code civil autrichien : « Les » ambassadeurs et résidents des puissances étran- » gères, de même que les personnes qui sont à leur » service, conservent leurs franchises, conformément » au droit des gens et aux conventions existantes » avec les diverses cours. » (§ 36 de l'introduc- tion.)

Deux autres dispositions du même code tranchent la question spéciale de savoir si les franchises diplo- matiques appartiennent notamment aux régnicoles accrédités par une cour étrangère. Cette question, controversée dans la littérature du droit des gens, y est résolue dans le sens négatif : « Les vassaux » régnicoles et les sujets qui, avec la permission du » souverain, ont été accrédités par une cour étran- » gère, demeurent soumis, quant à leurs affaires » privées, aux lois du pays. » (§ 37 de l'intro- duction). — Toutefois, une addition, établie par une

pas à propos d'exercer aucune juridiction sur eux, soit pour dettes, ou pour quelque autre chose que ce soit ; qu'ainsi tous bourgeois, marchands et artisans qui auraient fait crédit aux ministres étrangers et n'en seraient pas payés, s'adresseront inuti- lement aux juridictions ordinaires pour les faire condamner, Sa Majesté ayant défendu aux juges de donner aucune contrainte par corps contre eux, ni autrement. »

ordonnance royale du 24 septembre 1798, stipule
que « la question de savoir jusqu'à quel point les
» vassaux régnicoles et sujets accrédités par une
» cour étrangère, avec la permission du souverain,
» demeurent soumis aux lois du pays, quant à leurs
» actes privés, dépend principalement des conditions
» qui ont été apportées à la dite permission ».

54. Cette dernière disposition peut paraître assez
superflue. Les franchises diplomatiques reposent, en
effet, d'un aveu unanime, sur une convention tacitement intervenue entre deux souverainetés également
indépendantes ; et il va de soi qu'il appartient à celle
qui reçoit l'ambassadeur, de ne consentir la réception
que dans les conditions qui lui conviennent, et que
notamment elle est libre de n'agréer un régnicole
comme représentant d'une puissance étrangère,
qu'avec cette réserve qu'il restera soumis aux lois et
à la juridiction de son pays d'origine (a). La difficulté
ne naît que lorsque aucune réserve n'a été faite. Or,
le code prussien admet formellement, dans cette
hypothèse, la compétence de la juridiction territoriale. L'addition précitée semble donc avoir pour
portée d'autoriser le gouvernement à admettre exceptionnellement un régnicole avec toutes les préro-

(a) Voir les nos 78 et 162.

gatives qui sont généralement attachées au caractère public des représentants d'une puissance étrangère.

55. Une autre question spéciale est tranchée par une addition à l'article 87 du code de procédure civile : celle de savoir si une saisie-arrêt peut être autorisée contre les ambassadeurs ou chargés d'affaires accrédités près la cour de Prusse. Elle est résolue négativement, mais avec cette restriction : « A moins que, lors de leur nomination, la » juridiction des tribunaux du royaume n'ait été » réservée à leur égard. »

Quelle est la portée de cette restriction ? Elle peut paraître superflue ; car il va de soi qu'une saisie-arrêt peut être pratiquée à l'égard des ambassadeurs qui auraient été formellement assujettis à la juridiction du royaume, par une convention intervenue entre les deux États intéressés lors de leur nomination. Il faut donc croire qu'il s'agit ici, de nouveau, d'autoriser le gouvernement à faire des réserves de compétence territoriale pour le cas spécial d'une saisie-arrêt, à moins d'admettre que la disposition soit dénuée de toute portée pratique.

La susdite disposition a encore excité la verve caustique de Laurent : « Ainsi, le législateur se » réserve de soumettre les agents diplomatiques au

» droit commun, après leur avoir accordé le privi-
» lège de l'exterritorialité! C'est donner d'une main
» et reprendre de l'autre. Cela ne prouverait-il pas
» que l'exterritorialité n'est pas une de ces maximes
» que les États civilisés se font un scrupule
» d'observer, sans se permettre d'y porter aucune
» atteinte? (1) »

Le grand renom qui s'attache à la personnalité du
fécond publiciste belge ne peut nous empêcher de
trouver cette critique bien peu sérieuse. Il est
certain, en effet, que la disposition en question n'a
aucunement pour but de permettre « de reprendre
d'une main ce que l'on donne de l'autre ».
Son objet est de trancher une question délicate,
au sujet de laquelle les publicistes sont divisés. La
compétence de la juridiction territoriale, dans le
cas d'une saisie-arrêt, avait pour elle l'autorité de
Bynkershoek (2), mais elle avait contre elle des
opinions contraires appuyées sur divers précédents (3). Il y avait donc là une question qui
demandait à être vidée. Le législateur prussien l'a
trouvée trop délicate pour la trancher par un texte

(1) Loc. cit., n° 4.
(2) Voir le n° 9.
(3) Voir le n° 103, où nous chercherons à démontrer, à la suite
de Bynkershoek, que l'incompétence de la juridiction territoriale
est théoriquement injustifiable dans le cas d'une saisie-arrêt.

absolu ; ce qui ne fait que prouver en faveur de sa prudence et de sa prévoyance.

L'esprit de cette législation n'est d'ailleurs pas douteux ; elle admet le principe de l'incompétence de la juridiction territoriale, parce que ce principe a été consacré par des législations positives dans d'autres pays (4), mais seulement pour ce motif et quoique le système puisse sembler irrationnel ; d'où cette faculté que le législateur prussien se réserve, de stipuler formellement la compétence de la juridiction territoriale dans le cas spécial d'une saisie-arrêt.

56. L'immunité pénale est consacrée en Prusse par les articles 251 et 252 du code d'instruction criminelle, dans les termes suivants : « Aucune poursuite » ni arrestation n'aura lieu contre les princes et » princesses de la maison royale..., comme aussi » contre les ministres étrangers accrédités près de » cette cour et contre d'autres chargés d'affaires » d'un État étranger, à moins d'ordres spéciaux » donnés par le souverain à un tribunal ou à un » officier de justice. La même disposition est appli- » cable aux épouses des personnes dénommées ci- » dessus, ainsi qu'aux personnes appartenant à une

(4) Voir les nos 18, 24 et 30.

» mission accréditée près de cette cour et aux
» individus se trouvant au service de ces personnes;
» toutefois, les femmes des domestiques ne jouissent
» de la même prérogative qu'autant qu'elles se trou-
» vent également au service du ministre ou chargé
» d'affaires, ou qu'elles habitent son hôtel. »

On remarquera que le texte contient une réserve
qu'on ne retrouve dans aucune autre loi : « A moins
» d'ordres spéciaux donnés par le souverain à un
» tribunal ou à un officier de justice. »

C'est ici, semble-t-il, que Laurent aurait pu dire :
« C'est donner d'une main et reprendre de l'autre. »

Toutefois, il convient de réitérer au sujet de ce
texte une remarque déjà faite à propos de la législation russe. L'immunité diplomatique n'a rien d'absolu;
la question de savoir si elle appartient à tout agent
diplomatique est pour le moins douteuse; plusieurs
législations, et notamment celle de la Prusse, la refusent formellement aux régnicoles qui auraient été
agréés comme représentants d'un État étranger; et
d'autre part, les ministres étrangers eux-mêmes
peuvent être assujettis à la juridiction pénale du tribunal du lieu de leur résidence, avec l'agrément du
gouvernement qu'ils représentent. On a donc trouvé
bon de prévoir les cas d'une compétence exceptionnelle de la juridiction territoriale; or, comme les

délits commis par un ministre étranger relèvent du droit des gens, il était bon de réserver au gouvernement lui-même l'initiative des poursuites. La disposition précitée semble ainsi avoir pour unique portée d'interdire, en la matière, par une dérogation à la loi locale, toute action spontanée des autorités subalternes du pays et spécialement du ministère public.

57. Il nous reste enfin à mentionner les prescriptions suivantes de la loi d'organisation judiciaire de l'empire d'Allemagne, du 27 janvier 1877 (*a*) :

§ 18. — « Ne sont pas soumis à la juridiction » des tribunaux allemands les chefs et les membres » des missions diplomatiques accréditées auprès de » l'empire d'Allemagne. Si ces personnes appar- » tiennent à l'un des États de la confédération, elles » ne seront affranchies de cette juridiction que dans » la même mesure dans laquelle l'État auquel elles » appartiennent aura renoncé à la juridiction sur » elles.

» Les chefs et les membres des missions diploma- » tiques accréditées auprès d'un des États de la

---

(*a*) Des prescriptions analogues figuraient, pour l'ancien empire d'Allemagne, dans la capitulation d'élection de Léopold II, de 1790 (art. 25 § 7), et dans celle de François II, de 1792 (art. 25, § 7, n° 8). — Voir SLATIN, loc. cit.

» confédération ne sont pas soumis à la juridiction
» de cet État. Il en est de même pour les membres
» du conseil fédéral qui n'auraient pas été délégués
» par l'État où siège ce conseil. »

§ 19. — « Les dispositions précédentes s'appli-
» quent également aux membres de la famille des
» personnes mentionnées au § 18, au personnel
» officiel et à toute autre personne de leur service qui
» n'appartiendrait pas à la nationalité allemande. »

§ 20. — « Les dispositions des §§ 18 et 19 ne
» touchent en rien aux règles de compétence qui
» régissent la procédure civile en matière purement
» réelle. »

§ 21. — « Les consuls établis sur le territoire de
» l'empire d'Allemagne sont soumis à la juridiction
» des tribunaux allemands, à moins que des traités
» internationaux ne les en affranchissent. »

§ 10. LES TRADITIONS EN BELGIQUE ET EN ITALIE

58. L'exterritorialité des ministres étrangers n'est
consacrée par aucun texte légal ni en Italie, ni en
Belgique.

Toutefois, dans ce dernier pays, elle a été solennellement proclamée et reconnue à la Chambre des
représentants, lors de la discussion de la loi du

12 mars 1858 sur les crimes et délits qui portent atteinte aux relations internationales (1).

Elle se trouve formulée, d'autre part, dans une circulaire ministérielle du 9 octobre 1834, qui prescrit aux autorités locales de ne communiquer avec les légations étrangères que par l'intermédiaire du département des affaires étrangères (2).

Il importe pourtant de signaler une seconde circulaire ministérielle, de laquelle il appert que cette

(1) Combattant un amendement qui permettait au prévenu d'outrages envers un agent diplomatique de faire la preuve du fait imputé, le ministre de la justice disait, sans rencontrer aucune contradiction : « Les agents diplomatiques étrangers jouissent d'immunités particulières ; ils représentent leur souverain ; ils ne sont responsables de leurs actes que vis-à-vis de leur gouvernement ; ils ne sont pas justiciables de nos tribunaux ; ils n'ont aucun compte à rendre de leurs actes ni à notre gouvernement, ni à notre pays. » (*Pandectes belges,* v° Agent diplomatique, n° 238.)

(2) Circ. min. just. 9 octobre 1834 : « Vous n'ignorez pas qu'un usage universellement observé interdit à toute autorité publique d'entretenir des relations avec les légations autrement que par l'intermédiaire du département des affaires étrangères. Cet usage ayant été, en plus d'une occasion, méconnu par des magistrats ou fonctionnaires belges et des plaintes ayant été récemment encore adressées, à ce sujet, au gouvernement, je crois devoir vous prier, monsieur le procureur général, de rappeler aux autorités judiciaires de votre ressort que les envoyés étrangers ne sont pas soumis aux lois et règlements qui régissent les nationaux ; qu'ils se trouvent dans une position spéciale ; que, d'après une fiction du droit des gens, ils sont censés en Belgique se trouver dans leurs pays respectifs ; enfin, que dans aucun cas ils n'ont à recevoir d'injonctions ou de communications directes de

règle ne concerne pas les significations judiciaires, dont le mode est réglé par la loi (26 mars 1843)(3).

59. Nous avons déjà relaté qu'en Italie les tendances de la doctrine sont contraires au principe de l'immunité diplomatique (1).

Esperson, constatant « que la magistrature n'y » est pas enchaînée par des textes formels », se demande « si ce ne serait pas une belle occasion » pour elle de traduire en fait les principes de la » science » (ce qui doit s'entendre, naturellement, de la doctrine d'Esperson) (2). Mais la jurisprudence

quelque administration ou autorité que ce soit, l'entremise du département des affaires étrangères étant toujours chose obligatoire. Vous voudrez bien donner en même temps les instructions nécessaires pour que toute communication ou réclamation à faire à une légation, me soit adressée par votre intermédiaire; je me chargerai d'inviter mon collègue à les faire parvenir à leur destination. » (*Pandectes belges*, loc. cit., n° 237, note 1.)

(3) Voir les *Pandectes belges*, loc. cit., n° 180*bis*, note 1.

(1) Voir le n° 14.

(2) ESPERSON, loc. cit., n°s 197 et 198: — « *Venendo ora all' Italia, nelle antiche provincie del regno non esisteva alcuna disposizione legislativa, la quale sanzionasse l'immunità degli inviti stranieri dalla giurisdizione territoriale, il qual sistema era anche prevalso nelle altre provincie.* » — « *Pertanto, non essendo i magistrati italiani vincolati da disposizioni legislative, quale può essere il loro còmpito, presentandosene l'occasione, se non quellodi prendere l'iniziativa per tradurre in atto i principî della scienzia, giusta i quali l'immunità non deve competere agli inviati stranieri se non nella misura strettamente necessaria affinchè sia possibile l'adempimento delle loro funzioni?* »

italienne ne semble pas disposée à entrer dans la
voie que cet estimable auteur lui a indiquée. Et elle
ne pourrait d'ailleurs la suivre, quelque grande que
soit l'autorité d'Esperson, qu'en violant un principe
essentiel du droit des gens, celui de la réciprocité ;
car en admettant que chaque nation puisse déroger
par voie législative à de communs usages (3), la
magistrature ne pourrait, elle, y déroger par voie
de jurisprudence sans empiéter sur le domaine
législatif. Sa mission est d'appliquer la coutume
internationale, purement et simplement, quelle que
puisse être son appréciation quant à la valeur intrin-
sèque de cette coutume.

(3) Voir sur ce point le n° 78.

CHAPITRE III

Les règles générales du moderne droit des gens

§ 1. ÉNUMÉRATION DES FRANCHISES DIPLOMATIQUES

60. L'inviolabilité diplomatique implique pour l'envoyé une faculté de remplir les devoirs de sa charge avec la plus entière liberté; et pour le gouvernement auprès duquel il est accrédité, une obligation rigoureuse de s'abstenir de toute ingérence quelconque dans l'exercice des fonctions diplomatiques.

Elle entraîne d'autre part, pour ce gouvernement, le devoir de protéger l'envoyé contre toute offense ou tout mauvais traitement de la part de ses agents ou des simples particuliers.

Il est vrai que les États doivent une égale protection à tous les habitants de leur territoire. Mais le caractère représentatif du ministre public étranger lui vaut,

comme de raison, une protection particulière.
« L'insulte à un particulier, dit Merlin, est un délit
» commun, qui ne blesse que la société dont il est
» membre. » Mais celle qui s'adresse à un ministre
étranger est un attentat contre le droit des gens ;
« non seulement elle fait injure au souverain que le
» ministre représente, mais elle blesse la société
» commune des nations et offense tous les peuples (1). »

C'est pourquoi la législation romaine voulait qu'on
poursuivît ceux qui auraient maltraité ou offensé un
ambassadeur, « comme coupables de violences publi-
» ques (2). » Et cette maxime est passée du droit
romain dans toutes les législations de l'Europe
moderne ; toutes punissent les atteintes portées à la
personne d'un agent diplomatique comme des crimes
d'État (3).

(1) Loc. cit., l. V, § III.

(2) L. 7. D. *ad legem Juliam de vi publica*. — Voir aussi le
texte mentionné au n° 2, note 1.

(3) Ordonnance hollandaise du 29 mars 1651, reproduite dans
MERLIN (loc. cit., sect. V, § III), d'après Wicquefort : « Les Hol-
» landais avaient là-dessus une belle loi, » dit Merlin ; — statut de
la reine Anne d'Angleterre de 1709 (voir le n° 30) ; — loi italienne du 26 mars 1848, art. 26 ; — code pénal prussien de 1851,
§§ 80 et 81 ; — loi belge du 12 mars 1858 ; — loi française du 29
juillet 1881, art. 37 (anciens art. 17 et 19 de la loi du 17 mai 1819) ;
— code pénal russe, art. 261 (voir FR. DE MARTENS, traduit par
Leo, loc. cit.) ; — loi serbe du 12/24 mars 1881 ; — code pénal
danois, art. 83 ; — code pénal espagnol, art. 154 : — statut des
États-Unis d'Amérique, du 30 avril 1790, § 4064.

61. Le bénéfice d'être indépendant de la juridiction territoriale est-il un corollaire de l'inviolabilité diplomatique?

On peut le contester au point de vue philosophique (1). Néanmoins, il n'est pas douteux que ce deuxième et important privilège des diplomates ne dérive historiquement du principe de l'inviolabilité, de ce que les Romains appelaient la *sanctitas*. C'est en vue d'assurer pleinement l'inviolabilité de l'envoyé et le libre exercice de ses fonctions qu'on l'a déclaré affranchi de la juridiction des tribunaux de sa résidence. Tel est l'enseignement de Grotius et tel est aussi l'esprit de la législation romaine : « *Non* » *datur actio (adversus legatum), ne ab officio suscepto* » *legationis avocetur, ne impediatur legatio* (2). »

La doctrine a donné à ce bénéfice d'être exempt de la juridiction locale la qualification d'exterritorialité, parce qu'elle a imaginé d'en expliquer la portée en supposant que la personne privilégiée n'aurait pas cessé de résider dans le territoire de l'État de qui elle tient sa mission représentative.

La présente étude a principalement pour objet d'apprécier ce bénéfice, au double point de vue de sa raison d'être et de ses conséquences pratiques. Mais

(1) Voir l'opinion de Bynkershoek, au n° 12.
(2) D. *de judiciis*, l. XXIV, § 2.

avant d'aborder cette dissertation, il importe d'envisager l'exterritorialité dans ses rapports avec l'ensemble des franchises reconnues par le droit des gens,

62. De la fiction de l'exterritorialité ont été déduits. comme autant de corollaires, — et la franchise de la demeure du diplomate, à laquelle fut parfois attachée une sorte de droit d'asile; — et l'extension des franchises diplomatiques aux gens de la suite de l'envoyé, comme aussi le pouvoir de juridiction que les diplomates exerçaient jadis sur les gens de leur suite; — enfin, le bénéfice d'être exempt de certains impôts.

63. Le prétendu droit d'asile, qui a disparu aujourd'hui définitivement de la pratique des États (1), donna lieu jadis à de nombreux démêlés et conflits internationaux (2).

(1) Ordonnance de François Ier, de 1529, proscrivant tous les lieux d'asile. — Ordonnance néerlandaise du 25 juin 1663, de laquelle il appert que les officiers de justice étaient autorisés à pratiquer des perquisitions dans l'hôtel des ministres publics, sans devoir attendre préalablement les ordres du gouvernement. — D'après l'auteur qui publia sous le nom de Stephanus Cassius la dissertation *De Jure et judice legatorum*, le droit d'asile fut aboli en Suède vers la même époque que dans les Pays-Bas. (MERLIN, loc. cit., sect. V, § V, III.)

Voir aussi les ordonnances espagnoles et portugaises mentionnées aux n°s 36 et 39.

(2) C'est à Venise, en Espagne et en Portugal, et particulière-

Nous verrons, dans l'exposé systématique de la matière, que ce prétendu corollaire de l'exterritorialité est universellement condamné par la doctrine et qu'il n'est d'ailleurs justifiable en aucune façon.

64. Les anciens auteurs ont aussi déduit de la franchise de la demeure une autre conséquence, celle-ci manifestement bienfaisante : le droit pour tous les membres d'une légation étrangère de pratiquer librement leur culte dans l'intérieur de l'hôtel de la légation.

ment à Rome que le droit d'asile se maintint le plus généralement et le plus longtemps. On peut lire dans MERLIN (loc. cit.), dans RÉAL (*La Science du gouvernement*, t. V, p. 20) et dans LAURENT, (loc. cit., n° 70), le récit des vifs débats qui surgirent entre Louis XIV et le pape Innocent XI à propos d'une bulle par laquelle le souverain pontife renouvelait, avec la clause de l'excommunication, les constitutions de ses prédécesseurs abolissant la franchise des quartiers. Le pape avait obtenu des princes catholiques, l'empereur, le roi d'Espagne, le roi de Pologne, et de Jacques II d'Angleterre, qu'ils renonçassent à leur prétendu privilège. Mais Louis XIV ne voulut pas démordre de ses prétentions. Il fit rendre par son parlement de Paris un acte qui déclarait la bulle papale nulle et abusive. Cet arrêt se fondait spécialement sur ce que « les rois de France n'avaient jamais perdu le droit de commander dans Rome ». L'ambassadeur du grand roi parut dans la ville éternelle à la tête d'une bande armée de mille hommes, et maintint par la force le privilège aboli par le pape. Le conflit ne prit fin qu'après la mort d'Innocent XI, lequel mourut en 1689. Mais la prétention française « de commander à Rome » n'en subsista pas moins. Napoléon Ier, en s'élevant contre les franchises diplomatiques, disait encore, d'après FENET (rappelé par P.-G. ODIER, loc. cit., p. 62, note) : « On cite Rome où les ambas-

La tolérance quasi universelle des temps modernes a fait perdre à cette prérogative beaucoup de son importance. Aujourd'hui, le privilège s'est effacé devant le droit de l'homme. Néanmoins, l'ancienne doctrine a conservé quelque intérêt pratique, l'ouverture d'un lieu officiellement consacré au culte relevant encore en certains pays des lois de police (a).

sadeurs ont même une juridiction. Rome est la ville de tous, il n'y a rien à comparer à cette circonstance. »

Les démêlés de Louis XIV et d'Innocent XI remontent à 1677. L'histoire de la diplomatie est pleine de querelles de ce genre. Nous nous bornerons à rappeler : — le conflit qui surgit en 1726 entre le gouvernement britannique et l'Espagne, à propos du refuge qu'un ministre disgracié du roi d'Espagne avait cherché à l'ambassade d'Angleterre; — le conflit entre l'Espagne et le Portugal en 1735, à l'occasion des entreprises des domestiques d'un ministre portugais, qui avaient arraché un inculpé des mains de la police pour le transporter dans la maison de leur maître (voir MERLIN, loc. cit.); — le conflit qui éclata en 1749 entre la Grande-Bretagne et la Suède, à propos d'un commerçant suédois réfugié à l'ambassade d'Angleterre (voir CH. DE MARTENS, *Causes célèbres du droit des gens*, I, pp. 174 et 326); — enfin, un conflit entre la Russie et l'Autriche en 1808, à propos de deux soldats que les autorités autrichiennes réclamaient comme déserteurs (voir FR. DE MARTENS, loc. cit., t. II, p. 67).

(a) Voir sur cette matière les auteurs cités par KLÜBER, loc. cit., aux §§ 215 et 216; — BOHMER. *Diss. de privatis legatorum sacris* (Halle, 1713); — OMPTEDA, *Literatur des Völkerrechts*, II, p. 575; — KAMPTZ, *Neue Literatur des Völkerrechts*, § 213; — UHLICH, *Les Droits des ambassadeurs*, ch. V, p. 61; — THOMASIUS, *Diss. de jure asylorum œdibus legatorum competente*, § 17; — MOSER, Versach IV; Beyträge IV.

Voir aussi VATTEL, l. IV, ch. VII, n° 104.

La faculté d'entretenir une chapelle dans l'hôtel
de la légation subsiste donc comme un privilège qui
déroge à la territorialité de la loi.

65. Nous devons aussi mentionner comme un privilège de cette nature, la faculté qui est formellement accordée en certains pays au médecin attaché
à une légation étrangère, de pratiquer dans l'hôtel de
la légation, et jusque dans le logement des personnes
qui y sont officiellement attachées, sans avoir à justifier d'un diplôme acquis dans le pays.

Cette prérogative, introduite dans l'intérêt des
membres de la légation, de leur famille et de leur
suite, ne s'étend pas pourtant, comme de raison,
aux autres nationaux de l'agent diplomatique (*a*).

66. Le désir d'assurer pleinement l'inviolabilité et
l'indépendance du ministre étranger a encore fait
prévaloir cette règle, que ses franchises se communiquent aux gens de sa suite ou de sa maison
privée. « Ces personnes lui sont tellement attachées,
» dit Vattel (1), qu'elles suivent son sort; elles
» dépendent de lui seul immédiatement et sont

______

(*a*) Voir Garcia de la Vega, *Guide pratique des agents politiques*, p. 327 ; — et les *Pandectes belges*, loc. cit.; n° 308.

(1) Vattel, loc. cit., l. IV, ch. IX, § 120.

» exemptes de la juridiction où elles ne se trouvent
» qu'avec cette réserve... Si les domestiques et
» toute la maison d'un ministre étranger ne dépen-
» daient pas uniquement de lui, on sent avec quelle
» facilité il pourrait être molesté, inquiété et troublé
» dans l'exercice de ses fonctions. »

Laurent s'élève contre cette extension des franchises diplomatiques, avec une véhémence qui, cette
fois, nous semble assez justifiée.

« Tout était privilège dans l'ancien ordre social,
» essentiellement aristocratique, dit-il, et l'on sait
» l'orgueil des privilégiés et leur outrecuidance. Il
» ne leur suffit point d'être au-dessus de la loi, il
» faut que tout ce qui leur touche de près ou de loin
» participe au privilège. Là où les maîtres avaient
» une juridiction exceptionnelle, les domestiques y
» participaient, en sorte que (selon le témoignage de
» Bynkershoek) un valet change de juridiction
» autant de fois qu'il change de maître... (2) »

Sans aucun doute, nous nous trouvons ici en
présence d'un vieux préjugé, qui ne s'est maintenu
que par l'empire routinier de la tradition : on ne
pourrait le contester sérieusement. Presque tous les
auteurs modernes s'accordent à reconnaître que

____

(2) Loc. cit., n° 86.

l'extension des franchises diplomatiques au personnel même non officiel d'une légation, n'est en
aucune façon justifiable. « Elle est contraire, dit
» Fr. de Martens, aux intérêts réciproques des
» gouvernements, aussi bien de ceux que les ambas-
» sadeurs représentent que de ceux auprès desquels
» ils sont accrédités. C'est une atteinte portée, sans
» nécessité, à leur autorité souveraine et qui a
» l'inconvénient d'obliger les diplomates à traiter
» les moindres petites difficultés concernant leurs
» domestiques, comme des affaires d'État exigeant
» l'intervention de deux gouvernements; ce qui
» s'accorde peu avec la dignité des souverains et
» celle de leurs représentants (3). »

Laurent dit encore, sur ce sujet, avec infiniment
de raison : « Quand on entend Montesquieu
» réclamer, dans son beau langage, l'immunité
» pour ceux qui sont la parole du prince, la doctrine
» de l'exterritorialité a un air de grandeur...;
» mais quand on entend ensuite les publicistes
» revendiquer le même privilège pour les valets
» et les servantes, le prestige s'évanouit et les
» scrupules naissent en foule... Qu'est-ce que la
» valetaille a de commun avec la parole du

____

(3) Fr. de Martens, traduit par Leo, t. II, § 16.

» prince?... L'indépendance des ministres sera-
» t elle enchaînée parce qu'un coquin de valet sera
» livré aux tribunaux du pays dont il a violé les
» lois?... (4) »

67. Sous l'ancien régime, l'exterritorialité diplomatique impliquait, par voie de conséquence, des
pouvoirs juridictionnels plus ou moins étendus en
faveur des chefs de légation, parfois même une
juridiction absolue à l'égard des gens de leur suite.
Cet usage international était conforme aux enseignements de la doctrine de l'époque, comme
aussi aux constitutions particulières des États. Les
annales de la diplomatie signalent de nombreux cas
où l'envoyé s'arrogeait jusqu'au droit de prononcer
des peines capitales (1). Aujourd'hui que le pouvoir

(4) Loc. cit., nᵒˢ 82 et 83.

(1) Voir les auteurs cités par MERLIN (loc. cit., sect. VI) et par
DALLOZ (loc. cit., nᵒ 165), spécialement le jurisconsulte français
MORNAC (sur la loi 2, § 3, D. *de judiciis*), lequel atteste que
tel était l'usage de son temps ; le jurisconsulte néerlandais
HUBER *(De Jure civitatis*, l. III, sect. III, ch. II, nᵒ 30) et GÉRARD
DE RAYNEVAL. — « Il est conséquent aux principes, dit celui-ci, que
l'ambassadeur puisse infliger des peines corporelles et même
la mort. Toute cette juridiction est fondée sur une fiction de
droit selon laquelle l'hôtel d'un ministre public est censé hors
du territoire du souverain auprès duquel il est accrédité. »
MERLIN (loc. cit.) relate comme suit, à l'appui des anciens
usages, un précédent célèbre, tiré des *Mémoires de Sully* :
« En 1603, tandis que ce ministre était ambassadeur extraordi-

judiciaire n'émane plus du prince, une telle pratique est devenue impossible. Elle serait d'ailleurs contraire aux principes essentiels du moderne droit public international, lequel ne saurait tolérer l'exercice d'une autorité souveraine au delà des frontières de chaque État. Les chefs de légation n'ont donc plus, de nos jours, aucune juridiction contentieuse, ni criminelle, ni civile, sur les gens de leur suite, au moins dans les pays de chrétienté; mais seulement, en matière civile, une juridiction purement gracieuse ou volontaire, et, en matière pénale, une sorte de juridiction disciplinaire. En cas de crimes ou délits commis par des gens de leur suite, le rôle de l'envoyé se borne à requérir l'extradition du prévenu, à procéder aux mesures d'instruction provisoire que le cas comporte, et à mettre à exécu-

naire en Angleterre, un homme de sa suite, nommé Combaut, tua un Anglais et se réfugia dans son hôtel. La justice anglaise respecta son asile; mais Sully déclara tout net que, dans quelques moments, Combaut allait avoir la tête coupée. Il assembla un conseil composé des plus vieux et des plus sages, et la chose ayant été conclue *en un instant*, il envoya prier le maire de Londres de faire tenir prêts le lendemain six cavaliers pour conduire le coupable au lieu de l'exécution, et d'y faire trouver l'exécuteur de la justice. Le maire réclama et temporisa pour faire évader Combaut. Enfin, l'ambassadeur le lui remit pour le punir comme il croirait devoir le faire suivant les règles de la justice anglaise. » (Voir les *Causes célèbres du droit des gens*, de MARTENS, II.)

tion les réquisitions qui lui sont adressées par les autorités judiciaires de son pays (2).

68. Jadis, lorsque les domestiques d'un envoyé dépendaient directement de la juridiction de leur maître, les privilèges dont ils jouissaient offraient certainement de moindres inconvénients que de nos jours. Au moins y avait-il alors possibilité d'obtenir justice sur place. Il n'en est plus de même aujourd'hui ; le ministre ne peut que renvoyer les gens de sa maison privée dans leur pays, pour y être jugés, à moins qu'il ne préfère les abandonner purement et simplement à la justice locale.

Il est donc facile de concevoir que les privilèges de la domesticité tendent à disparaître du droit des gens moderne. Ils s'y sont maintenus jusqu'ici par la force des traditions ; mais la pratique révèle une tendance marquée à s'éloigner sur ce point des anciens usages. C'est ainsi qu'il est généralement admis qu'il appartient aux chefs des légations d'abandonner les gens de leur maison privée à la justice locale, et que même ils ne peuvent pas décemment s'abstenir d'en agir de la sorte.

Déjà les anciens auteurs admettaient que les

(2) HEFFTER, loc. cit., § 216. — *Pandectes belges*, loc. cit., n° 147.

convenances internationales commandent aux envoyés étrangers une telle conduite : « Je crois avec eux » (les anciens), dit Merlin (1), que, même en admet- » tant le système de l'indépendance absolue des » ministres publics, l'ambassadeur peut livrer à la » justice locale ceux de ses domestiques qui auraient » commis quelque délit; et j'ajoute qu'il ne peut pas » s'y refuser, quoiqu'il en ait rigoureusement le » droit, sans manquer à toutes les convenances et » sans prendre sur lui l'odieux de l'impunité qu'il » assurerait presque toujours par là à des hommes » plus ou moins coupables (2). »

Parmi les anciens auxquels Merlin fait allusion, se trouve notamment Grotius, l'initiateur du principe de l'exterritorialité diplomatique.

« Ces *choses*, dit-il assez naïvement en parlant » des domestiques et des bagages, ne sont saintes

---

(1) Loc. cit., sect. V, n° VI.

(2) Burlamaqui va plus loin : d'après lui, l'ambassadeur qui ne livre pas le délinquant se rend complice de son crime, et donne droit d'agir contre lui, comme s'il s'était rendu coupable d'un crime personnel. « Ce sentiment, observe DALLOZ (loc. cit., n° 167), nous paraît pousser la responsabilité beaucoup trop loin... L'ambassadeur qui refuserait de livrer à la justice un domestique coupable, serait répréhensible sans doute et exposerait son souverain aux conséquences d'un refus contraire au droit des gens; mais il y a loin de la satisfaction qu'on pourrait lui demander dans ce cas, à celle qu'il devrait s'il avait personnellement commis un crime. »

» qu'*accessoirement* et pour autant qu'il plaît à
» l'ambassadeur. C'est pourquoi si les gens de la
» suite ont commis quelque grave délit, on pourra
» demander à l'ambassadeur de les livrer; mais on
» ne devra pas les enlever de force. »

Dans la pensée de Grotius, les serviteurs de
l'envoyé ne jouissaient donc d'aucun privilège personnel; ils n'étaient qu'indirectement protégés contre
l'action de la justice locale, par une conséquence de
l'inviolabilité de la demeure du maître.

Aujourd'hui, cette demeure n'est plus considérée
comme un asile absolument inaccessible aux officiers de
justice (3); et, d'autre part, le maître n'a plus aucune
juridiction contentieuse ni pénale sur ses serviteurs.

Il serait, par suite, logique de faire disparaître de
l'usage des nations une franchise qui ne concorde
plus avec la situation qui lui a donné naissance.

69. Les représentants des puissances étrangères
jouissent enfin du bénéfice d'être exempts de certains
impôts.

Ils sont censés résider dans leur pays d'origine et
ne relèvent personnellement que de leur juridiction
nationale ; partant, il est naturel qu'ils soient
affranchis de toutes les *contributions personnelles*

(3) Voir les nᵒˢ 141 à 144.

qui supposent un lien quelconque de sujétion entre l'État et les contribuables. L'on ne pourrait prélever de telles contributions au préjudice des membres d'une légation étrangère, sans méconnaître un principe essentiel du droit des gens ; aussi en sont-ils partout exemptés en vertu d'un commun usage international, sinon en vertu des dispositions formelles des lois locales (*a*).

70. Quant aux *impôts réels* qui grèvent les biens abstraction faite de la qualité du propriétaire, la nature des choses s'oppose à ce que les agents diplomatiques en soient dispensés en principe. Cependant, des considérations de courtoisie et peut-être aussi l'impossibilité d'user à l'égard de ces personnes privilégiées des moyens ordinaires de contrainte, ont fait établir en leur faveur diverses dérogations aux lois fiscales, dérogations qui sont fondées sur des conventions particulières ou sur une clause de réciprocité.

C'est ainsi que certaines lois déclarent les diplo-

(*a*) KLÜBER, loc. cit., § 205 ; — DALLOZ, loc. cit., n° 140... « Les impôts personnels directs ne sauraient peser sur eux, dit Dalloz ; ils ne sont pas sujets de l'État, et leur indépendance est à cet égard le titre de leur exemption. » — PRADIER-FODÉRÉ, loc. cit., n° 1401 ; —*Pandectes belges*, loc. cit., n° 311 ;—ESPERSON, loc. cit., n° 306, etc. ; — PASQUALE FIORE, loc. cit., n° 1182 ; — *Journal du droit international privé*, de CLUNET, année 1878, p. 601.

mates exempts, à charge de réciprocité, de tous
impôts grevant les richesses mobilières, qu'ils soient
prélevés sur le capital ou sur le revenu (1).

C'est ainsi encore qu'ils sont généralement exemptés
des droits d'importation sur les choses qui servent à
leur usage personnel (2).

Cette double exemption se conçoit très bien ; les
susdits impôts sont inconciliables, dans une certaine
mesure, avec les franchises diplomatiques, à raison
de leur mode de perception et du caractère vexatoire
des investigations qu'ils nécessitent.

Il est vrai qu'en ce qui concerne les droits de
douane, les règles varient beaucoup d'un pays à un
autre. Toutefois, les égards dus aux représentants
des puissances étrangères ont fait admettre partout
l'usage d'exempter au moins leurs bagages de toute
visite douanière.

On peut affirmer que les publicistes sont unanimes
à approuver cet usage, qu'ils considèrent comme une
conséquence logique de l'inviolabilité diplomatique (3).

_____

(1) Loi italienne du 14 juillet 1854, art. 7 ; — loi danoise du
2 juillet 1870...

(2) Voir DALLOZ, loc. cit., n° 141 ; — *Pandectes belges*, loc. cit.,
n° 312 ; — ESPERSON, loc. cit., n°s 314 et 315 ; — WHEATON,
loc. cit., § 318 ; — P.-G. ODIER, loc. cit., sect. IV, § I, n° 2 ; — etc...

(3) ESPERSON, loc. cit., n° 316, et PASQUALE FIORE, loc. cit.,
n° 1184. — Voir aussi PINHEIRO-FERREIRA sur MARTENS.

71. Il est aussi universellement admis qu'il n'y a aucune raison plausible pour dispenser le ministre étranger des *impôts fonciers*, le caractère représentatif du ministre n'ayant aucune corrélation avec la qualité de propriétaire foncier.

L'hôtel d'une légation étrangère reste assujetti à cet impôt comme tout autre immeuble, et ce sans qu'il y ait lieu de distinguer s'il appartient au ministre ou à l'État qu'il représente (*a*).

A la vérité, des dérogations à cette règle ont parfois été établies dans quelques pays, par des conventions particulières, au profit des hôtels de certaines ambassades ou légations. Mais nous ne croyons pas que ces dérogations puissent être érigées en une règle générale du droit des gens.

72. Il est à peine besoin d'observer que les hôtels des légations sont exempts des logements militaires, comme aussi des prestations pécuniaires qui y sont parfois substituées, à raison du caractère *personnel* de ces contributions (*a*).

(*a*) Voir DALLOZ, loc. cit., nº 149 ; — WHEATON, loc. cit., § 118. — C'est à tort, croyons-nous, qu'on a posé en principe que « l'hôtel d'une légation étrangère est soumis à l'impôt foncier *lorsqu'il n'est pas la propriété de l'État étranger* ». (BOUSQUET, *Agents diplomatiques et consulaires.*)

(*a*) CH. DE MARTENS, § 51 ; — DALLOZ, loc. cit., nº 147 ; — *Pandectes belges*, loc. cit., nº 311 ; — WHEATON, loc. cit.,

73. Quant aux *impôts indirects* qui se perçoivent en conformité de certains tarifs et à l'occasion de diverses transactions de la vie civile ou de certains faits de consommation ou de circulation, il va de soi qu'ils ne peuvent être l'objet d'une dispense quelconque qu'en vertu d'une convention formelle (1).

Il y a pourtant lieu de remarquer qu'aucun droit de succession ne peut être prélevé dans le pays de la résidence de l'agent diplomatique en cas de décès de cet agent ; un droit de mutation sur les immeubles dépendant de la succession est seul exigible (2).

74. Les agents diplomatiques jouissent aussi de certains droits honorifiques. C'est là une matière peut-être délicate, et sans doute très importante aux yeux des diplomates. Mais comme elle ne rentre pas dans le cadre de cette étude purement juridique, nous la négligerons complètement (a).

§ 18 ; — etc. Nous verrons plus loin que cette franchise est aussi reconnue aux membres du corps consulaire.

(1) ESPERSON, loc. cit., n° 312 ; — DALLOZ, loc. cit., n°s 142 à 144.

(2) DALLOZ, loc. cit., n° 144 ; — *Pandectes belges*, loc. cit., n° 304 ; — KLÜBER, loc. cit., § 230. — Voir le n° 97.

(a) Voir là-dessus MERLIN, loc. cit., sect. IV et V ; — DALLOZ, loc. cit., sect. I, art. 3, § 4, et art. 4, § 1 ; — *Pandectes belges*, loc. cit., ch. V, § 1 ; — KLÜBER, loc. cit., pp. 179, 202 et 217 à 227, ainsi que les auteurs par lui cités.

§ 2. DE LA DURÉE ET DE LA FORCE OBLIGATOIRE DES FRANCHISES DIPLOMATIQUES

75. La mission de l'envoyé commence avec la remise de ses lettres de créance au chef de l'État près duquel il est accrédité; et dès lors les franchises destinées à protéger sa mission prennent naissance de plein droit. Le fait de sa réception implique, en effet, une intention de le recevoir avec tous les privilèges que le droit des gens reconnaît aux représentants des puissances étrangères.

Il est même assez généralement admis que les franchises diplomatiques couvrent l'envoyé dès qu'il a pénétré sur le territoire du pays où il est accrédité et qu'il s'est fait reconnaître par des documents dignes de foi; pourvu, bien entendu, que le gouvernement local soit décidé à l'agréer comme le représentant d'une souveraineté étrangère, car la franchise diplomatique ne peut naître que du fait de la réception de l'agent, encore que celle-ci puisse avoir un effet rétroactif. L'envoyé ne serait plus qu'un simple particulier soumis au droit commun, si le gouvernement local refusait de recevoir ou la mission, ou l'agent qui la personnifie (*a*).

(*a*) VATTEL, loc. cit., n° 83; — WHEATON, loc. cit., § 14; — BLUNTSCHLI, loc. cit., n° 183; — *Pandectes belges,* loc. cit., n° 298.

76. Les franchises diplomatiques prennent fin, d'autre part, avec la mission elle-même.

D'aucuns enseignent qu'elles protègent encore l'agent, après son audience de congé, pendant tout le temps qui peut lui être nécessaire pour opérer d'une façon normale sa sortie du pays (1).

Rien n'est plus rationnel que ce tempérament, si l'on n'envisage que l'inviolabilité de la personne de l'agent et son immunité pénale. Mais nous croyons qu'il faut s'en tenir à la rigueur des principes, dans les causes qui ne concernent que ses intérêts privés ; et qu'à l'égard de celles-ci, l'agent diplomatique doit être tenu pour assujetti à la juridiction locale, aussitôt sa mission achevée, au même titre et dans les mêmes limites que tout autre étranger non domicilié dans le pays. Il est inadmissible qu'un diplomate puisse encore invoquer, après l'accomplissement de son mandat, une immunité de juridiction qui n'a plus aucune raison d'être, et qu'il puisse ainsi se soustraire à l'exécution des engagements qu'il pourrait avoir contractés pendant la durée de sa mission. « C'est une règle reçue dans » toutes les cours, disait le mémoire du duc d'Ai- » guillon, qu'un ministre public ne doit pas partir

______

(1) Fr. DE MARTENS, loc. cit., § 216 ;—DALLOZ, loc. cit., n° 115.

» d'un pays sans avoir satisfait ses créanciers. »

Parmi tant de thèses hasardées que contient ce mémoire, voilà une maxime qui nous paraît inattaquable. Elle en est la vraie conclusion; car la question soulevée lors de cet incident mémorable (2) se réduisait, en somme, à savoir si les immunités diplomatiques durent au delà des fonctions du diplomate. Le ministre du landgrave de Hesse-Cassel « avait déposé son caractère public par la remise de » ses lettres de rappel »; il n'était plus dès lors qu'un simple particulier; et l'on fit très bien en le traitant comme un débiteur vulgaire.

Nous concluons donc que le droit commun reprend son empire, au moins en matière civile, aussitôt que l'agent diplomatique a reçu son audience de congé (3).

77. La convention tacite qui sert de base à l'immunité diplomatique, ne peut évidemment avoir aucun effet à l'égard des puissances tierces qui n'y sont pas intervenues.

L'agent diplomatique ne jouit donc d'aucun privilège d'exterritorialité dans les contrées qu'il ne fait que traverser pour se rendre à son poste ou pour

----

(2) Voir le n° 41 et, à la fin du volume, le mémoire du duc d'Aiguillon.

(3) GAND, *Code des étrangers*, n°ˢ 82 et 83 ; — ESPERSON, loc. cit., n°ˢ 182 à 184.

regagner son pays d'origine. On doit peut-être des égards particuliers à celui qui voyage pour le compte d'une puissance étrangère; mais ces égards ne peuvent aller jusqu'à lui accorder une inviolabilité et une indépendance qui ne peuvent se justifier que dans le pays même où le diplomate est appelé à représenter sa nation.

Il y a d'ailleurs de nombreux précédents en ce sens (a).

78. La réception pure et simple d'un envoyé diplomatique a pour effet de lui attribuer le bénéfice des franchises et immunités que le droit des gens accorde aux représentants officiels des puissances étrangères. Ce n'est pas à dire pourtant que ce droit coutumier oblige les divers États à tel point qu'aucun d'eux ne puisse le modifier ou le supprimer de sa seule autorité.

Il est certain pour nous que l'existence des privilèges diplomatiques dépend, en tout premier ordre, de l'autorité souveraine de chaque État, et que rien ne fait obstacle à ce que l'un d'eux déroge *formellement* à des privilèges qui ne sont fondés que sur un consentement tacite.

Bynkershoek a soulevé cette question à propos des projets attribués à Philippe II par Antoine de

(a) Voir le n° 20, — et aussi le mémoire du duc d'Aiguillon.

Vera (1) et il l'a traitée avec sa lucidité ordinaire :

« Un peuple n'a aucun pouvoir d'imposer quelque
» obligation à un autre peuple; et le consentement
» de toutes les autres nations ensemble n'oblige
» point une nation libre et indépendante, toute seule
» qu'elle est, si elle trouve à propos d'établir d'autres
» lois. Grotius, quelque grand défenseur qu'il soit
» des exemptions et immunités des ambassadeurs,
» rapporte ces privilèges à une convention tacite de
» celui qui reçoit un ambassadeur; or, toute conven-
» tion tacite dépend certainement de la volonté. On
» convient aussi qu'il est permis à chacun de ne pas
» recevoir un ambassadeur, ou de ne le recevoir que
» sous certaines conditions, dont la détermination
» dépend de la volonté de celui qui le reçoit. Si donc
» une nation ne veut recevoir quelque ambassadeur
» étranger qu'à la condition qu'il se soumette à la
» juridiction du pays, les droits de l'ambassade
» seront réglés sur ce pied-là : et, au fond, rien
» n'empêche qu'on ne puisse exercer une ambassade
» sans le privilège de l'exemption de juridiction... Le
» droit des gens n'est qu'une présomption fondée sur
» la coutume; et toute présomption n'a aucune force,
» du moment qu'il paraît une volonté contraire... (2) »

(1) Voir le n° 34.
(2) Chapitre XIX, § VI.

DEUXIÈME PARTIE

Exposé systématique du droit coutumier européen sur l'exterritorialité

CHAPITRE PREMIER

De l'exterritorialité en général

§ 1. LE PRINCIPE ET SA RAISON D'ÊTRE

79. L'indépendance des fonctions diplomatiques dérive manifestement du principe de l'indépendance des nations ; elle en est la conséquence naturelle et inéluctable. Dans l'exercice de ses fonctions, le diplomate représente un souverain, sur lequel un autre souverain ne peut avoir ni suprématie, ni juridiction.

Pourtant, l'égalité et l'indépendance des nations, cette règle essentielle et primordiale du droit des gens, est impuissante à expliquer par elle-même le bénéfice dont les agents diplomatiques jouissent, de ne pas être soumis à la juridiction du lieu de leur résidence pour les affaires qui n'ont aucun rapport avec l'accomplissement de leur mandat politique.

Les rédacteurs des *Pandectes belges* en ont fait très justement la remarque. « S'ils représentent » l'État et le prince, ils ne se confondent pas avec » lui. Dans l'exercice de leurs fonctions, ils agissent » au nom du souverain qui les accrédite; mais ils » perdent le caractère représentatif quand ils agis- » sent comme hommes privés. »

Quelle est donc la raison d'être d'une complète exemption de la juridiction territoriale, que l'indépendance diplomatique n'implique pas nécessairement?

C'est qu'on a pensé qu'il serait difficile de tracer une démarcation entre ce qui touche à l'indépendance et à la dignité de la mission et ce qui ne concerne que la personne de l'agent. Il serait « facile » de porter atteinte à l'homme public, si l'homme » privé restait complètement dans le droit com- » mun » (1).

Et c'est pourquoi il a été admis qu'aucune sujétion casuelle (2) ne devait résulter, pour le représentant d'une puissance, du chef de sa résidence à l'étranger. On a voulu une indépendance absolue, dans l'intérêt

____

(1) *Pandectes belges,* loc. cit., n° 242.

(2) Portalis disait à l'appui du principe de la territorialité de la loi pénale : « Un étranger devient le sujet casuel de la loi du lieu dans lequel il passe et dans lequel il réside. »

de la sûreté des relations internationales, afin de garantir de la manière la plus efficace le libre exercice des fonctions diplomatiques.

80. L'illustre auteur de *L'Esprit des lois* a formulé la raison d'être de l'immunité diplomatique dans une magistrale synthèse : « Les lois politiques » demandent que tout homme soit soumis aux tri- » bunaux criminels et civils du pays où il est et à » l'animadversion de son souverain. Le droit des » gens a voulu que les princes s'envoyassent des » ambassadeurs et la raison, tirée de la nature des » choses, n'a pas permis que ces ambassadeurs dépen- » dissent du souverain chez qui ils sont envoyés, ni » de ses tribunaux. Ils sont la parole du prince qui » les envoie, et cette parole doit être libre. Aucun » obstacle ne doit les empêcher d'agir. Ils peuvent » souvent déplaire, parce qu'ils parlent pour un » homme indépendant. On pourrait leur imputer des » crimes, s'ils pouvaient être punis pour des crimes. » On pourrait leur supposer des dettes, s'ils pou- » vaient être arrêtés pour des dettes. Un prince, qui » a une fierté naturelle, parlerait par la bouche d'un » homme qui a tout à craindre. Il faut donc suivre » les raisons tirées du droit des gens et non pas » celles qui dérivent du droit politique. Que s'ils

» abusent de leur être représentatif, on le fait cesser
» en les renvoyant chez eux ; on peut même les
» accuser devant leur maître, qui devient par là leur
» juge ou leur complice (*a*). »

81. Les mêmes considérations sont invoquées, à
l'appui de l'immunité diplomatique, par Vattel et par
la plupart des publicistes modernes (1).

Et l'on peut dire que tous ne font que paraphraser
Grotius : « Le salut des ambassadeurs serait placé
» dans une situation bien critique, s'ils devaient

(*a*) *L'Esprit des lois*, 1. XXVI, ch. XXI.

(1) VATTEL, 1. IV, ch. VII, n° 92 ; — CH. DE MARTENS, § 23 ; —
WHEATON, loc. cit., § 14 ; — HEFFTER, loc. cit., § 205, note 2 ; —
CH. CALVO, loc. cit., § 572 ; — PRADIER-FODÉRÉ, loc. cit., n° 1395 ;
— BOSQUET, loc. cit., n° 31 ; — WEISS, loc. cit., ch. II.

Voici ce que dit Vattel : « Le droit des gens, qui oblige les
nations à admettre les ministres étrangers, les oblige aussi manifestement à recevoir ces ministres avec tous les droits qui leur
sont nécessaires, avec tous les privilèges qui assurent l'exercice
de leurs fonctions, Or, il est aisé de comprendre que l'indépendance doit être l'un de ces privilèges. Sans elle, la sûreté, si
essentielle au ministre public, ne serait que précaire... Souvent,
le ministre est chargé de commissions désagréables au prince à
qui il est envoyé : si ce prince a quelque pouvoir sur lui, comment espérer que le ministre exécutera les ordres de son maître
avec la fidélité, la fermeté, la liberté d'esprit nécessaires ? Il
importe qu'il n'ait point de juges à redouter, qu'il ne puisse être
distrait de ses fonctions par aucune chicane ; il importe qu'il n'ait
rien à espérer ni à craindre du souverain auquel il est envoyé. Il
faut donc, pour assurer le succès de son ministère, qu'il soit
indépendant de l'autorité souveraine et de la juridiction du pays,
tant pour le civil que pour le criminel. »

» rendre compte de leurs actes à un autre que celui
» par qui ils sont envoyés... Un péril universel suffit
» pour l'équité et l'utilité d'une loi universelle (2). »

D'aucuns prétendent pourtant trouver une certaine
antinomie entre ce qu'ils appellent la doctrine grotienne de l'exterritorialité et une autre doctrine de
l'indépendance diplomatique, qui serait principalement préconisée par Montesquieu et par Vattel.
Mais cette antinomie n'est qu'apparente. C'est par
des considérations d'intérêt international, par la
nécessité d'assurer le « salut des ambassadeurs »,
que Grotius explique les privilèges dont ils jouissent
selon le commun usage des nations; et quant à
la fiction de l'exterritorialité, il est clair qu'elle ne
sert, dans sa pensée, qu'à caractériser le privilège,
qu'à exprimer l'idée de l'entière indépendance
des légations étrangères, leur complet affranchissement des souverainetés locales.

Il est à noter, à ce propos, que c'est spécialement
l'immunité pénale que Grotius avait en vue, en pré-
conisant la fiction en question. Quant à l'immunité
civile, nous avons vu qu'il pose en principe l'utilité
de déclarer la personne de l'ambassadeur à l'abri de
toute contrainte et ses biens meubles à l'abri de

(2) Grotius, t. II, ch. XVII, § IV, nº 4. (Voir le nº 8.)

toute saisie ; en sorte qu'ici encore, la fiction ne sert qu'à préciser la portée pratique du principe (3).

82. Les adversaires de l'immunité diplomatique ne manquent pas de trouver absurde la fiction préconisée par l'illustre auteur du *Droit de la guerre et de la paix* (1).

Il n'est pas plus raisonnable, dit-on, de considérer comme absent quelqu'un qui vit au milieu de nous que de réputer morte une personne vivante.

Or, peut-on établir sérieusement une assimilation entre les deux cas ?

La fiction de la mort civile, qui a disparu des législations modernes, était absurde, parce qu'elle servait à exprimer une règle intolérable, parce que les conséquences qu'on en tirait étaient odieuses. Mais n'est-il pas évident qu'on ne peut tenir le même raisonnement à propos d'une autre fiction dont l'objet est d'assurer la sécurité, la liberté, la fraternité des relations internationales ?

La fiction en question a encore été critiquée

----

(3) Voir les nos 9 et 10.

(1) ESPERSON, loc. cit., nos 162, 163 et 254 ; — LAURENT, loc. cit., nos 13 et 14 ; — PASQUALE FIORE, loc. cit., no 1196, et *Traité de droit pénal international*, traduit par Ch. Antoine, §§ 22 à 26 et § 39, note 1 ; — et PINHEIRO-FERREIRA sur MARTENS (Éd. Vergé)

comme superflue ou dénuée d'une signification exacte (2).

Pourtant, il nous semble qu'elle rend très bien l'idée d'une dérogation au principe général de la territorialité de la loi.

On dit qu'elle présente cet inconvénient de donner à la règle qu'elle exprime une portée qu'elle n'a pas, et de conduire à des conséquences qui n'en découlent pas. Mais ceci soulève une question de principe, au sujet de laquelle il serait bon de se mettre préalablement d'accord, si l'on ne veut pas tourner dans un cercle vicieux.

L'objection ne nous paraît d'ailleurs pas grave.

On argue, par exemple, de ce que l'immunité ne met pas la personne privilégiée à l'abri de toutes mesures de rigueur, dans le cas d'une infraction à la loi pénale du lieu de sa résidence ; mais comme il ne s'agit ici que de mesures politiques qui n'ont que le caractère d'une légitime défense, nous ne voyons pas en quoi elles méconnaissent la fiction de l'exterritorialité, expression qui sert moins à désigner le fait

(2) ESPERSON, loc. cit., nᵒˢ 148, 151, 162, 244 et 245 ; — DEMANGEAT, dans le *Journal...* de CLUNET, année 1875, p. 89 ; — PRADIER-FODÉRÉ, loc. cit., nᵒˢ 1396, 1397 et 1418 ; — HEFFTER, loc. cit., §§ 42 et 205 ; — GODDYN et MICHIELS, *Le Droit criminel belge au point de vue du droit international*, § 3, nᵒ II ; — HAUS, *Principes généraux du droit pénal belge*, nᵒ 201 ; — WEISS, loc. cit., ch. II.

d'être absent d'un territoire que le privilège de ne pas relever de la loi territoriale.

On argue encore de ce que la fiction n'explique pas la défense de poursuivre la personne privilégiée devant la juridiction civile du lieu de sa résidence, dans le cas où la loi territoriale admet la compétence de cette juridiction à l'égard des personnes domiciliées à l'étranger. Raisonnement vicieux, en ce qu'il invoque contre la fiction les dispositions d'une loi locale, dont elle a précisément pour objet d'exclure l'applicabilité.

L'exterritorialité exprime une règle spéciale de compétence, qui est fondée sur des considérations tirées du droit des gens. Que l'on discute cette règle, soit. Mais qu'on ne vienne pas invoquer des législations particulières, qui sont étrangères à la question.

Rien n'est plus logique que de combattre une fiction dont on n'admet pas les conséquences pratiques. Mais dès qu'on admet l'entière indépendance des missions diplomatiques, rien ne nous semble plus oiseux que d'ergoter sur la valeur scientifique d'une fiction qui n'a d'autre objet que de caractériser cette indépendance. De telles controverses ne peuvent qu'entraîner à des disputes de mots.

Que si l'exterritorialité a parfois donné lieu à des interprétations erronées ou à des applications abusives, c'est qu'on a perdu de vue son caractère fictif et la nécessité de la restreindre dans les limites de sa raison d'être ; or, ceci ne prouve que le défaut de sagacité de l'interprète.

83. Le vice de l'argumentation que nous venons de combattre, dans le but unique d'éliminer du débat une querelle de mots, réside dans la supposition que l'exterritorialité serait envisagée comme la raison d'être de l'immunité diplomatique, alors qu'elle n'a jamais été adoptée que comme une formule destinée à définir la situation juridique des représentants d'une puissance étrangère (a). Cette fiction consiste à envisager l'immunité dans ses conséquences pratiques plutôt que dans son principe; et elle exprime, ce nous semble, d'une façon significative, le bénéfice dont jouissent les personnes et les choses qui dépendent d'une légation étrangère, d'être affranchies de la souveraineté territoriale.

Le besoin d'assurer l'inviolabilité des missions

(a) « Formule heureusement choisie, sinon absolument exacte », dit Bousquet, loc. cit., n° 31. — « L'exterritorialité n'est pas la raison d'être des immunités, dit un autre auteur, elle en est seulement la formule juridique. » (Galba ; voir *Journal...* de Clunet, année 1889, p. 546.) — « Cette fiction n'est pas la cause de l'immunité, dit Bluntschli (loc. cit., n° 135); elle n'en est que la formule. » — Nous avons vu précédemment que Grotius ne l'entendait pas autrement.

diplomatiques a, en effet, déterminé les nations à étendre les immunités de l'ambassadeur à sa famille, à sa suite et aux choses qui peuvent être considérées comme se rapportant à sa personne et à sa dignité, telles que sa demeure, son mobilier, ses bagages et ses équipages. On a pensé que l'indépendance de l'ambassadeur ne serait pas pleinement garantie, que l'inviolabilité de ses archives et le libre exercice de ses fonctions ne seraient pas pleinement assurés, si son domicile n'était pas déclaré inviolable comme sa personne, ou s'il pouvait être inquiété par des poursuites dirigées contre les siens ; et voilà ce qui a fait naître, dans la littérature du droit des gens, cette fiction si discutée qui consiste à supposer que l'ambassadeur et sa suite n'auraient pas quitté le territoire de leur nation et à envisager leur habitation comme une sorte de dépendance de ce territoire.

84. Un publiciste autrichien (*a*) trouve la fiction de l'exterritorialité « une idée excellente, à l'aide de » laquelle on peut clairement et brièvement expli- » quer toutes les immunités reconnues aux ambas- » sadeurs ». Mais il semble pourtant avoir assez mal formulé cette excellente idée, en réduisant l'exterritorialité à cette règle : « que l'ambassadeur, malgré

(*a*) SLATIN, loc. cit., p. 325.

» sa résidence à l'étranger, n'y a pas cependant un
» domicile dans le sens juridique ».

Cette définition est défectueuse en ce qu'elle
n'explique pas le privilège qui appartient à l'ambassadeur d'être exempt de la *juridiction criminelle*
du pays de sa résidence, et en ce qu'elle restreint
arbitrairement l'immunité diplomatique en matière
civile, puisqu'il en résulterait un assujettissement de
la personne privilégiée à la juridiction locale pour
toutes les affaires privées qui ne sont pas régies par
le *forum* du domicile ; ce que notre publiciste autrichien n'admet pas lui-même.

L'exterritorialité diplomatique nous paraît pouvoir être exactement définie : *le privilège d'être affranchi de la souveraineté territoriale et de ne relever
que de sa juridiction nationale, dans toutes les
matières juridiques qui intéressent la personnalité
politique ou privée du bénéficiaire.*

§ 2. DE L'EXTERRITORIALITÉ EN MATIÈRE PÉNALE

85. Le principe de l'exterritorialité pénale fut
très controversé dans les siècles précédents (1), et

(1) Voir les anciens auteurs cités par MERLIN (loc. cit.,
sect. V, § IV, art. II), et par FAUSTIN HÉLIE (*Traité de l'instruction criminelle*, éd. de Bruxelles, 1863-1869, t. I, p. 336,
n° 852) : — PEREZIUS (*Prælection. in Cod.*, l. X, tit. LXIII,

il est encore spécialement critiqué par plusieurs
contemporains (2).

Néanmoins, la tendance générale des auteurs, tant
anciens que modernes, est d'envisager l'exemption de
la juridiction territoriale comme plus essentielle en
matière pénale qu'en matière civile, à cause des
conséquences plus graves que l'exercice de la juridiction criminelle entraîne forcément, comme aussi

nos 10 et 11); — DOMINIQUE ARUMOEUS (*De Jure publico*, t. II,
disc. XXI, nos 48 et 49); — ANTOINE DE VERA (*Le Parfait
Ambassadeur*, ch. 45); — DE MARSELAER (*Legatus*, diss. XIII);
— et SAM. COCCEIUS (*Jus civile controversum*, l. L, tit. VII, *de
legationibus*, quæst. 3).

Voir aussi les anciens publicistes anglais Coke, Gommins, Hal,
Foster (d'après PHILLIMORE, loc. cit., t. II, n° 156).

(2) ESPERSON, loc. cit., nos 241 à 248; — PASQUALE FIORE,
loc. cit., n° 1196, et *Traité de droit pénal international*, traduit
par Ch. Antoine, §§ 22 à 26. — Pasquale Fiore n'invoque guère à
l'appui de sa thèse que les raisons qui militent en général en
faveur du principe de la territorialité de la loi pénale. —
Esperson argue spécialement de ce que tous les criminalistes
s'accordent à reconnaître au gouvernement local le droit de
mettre fin à la mission de l'agent qui se serait rendu coupable
de quelque délit; dès lors, la dérogation au principe de la territorialité de la loi pénale ne pourrait plus se justifier par la
nécessité d'assurer le libre exercice des fonctions diplomatiques.
(Nos 242 et 243.) Il cherche aussi à établir que l'incompétence
de la juridiction territoriale serait même contraire à l'intérêt
bien entendu des agents diplomatiques. (N° 249.)

Ces deux auteurs reconnaissent que leur doctrine est en contradiction avec des usages constants. « *L'immunità assoluta fu
consacrata d'all' uso pressoche universale delle nazioni, ed in
alcuni paesi venne pur sancita con disposizioni legislative.* »
(ESPERSON, n° 221.) Mais le système consacré par l'usage des nations

à cause des abus qui peuvent plus facilement en résulter (3).

Une remarque fort juste a été faite, à ce propos, par un criminaliste belge : « L'indépendance des » agents diplomatiques, qui implique l'inviolabilité » de leur personne et de leur domicile, est néces-» saire pour qu'ils puissent remplir avec une entière » liberté et une sécurité complète, la mission, sou-» vent difficile et délicate, dont ils sont investis. » S'ils étaient justiciables des tribunaux des pays où » ils résident, on pourrait, sous prétexte d'un délit, » diriger des poursuites contre eux, les faire arrêter, » ordonner des visites domiciliaires dans leur hôtel, » opérer la saisie de leurs papiers. Le soupçon seul » qui planerait sur l'autorité territoriale, d'agir » contre ces agents soit par esprit de ressentiment,

ne serait pas conforme : « *Ne al principio dell' umana fratellanza su cui sono oggidi poggiate le relazioni internazionali, ne a quella dell' indipendenza del potere giuridiziaro dal potere esecutivo proclamato dal gius pubblico moderno.* » (N° 248.) — ESPERSON admet d'ailleurs que les agents diplomatiques ne soient responsables que vis-à-vis de leur propre gouvernement des faits délictueux par eux commis dans l'exercice ou à l'occasion de l'exercice de leurs fonctions. (N° 241.) — Il admet enfin que l'initiative de l'action publique ne puisse appartenir qu'au gouvernement local, et non pas au ministère public. (N° 249.)

(3) GROTIUS, loc. cit.; — CH. DE MARTENS, § 27; — GÉRARD DE RAYNEVAL, l. II, ch. XIV, § 3; — RÉAL, l. V., ch. I, sect. XV; — VERGÉ sur MARTENS, § 218; — CH. CALVO, § 523; — PRADIER-FODÉRÉ, n° 1460; — *Pandectes belges*, loc. cit., h° 278.

» soit dans le but de les intimider ou de pénétrer
» leurs secrets, mettrait obstacle à l'institution si
» utile des missions diplomatiques (4). »

86. Ce n'est toutefois que depuis Grotius que le
principe de l'exterritorialité pénale est définitivement
passé dans la pratique des États (1).

De ce principe ne découle d'ailleurs aucunement
une irresponsabilité pour la personne privilégiée,
mais seulement la nécessité de recourir contre elle à
sa juridiction nationale. Dans le pays de sa résidence, le bénéficiaire de l'immunité est à l'abri de

(4) HAUS, loc. cit., n° 200.
(BYNKERSHOEK, ch. XXIV, §§ XVII et XIX; —HUBER, *Prœl. jur.
civ.*, l. II, tit. II, § 6; —VATTEL, l. IV, ch. VII, n° 92; — HEFFTER,
§ 214; — MITTERMAIER, *Procédure criminelle comparée*, § 55;
— MANGIN, *Traité de l'action publique*, n° 80; — DALLOZ, loc. cit.,
n° 131, et les auteurs par lui cités (Legraverend, Reuter...); —
FOELIX, loc. cit., n° 576; — FAUSTIN HÉLIE, loc. cit., n° 854; —
GODDYN et MICHIELS, loc. cit.;—HAUS, loc. cit., n° 200; — PHILLI-
MORE, t. II, n° 156; — BLACKSTONE, I, 253-254; — WHEATON,
§ 15.
Voir aussi les dispositions législatives mentionnées au n° suivant.
«La controverse, dit FAUSTIN HÉLIE (loc. cit.), est le plus souvent
une sorte de protestation contre des règles que les uns peuvent
trouver dangereuses, les autres inutiles..., mais nous devons
ajouter que cette pratique a continué à régler jusqu'à nos jours
les rapport internationaux. »
D'après HEFFTER (§. 214), la pratique des trois derniers siècles
ne présente pas un seul exemple de poursuites criminelles dirigées contre un ministre étranger.

toute action de la part du ministère public ou de la partie lésée. La répression des faits délictueux qui pourraient lui être imputés, ne peut être poursuivie que par la voie diplomatique ; en d'autres termes, à la suite d'une entente entre les deux États intéressés. D'où cette règle consacrée par diverses législations positives : que le gouvernement près duquel le ministre étranger est accrédité, a seul qualité pour recevoir la plainte et pour apprécier les suites qu'elle comporte, à l'exclusion des autorités ordinairement compétentes, selon la loi locale (2).

87. Dans l'exercice de sa prérogative souveraine, il appartient au gouvernement territorial de requérir de la souveraineté dont l'agent diplomatique relève, le rappel et la punition du coupable ou l'autorisation de le livrer à la justice du pays dont il aurait compromis le prestige à l'étranger (1).

Rien non plus ne porte obstacle à ce que le gouvernement territorial rompe ses relations offi-

(2) Décret français du 13 ventôse an II (1re partie, n° 42) ; — code russe, ch. X, art. 1437 (ibid., n° 46) ; — art. 251 et 252 du code d'instruction criminelle prussien (ibid., n° 56) ; — circulaire ministérielle belge, du 9 octobre 1834 (ibid., n° 58).

(1) De là probablement cette réserve insérée dans l'art. 251 du code d'instruction criminelle prussien : « ...à moins d'ordres spéciaux donnés par le souverain à un tribunal ou à un officier de justice. » (Voir le n° 56.)

cielles avec un ministre étranger prévenu de quelque délit, et mette ainsi fin à ses fonctions. Il lui appartient même, dans le cas d'une grave inculpation, de le renvoyer et, au besoin, de le faire reconduire à la frontière.

Mais quelle est la limite exacte des pouvoirs de la souveraineté territoriale?

Les auteurs sont divisés sur ce point délicat.

Montesquieu semble n'accepter d'autre correctif au privilège diplomatique que la faculté « de » renvoyer le coupable à son maître, qui devient » par là son juge ou son complice ».

Grotius va jusqu'à admettre le pouvoir d'arrêter l'ambassadeur et de procéder contre lui, par voie d'interrogatoire, dans le cas d'un péril imminent (2).

Bynkershoek se range à cette dernière opinion, mais non sans quelque hésitation (3). « Même quand » il s'agit de grands crimes commis par un ambas-

(2) GROTIUS, loc. cit., n° 6. « Ce que précédemment nous avons dit que toutes les lois humaines sont de telle nature qu'elles n'obligent point dans un cas d'extrême nécessité, cela aussi a lieu à l'égard de la règle qui rend la personne des ambassadeurs sacrée. Assurément, le point de cette nécessité ne consiste point à ce qu'il faille punir..., mais il consiste dans le besoin de se précautionner contre un grand mal. C'est pourquoi, s'il n'y a pas d'autre moyen suffisant pour prévenir un péril imminent, les ambassadeurs peuvent être retenus et interrogés. »

(3) Loc. cit., ch. XVII, § X.

» sadeur, je trouve, dit-il, qu'il vaut mieux se
» contenter de le faire sortir du pays. Cela est
» autorisé par l'exemple de la pratique des nations...
» Pourtant, je dirai que les raisons sur lesquelles la
» généralité de la règle peut être fondée, me parais-
» sent les plus fortes et les plus concluantes. »

Quant aux publicistes modernes, ils enseignent
généralement, à la suite de Grotius et de Réal,
que le droit d'arrestation préventive existe dans le
cas où la sûreté publique l'exige impérieusement (4).

Quoi qu'il en soit, il est certain que les seules
mesures de rigueur qui peuvent être légitimement
prises au préjudice des représentants d'une puissance
étrangère, sont des mesures de sûreté publique,
purement préventives ou défensives; et que ces
mesures, d'un caractère plutôt politique que judiciaire, relèvent exclusivement du gouvernement et

(4) RÉAL, loc. cit., t. V, ch. I, sect. VII, nᵒˢ 15 et 51; —
BLUNTSCHLI, loc. cit., nᵒ 142; — PHILLIMORE, loc. cit., nᵒ 157;
— WEISS, loc. cit.; — NEUMANN, loc. cit., § 62; — GARDEN, *Traité
de la diplomatie*, pp. 150. « Dans ce cas, dit cet auteur, le
droit de le faire arrêter (le prévenu) et de le transporter sous
escorte à la frontière, est réclamé, sans opposition, par toutes les
puissances. » — HEFFTER (§ 214) et KLÜBER (§ 211) vont plus
loin. D'après eux, dans le cas d'un attentat contre la sûreté
de l'État, le souverain territorial peut traiter le ministre étranger
« en ennemi public » et le détenir jusqu'au moment où il aurait
obtenu une complète satisfaction. (Voir le nᵒ 89.)

de sa responsabilité vis-à-vis de l'État que l'agent diplomatique représente (5).

« Contre l'ambassadeur, dit Grotius, la défense » est permise, mais non la punition (6). »

88. Vient maintenant la question de savoir si l'incompétence répressive de la juridiction territoriale s'étend à toutes espèces d'infractions, quelle qu'en soit la gravité ou la nature.

Nous n'hésitons pas à y répondre affirmativement. L'on ne pourrait abandonner aux appréciations discrétionnaires des États l'initiative des distinctions à établir à cet égard, sans détruire le principe même de l'immunité dans son germe; et la matière ne comporte d'ailleurs aucune distinction rationnelle.

Diverses distinctions ont été proposées; mais on peut affirmer qu'aucune d'elles n'est juridiquement acceptable.

Burlamaqui (1) abandonne à la juridiction locale la connaissance des « crimes atroces »; mais il oublie de nous dire où commence l'atrocité.

---

(5) *Pandectes belges,* loc. cit., n° 263.

(6) Maxime servant d'intitulé au chapitre analysé dans le n° 8.— « Il y a une sorte d'autorité, dit Bynkershoek (ch. XVI, § XVI), que l'on peut exercer à l'égard des ministres étrangers : c'est celle qui tend à protéger les sujets de l'État plutôt qu'à contraindre l'ambassadeur. »

(1) *Principes du droit de la nature et des gens,* ch. XIII, §§ 8 et 9.

Quelques auteurs anglo-saxons préconisent nous ne savons quelle distinction entre les *mala prohibita* et le *mala in se*, distinction que le principal d'entre eux, Phillimore, condamne très justement (2).

Il y a des cas suffisamment graves, dit-on, pour permettre à l'État offensé de traiter un ambassadeur en « ennemi public », et de lui infliger un châtiment mérité, si justice est refusée par son souverain (3). Très bien. Mais quels sont ces cas? On s'abstient de les indiquer.

« Il est difficile, dit Wheaton, de préciser exacte-
» ment les circonstances qui autoriseraient de tels
» procédés, et l'on ne saurait tirer des règles géné-
» rales des exemples fournis par l'histoire. » Alors, pourquoi soulever la question? Et si l'histoire des siècles ne fournit pas le critérium d'une distinction, ne faut-il pas en conclure qu'il n'y a pas lieu de distinguer?

Faustin Hélie est d'avis que la vérité se trouve dans un juste milieu. « Il est remarquable, dit-il,
» que les publicistes même qui ont posé avec le plus
» de rigueur le principe de l'indépendance des

(2) PHILLIMORE, loc. cit., n° 156.
(3) WHEATON, § 15. — Dans le même sens, FAUSTIN HÉLIE, oc. cit., n° 851.

» ministres étrangers, sont forcés de reconnaître
» qu'il est un point, quelque éloigné qu'ils le pla-
» cent, où cette indépendance doit céder devant le
» droit de la juridiction. »

Voilà qui est très bien. Nous avons affaire, cette
fois, à un spécialiste ; peut-être allons-nous être
éclairés. Écoutons donc : ... « Nous ne pensons pas
» que le système qui conteste et dénie le privilège
» doive prévaloir... ; nous n'adoptons pas non plus
» dans ses termes absolus le système qui proclame
» l'immunité illimitée dans ses effets ; car la raison
» même qui a fondé cette immunité, l'intérêt de
» l'ordre dans chaque État, et les précédents eux-
» mêmes, protestent à la fois contre une doctrine qui
» dépasse le but qu'elle veut atteindre ; mais il nous
» paraît qu'on doit, en général, s'arrêter dans la
» pratique au système intermédiaire, qui, tout en
» proclamant le principe du droit des gens, lui
» trace de sages limites, qui le conserve dans ses
» utiles résultats, mais le contient dans ses excès, et
» qui semble, en définitive, concilier, après leur
» longue lutte, les deux principes que cette ques-
» tion oppose incessamment l'un à l'autre (4). »

On remarquera que ceci est censé représenter une

____

(4) Faustin Hélie, loc. cit., n° 857.

conclusion. Quant aux sages limites, on ne nous les indique pas.

Nous ne tenterons pas une épreuve devant laquelle a reculé un si savant criminaliste ; mais nous nous permettrons de conclure de l'inanité de ses enseignements à l'inanité de son système de juste milieu.

Et nous nous permettrons même de croire que l'immunité diplomatique s'impose plus ou moins (pour autant qu'on en admette le principe), suivant que l'inculpation est plus ou moins grave. Puisqu'il s'agit de maintenir la bonne harmonie entre les États, n'est-il pas évident que la nécessité d'un accord préalable des États intéressés s'imposera d'autant plus que le cas offrira plus de gravité? Et si le crime est manifeste, comment douter qu'un tel accord ne puisse s'établir facilement?

89. Un autre système distingue entre les crimes d'État et les crimes commis au préjudice de simples particuliers. Il a été enseigné jadis par Thomasius (1), par Burlamaqui (2) et par Barbeyrac (3), le traduc-

---

(1) THOMASIUS, *Jurisprudentia divina*, l. III, ch. IX, §§ 36 et suivants.

(2) BURLAMAQUI, loc. cit., ch. XII.

(3) BARBEYRAC, *Notes sur le traité du juge compétent... de Bynkershoek* (MERLIN, loc. cit., sect. V, § IV, art. XI, quest. III.) — Voir aussi le mémoire du duc d'Aiguillon, à la fin de ce volume.

teur de Grotius et de Bynkershoek, et il semble être
encore en faveur chez quelques publicistes modernes(4).
Pourtant, il nous paraît bien insoutenable!

Ce système a été formulé comme suit dans le
mémoire du duc d'Aiguillon : « Il est constant qu'un
» ministre perd son immunité et se rend sujet à la
» juridiction locale lorsqu'il se livre à des manœu-
» vres qui peuvent être considérées comme crimes
» d'État, et qui troublent la sécurité publique. »

Voici comment Barbeyrac défend cette formule.
La convention tacite qui intervient entre deux États
lors de la réception d'un ambassadeur, suppose, dit-il,
« que celui-ci est envoyé, sinon comme ami et parfait
» honnête homme, du moins comme non ennemi et,
» par conséquent, sans aucun dessein de trahison
» contre l'État ou la personne du souverain...
» Qu'un ambassadeur s'endette et ne veuille plus
» payer ce qu'il doit à quelques particuliers, qu'il les
» trompe de quelque autre manière,...qu'il s'emporte
» même jusqu'à battre ou tuer quelque sujet de
» l'État, ce sont des actions de malhonnête homme,
» qu'on a pu croire qu'il commettrait et dont
» néanmoins on a jugé à propos de ne point prendre
» connaissance dans les formes ordinaires... Il ne

(4) Klüber, § 211 ; — Heffter, § 214 ; — Neumann, loc. cit.

» revient de là du tort qu'à quelques particuliers, et
» un tort dont les mauvais effets sont compensés par
» l'utilité publique des ambassades. Jusque-là, il n'y
» a point d'acte d'hostilité bien marquée;... et si
» cela va trop loin, on peut arrêter le mal, en
» congédiant le ministre qui abuse ainsi de son pri-
» vilège. Mais pour ce qui est des complots ou des
» attentats contre l'État ou le souverain, ou l'on n'y
» a point pensé, ou, si l'on y a pensé, on a excepté
» tacitement de tels cas;... autrement, à quoi s'en-
» gage un ambassadeur? Dans toutes les conventions
» autorisées par l'usage, chacun des contractants
» promet quelque chose, qui est telle que, s'il y
» manque, il met par là l'autre dans la liberté de
» ne pas tenir ce qu'il a promis. Ici on donne aux
» ambassadeurs de grands privilèges;... du moins
» doit-on supposer qu'ils se sont engagés à ne rien
» attenter contre l'État ou le souverain; faute de
» quoi on serait dispensé de les épargner et l'on
» pourrait en user contre eux de même que contre
» tout autre ennemi étranger...»

Merlin trouve cette argumentation très concluante.
« Que répondre à ces raisons? dit-il... Rien assurément
» qui dans la théorie puisse satisfaire un esprit juste (5). »

_____

(5) MERLIN, loc. cit., sect. V, § IV, art. XI, quest. III.

Il faut croire que les esprits justes sont rares; car l'opinion de Barbeyrac est restée isolée et elle n'a pas été admise dans la pratique des États (6).

Et, en effet, quoi qu'en pense Merlin, la théorie de Barbeyrac ne repose que sur une argumentation spécieuse. Sans doute, l'on ne peut supposer *à priori* aucun dessein de trahison contre l'État de la part du représentant d'une nation étrangère. Mais n'est-il pas évident qu'on ne peut pas davantage lui supposer l'intention de s'abriter derrière ses privilèges pour commettre impunément des tromperies, des voies de fait, des adultères, ou d'autres méfaits du même genre? La convention tacite qui sert de

(6) GERMONIUS, cité par LUIGI OLIVI dans la *Revue de droit international et de législation comparée*, t. XIX; — BYNKERSHOEK, ch. XVII; — RÉAL, t. V, ch. I, sect. VII, §§ 15 à 31; — VATTEL, l. IV, ch. IX, n° 98; — G.-F. DE MARTENS, ch. V, § 218; — CH. DE MARTENS, § 27; — GÉRARD DE RAYNEVAL, l. II, ch. XIV, § 3; — PHILLIMORE, loc. cit., n° 157; — WHARTON, *Commentaries*, § 167; — BOUSQUET, loc. cit., n° 36; — GARDEN, loc. cit.,, pp. 150 et 151. — Voici ce que Vattel dit à ce sujet : « Si nous donnons au prince offensé le droit de punir en pareil cas un ministre étranger, il en résultera de fréquents sujets de contestation et de rupture entre les puissances; il sera fort à craindre que le caractère d'ambassadeur ne soit privé de la sûreté qui lui est nécessaire. Il est certaines pratiques tolérées chez les ministres étrangers quoiqu'elles ne soient pas toujours fort honnêtes; il en est qu'on ne peut réprimer par des peines, mais seulement en ordonnant au ministre de se retirer. Comment marquer toujours les limites de ces divers degrés de fautes? On chargera d'odieuses couleurs les intrigues d'un ministre qu'on

base aux immunités diplomatiques, n'implique aucunement en faveur du diplomate une faculté odieuse de commettre des infractions à la loi pénale du pays de sa résidence ; on suppose, au contraire, qu'il respectera ces lois, qu'il s'abstiendra de les enfreindre, qu'il n'agira qu'en honnête homme ; sinon, il ne serait pas accueilli comme ambassadeur. Dès lors, nous ne voyons pas pourquoi les crimes commis au préjudice d'un simple particulier, n'entraîneraient pas la déchéance du privilège diplomatique au même titre que les crimes d'État.

Ce que les nations ont voulu, dans l'intérêt de la

voudra troubler ; on calomniera ses intentions et ses démarches par une interprétation sinistre ; on lui suscitera même de fausses accusations. Enfin, les entreprises de cette nature se font ordinairement avec précaution ; elles se ménagent dans le secret ; la preuve complète en est difficile, et ne s'obtient guère que par les formalités de la justice. Or, on ne peut assujettir à ces formalités un ministre indépendant de la juridiction du pays... Disons donc qu'en faveur de la grande utilité, de la nécessité même des ambassades, les souverains sont obligés de respecter l'inviolabilité de l'ambassadeur, tant qu'elle ne se trouve pas incompatible avec leur propre sûreté et le salut de leur État ; et par conséquent, quand les menées de l'ambassadeur sont dévoilées, ses complots découverts, quand le péril est passé, en sorte que pour s'en garantir il n'est plus nécessaire de mettre la main sur lui, il faut, en considération du caractère, renoncer au droit général de punir un traître, un ennemi couvert, qui attente au salut de l'État, et se borner à chasser le ministre coupable, en demandant sa punition au souverain dont il dépend. »

sûreté de leurs relations, ce n'est pas que les ministres étrangers fussent affranchis de toute responsabilité pénale, mais que la répression de leurs
méfaits ne pût être poursuivie que par un concert
entre les deux États intéressés. Or, n'est-il pas
évident que c'est surtout dans les matières politiques
que la nécessité de ce concert s'impose comme une
nécessité d'ordre international, que c'est surtout ici
que des garanties sont indispensables au libre exercice
des fonctions diplomatiques? C'est le cas où jamais
de rappeler la maxime de Montesquieu : « On pour-
» rait leur imputer des crimes, s'ils pouvaient être
» punis pour des crimes », ainsi que ces considérations invoquées par Vattel : « On chargera d'odieuses
» couleurs un ministre qu'on voudra troubler; on
» calomniera ses intentions et ses démarches par
» une interprétation sinistre; on lui suscitera même
» de fausses accusations. »

Comme l'observe très bien un publiciste français (7),
« ce sont précisément ces attentats contre la sûreté
» de l'État, ces accusations de lèse-majesté et de
» complots, qui peuvent donner lieu aux poursuites
» les plus téméraires, qui comportent le plus de
» difficultés dans la preuve, le moins d'indépen-

(7) BOUSQUET, loc. cit., n° 36.

» dance d'esprit dans le juge, le plus de vague et
» d'arbitraire dans la qualification du crime... »

Ajoutons que c'est surtout en ces matières qu'il
peut être difficile de distinguer ce qui est imputable
à l'initiative personnelle de l'agent de ce qui touche
à l'exécution de son mandat politique.

Au surplus, nous le répétons, le système est condamné par la pratique des États. Les annales de la
diplomatie révèlent, en effet, de nombreux précédents qui témoignent, à cet égard, d'un usage constant (8).

90. La juridiction territoriale est donc radicalement incompétente pour connaître de tous crimes

(8) En Angleterre : le cas de Jean Leslcy, cité par Wicquefort
(l. I., sect. III, n° 27) et rappelé par Merlin (loc. cit.. sect. V, § IV,
art. XI, quest. III); il fut arrêté, en 1571, pour conspiration
contre la reine Élisabeth et on lui fit subir un interrogatoire, mais
on n'osa lui faire son procès et on se borna à le renvoyer du
royaume ; — en 1587, le cas de l'ambassadeur de France Sébas-
tien de l'Aubespine, accusé d'avoir attenté à la vie de la même
princesse ; on l'interrogea ; il refusa de répondre, « pour ne pas
causer du préjudice aux droits des ambassadeurs », et on laissa
son attentat impuni. (Bynkershoek, ch. XVIII, § IX.) — En France :
en 1605, le cas de Bruneau, secrétaire de l'ambassadeur d'Espagne, accusé d'avoir traité, de concert avec un Provençal, le
baron de Mairargue, de la surprise de Marseille ; le Provençal fut
décapité en place de Grève, mais le Parlement de Paris « douta
de son pouvoir de juger l'Espagnol » et Henri IV, retenu par le
droit des gens, renvoya le secrétaire à son maître ; — au commencement du xviiie siècle, le cas fameux du prince de Cellamare,

ou délits imputés à des ministres d'une puissance étrangère.

D'autre part, la doctrine est unanime à proclamer que cette incompétence touche à l'ordre public international, l'immunité de l'ambassadeur étant fondée sur un intérêt public.

Il s'ensuit que celui-ci ne peut renoncer à son immunité sans l'autorisation formelle de son mandant ; — qu'aucune autorité locale ne peut agir, en l'occurrence, que sur l'impulsion directe du ministre de la justice ; — et que les tribunaux doivent, au besoin, se dessaisir d'office des causes qui leur

ambassadeur d'Espagne, accusé d'une conspiration dont le but était d'ôter la régence au duc d'Orléans ; on se borna à le renvoyer du royaume. (MERLIN, loc. cit.) — En Russie : en 1718, le cas (rapporté par MARTENS) du résident hollandais Debie, accusé d'avoir entretenu des relations suspectes avec des sujets russes ; le czar Pierre Ier se borna à exiger des États de Hollande le rappel de eur ambassadeur.

Dans son *Histoire du progrès du droit des gens* (t. I, p. 14), WHEATON rappelle ce fait qu'Albéric Gentil et Hotman furent consultés par la cour d'Angleterre sur le parti à prendre à l'égard de l'ambassadeur d'Espagne Mendana, accusé d'avoir conspiré contre la reine Élisabeth. Or, ces deux légistes tombèrent d'accord sur ce principe qu'un ambassadeur, même surpris en flagrant délit de conspiration contre le gouvernement près duquel il est accrédité, doit être simplement renvoyé à son maître pour être puni à sa discrétion. En conséquence, Mendana reçut l'ordre de quitter le royaume, et un agent anglais fut envoyé en Espagne pour porter plainte contre lui.

D'autres précédents analogues sont encore cités par MARTENS dans ses *Causes célèbres du droit des gens.*

seraient soumises par la voie d'une citation directe, dans les pays qui admettent ce mode de procéder (*a*).

91. D'ailleurs, rien ne fait obstacle, à nos yeux, à ce que les autorités locales puissent, tout au moins, procéder, dans les limites de l'inviolabilité diplomatique, à toutes les mesures d'information provisoire.

92. Quant à la question de savoir jusqu'à quel point le personnel non officiel d'une légation étrangère participe au bénéfice de l'immunité diplomatique, nous l'aborderons sous une autre rubrique, où nous traiterons spécialement des personnes à qui le bénéfice de l'immunité appartient.

§ 3. DE L'EXTERRITORIALITÉ EN MATIÈRE CIVILE

93. D'après une fiction du droit des gens, les

(*a*) HEFFTER, loc. cit., § 214 ; — VILLEFORT, dans la *Revue critique de législation et de jurisprudence*, t. XII, 1858.

BYNKERSHOECK n'est pas très explicite sur ce point : « A consulter la raison seule, il faut dire *peut-être* qu'en matière de crimes, un ambassadeur ne saurait jamais validement renoncer au privilège de demander un renvoi à la juridiction du lieu de son domicile... » (Ch. XXIII, VII.)

Il va de soi qu'on rentrerait dans le droit commun si le gouvernement du ministre étranger renonçait à l'immunité. D'après les *Pandectes belges*, cette renonciation résulterait tacitement de l'acceptation de la compétence par l'agent. (Loc. cit., nº 265 *bis*.)

représentants des puissances étrangères conservent leur domicile au lieu d'où ils sont envoyés, et leur habitation à l'étranger est envisagée comme une sorte de dépendance du territoire de la nation qu'ils représentent.

L'exterritorialité a ainsi une double portée en matière civile. D'une part, l'agent diplomatique reste soumis à la loi et à la juridiction de son domicile, au point de vue de ses relations de droit privé, dans toutes les matières juridiques qui dépendent naturellement du domicile ; et, d'autre part, la demeure du diplomate échappe, dans toute hypothèse, à l'empire de la souveraineté locale, notamment dans le cas même où l'agent relèverait exceptionnellement de la juridiction du lieu de sa résidence.

94. La franchise de la demeure n'est qu'un corollaire de l'inviolabilité de l'agent et de l'indépendance de ses fonctions. Elle n'a aucun caractère de réalité, n'étant que la sanction d'une immunité personnelle. Il importe d'en faire la remarque, certains publicistes parlant improprement d'une immunité *réelle* qui serait attachée aux hôtels des légations étrangères. Aucune immunité de cette nature n'existe dans le droit public moderne ; celui-ci ne reconnaît plus de *lieux privilégiés*, ainsi que la Constituante française l'a solennellement proclamé (1).

Nous verrons les conséquences pratiques qui découlent de la franchise de la demeure, en traitant des voies de procédure et d'exécution qui sont admissibles à l'égard des bénéficiaires de l'immunité; et nous rencontrerons, à ce propos, les fausses conclusions qui ont été déduites d'une fausse conception de cette franchise (2).

95. Pour le principe que l'agent conserve son domicile légal au lieu d'où il a été envoyé, ce n'est, en quelque sorte, qu'une application du droit commun en matière de domicile. En effet, c'est une règle fondée sur la nature des choses et partout admise, que le seul fait d'une habitation réelle dans un autre lieu n'implique ni n'opère aucun changement de domicile; qu'il faut, en outre, l'intention d'y fixer son principal établissement (1).

L'exposé des motifs du code Napoléon définit le domicile : « le lieu où une personne a établi sa » demeure, le centre de ses affaires, le siège de sa » fortune, d'où cette personne ne s'éloigne qu'avec le

(1) Voir le n° 42.
(2) Voir plus loin les nᵒˢ 128, 129, et le chapitre IV.
(1) Code Napoléon, art. 103; — 1. 27, § 1, *ad municipalem;* — 1. 1, § 7, *de incolis.*

» désir et l'espoir d'y revenir dès que la cause de son
» absence aura cessé (2). » Or, n'est-il pas évident que
c'est bien dans le pays d'où il a été envoyé, que l'agent
diplomatique conserve le centre de ses intérêts, ses
relations de famille et son patrimoine? Son absence
peut être de longue durée, mais sa mission est
toujours précaire : il peut être appelé d'un moment
à l'autre au pays qu'il représente, ou être envoyé à
une autre résidence ; ét, dans toute hypothèse, il ne
perd jamais l'esprit de retour (3).

96. Du principe que les agents diplomatiques
conservent leur domicile légal dans leur pays d'origine, découlent divers ordres de conséquences, et
notamment le bénéfice d'être exempt de la juridiction
locale dans toutes les matières qui dépendent, par
leur nature, de la loi du domicile.

Quant à la question de savoir quelles sont les
matières qui relèvent, à raison de leur nature, de
la juridiction nationale du bénéficiaire, elle est, de
toutes celles qui se rattachent à notre sujet, la plus
délicate et la plus controversée. Nous en ferons

(2) Locré, t. II, n° 2.
(3) Le droit romain admettait aussi que le fonctionnaire qui est
envoyé au loin pour remplir une mission du prince, n'est point
censé renoncer au domicile qu'il avait avant son départ.

l'objet d'un examen spécial; à la suite de quoi nous aurons aussi à rechercher s'il appartient au bénéficiaire de l'immunité de se soumettre volontairement à la juridiction du lieu de sa résidence, dans les causes qui dépendent, en principe, de sa juridiction nationale.

Toutefois, il importe de mentionner préalablement quelques autres effets de l'exterritorialité en matière civile.

97. De la fiction de l'exterritorialité, le droit des gens a d'abord déduit cette règle que la succession de l'ambassadeur s'ouvre au lieu de son domicile légal; d'où les conséquences suivantes :

1° Que les autorités locales n'ont à prendre aucune mesure conservatoire, telles qu'apposition des scellés ou inventaire. Et, en effet, selon l'usage généralement reçu, c'est un membre de la légation qui prend ces mesures, tant pour les biens personnels de l'ambassadeur que pour les papiers de l'ambassade.

2° Que les tribunaux locaux ne peuvent s'immiscer en aucune façon dans les opérations de la succession.

3° Qu'aucun droit de succession ne peut être prélevé au préjudice des héritiers de l'ambassadeur, mais seulement un droit de mutation sur les immeubles (*a*).

98. D'un autre côté, on peut encore établir en principe, comme une règle du droit des gens et comme une suite naturelle de l'exterritorialité, que les agents diplomatiques ne sont pas tenus, pour les actes unilatéraux de leur vie civile, à l'observation des formes impérativement prescrites par la loi du lieu de leur résidence.

Il est vrai que le recours aux formes édictées par la loi nationale est, en thèse générale, une faculté de droit commun, la règle : *Locus regit actum* n'étant qu'une facilité accordée au regnicole de suivre en outre les formes usitées dans le pays où il réside momentanément; mais les législations particulières de chaque pays n'en prescrivent pas moins certaines formes, à peine de nullité, pour certains actes passés dans le pays. C'est à cette règle que l'exterritorialité déroge. L'acte qui concerne un agent diplomatique sera valable dans le lieu de sa résidence, quoiqu'il y ait été passé en conformité de la loi nationale de l'agent; et ce, en conformité de la règle : *Locus regit actum*, parce qu'il est censé avoir été passé dans le pays de l'agent.

(*a*) Paris, 22 juillet 1815. (DALLOZ, loc. cit., n⁰ˢ 82 et 144.) — *Pandectes belges*, loc. cit., n⁰ˢ 304 à [306; — KLÜBER, loc. cit., §§ 209 et 230.

Il nous semble pourtant évident que la dérogation à la loi territoriale ne peut concerner que les *actes unilatéraux*, et qu'il ne peut appartenir au bénéficiaire de l'immunité de s'affranchir des formes locales dans ses rapports contractuels avec des personnes auxquelles le bénéfice de l'exterritorialité n'appartient pas.

La fiction de l'exterritorialité a été spécialement appliquée par la jurisprudence française à la faculté de tester (1); et cela à juste titre. Toutefois, c'est à tort, croyons-nous, que certains publicistes ont déduit de cette jurisprudence cette doctrine générale que « l'ambassadeur ne serait pas tenu de suivre les lois » de la nation où il exerce ses fonctions, pour la » forme des actes relatifs à sa personne, à sa famille » ou à ses biens (2) » ; car dans les actes bilatéraux, l'observation des formes locales s'impose. A la vérité, ces actes pourront bien être tenus pour valides dans le pays que représente l'agent, conformément au droit commun, s'ils ont été passés dans les formes édictées par la loi de ce pays ; de même que les actes passés dans celui de sa résidence et en conformité des lois locales, y seront valables, en vertu de la règle : *Locus regit actum*. Mais il est clair que

(1) Dalloz, loc. cit., nᵒˢ 81 et 83.
(2) Dalloz, loc. cit., nᵒ 86 ; — et Fœlix, loc. cit., nᵒ 185.

l'exterritorialité diplomatique ne peut faire admettre une dérogation à la loi locale dans les relations d'affaires que la personne privilégiée a avec des regnicoles ou en général avec toute personne assujettie à la loi locale (3).

(3) Voir sur les rapports de l'exterritorialité diplomatique et de la règle : *Locus regit actum*, une discussion assez confuse dans LAURENT, loc. cit., n° 82. — Voir aussi ESPERSON, loc. cit., n° 155, et PASQUALE FIORE, loc. cit., n° 1198.

CHAPITRE II

Du bénéfice d'exemption de la juridiction civile

§ 1. ÉTENDUE MATÉRIELLE DE L'IMMUNITÉ

99. L'exercice de la juridiction criminelle touche intimement et directement à la personnalité du justiciable; elle met en péril non seulement son patrimoine, mais encore sa liberté, son honneur et jusqu'à sa vie même; et, conséquemment, elle est de nature à porter une grave atteinte au libre exercice des fonctions diplomatiques, encore que le caractère public du fonctionnaire ne soit pas en cause. Mais il n'en est pas de même de la juridiction civile. Celle-ci ne peut compromettre les intérêts d'ordre international que les agents diplomatiques représentent au lieu de leur mission, qu'exceptionnellement et indirectement; et il semble qu'il suffirait amplement à la sauvegarde de ces intérêts, d'interdire toute ingérence de la magistrature locale dans les causes relatives à l'exercice des fonctions du diplomate, comme toute procédure d'exécution qui serait de nature à porter atteinte à l'inviolabilité de sa personne ou à la franchise de sa demeure. Que si l'incompétence de la juridiction territoriale a été néanmoins étendue jusqu'aux conflits d'un caractère purement privé dans lesquels des représentants d'une puissance étrangère peuvent se trouver engagés au lieu de leur résidence, c'est uniquement à raison de la difficulté qu'il y aurait à distinguer, dans la pratique, ce qui concerne l'indépendance et la dignité de la mission de ce qui ne touche qu'aux intérêts privés de l'agent; et aussi, parce qu'une juridiction dépourvue des moyens ordinaires d'exécution et de contrainte, ne serait, en somme, pour les justiciables, que d'une médiocre efficacité.

Ces considérations établissent le caractère relatif de l'immunité civile et ses limites naturelles. Il en résulte qu'elle ne peut concerner que *les causes qui touchent directement à la personnalité publique ou privée du bénéficiaire.*

100. C'est ainsi qu'il est admis, sans difficulté, que l'exemption de la juridiction civile ne s'étend pas aux matières réelles immobilières, lesquelles restent nécessairement régies par la loi et par la juridiction du lieu de la situation de l'immeuble, selon les législations de toutes les nations et conformément à la nature même des choses.

Les contestations qui concernent la propriété foncière échappent forcément au *forum* du domicile et surtout à la compétence d'une juridiction étrangère. D'un autre côté, les biens immobiliers ne sont pas comme les meubles attachés à la personne, de telle sorte qu'ils puissent être réputés hors du territoire avec elle. Enfin, la qualité de propriétaire foncier n'a aucune espèce de rapport avec le caractère représentatif d'un ambassadeur. C'est pourquoi il est universellement admis que les actions réelles relatives aux biens-fonds qu'un ambassadeur pourrait acquérir ou posséder dans le territoire de l'État près duquel il est accrédité, restent du ressort exclusif de la juridiction de cet État.

Certains auteurs semblent admettre une exception à cette règle, en faveur de l'immeuble servant à la résidence officielle de l'ambassade. Mais il y a là une confusion d'idées qui saute aux yeux. L'exterritorialité n'est qu'une fiction, qui a pour objet de garantir l'inviolabilité et l'indépendance des ministres étrangers, et cette fiction prend certainement fin, comme toute autre fiction, avec les raisons qui lui servent de base. Il en résulte que si l'hôtel d'une légation étrangère peut échapper à toute saisie, à toute procédure d'exécution pendant toute la durée de l'ambassade et en tant qu'il conserve son caractère de résidence diplomatique, cet hôtel n'en reste pas moins soumis comme immeuble à la puissance domaniale de la souveraineté territoriale, au double point de vue juridictionnel et fiscal, comme toute autre portion du territoire national (*a*).

101. Les questions immobilières sont peut-être les seules qui ne prêtent, en l'occurrence, à aucune controverse sérieuse.

L'immunité de juridiction n'est certainement pas absolue en matière civile comme en matière pénale. Mais quel est au juste le principe de la compétence territoriale à l'égard des représentants d'une puissance étrangère, en ce qui concerne les matières personnelles ou mobilières?

(*a*) Grotius, ch. XVII, art. 9; — Bynkershoek, ch. XVI, § XI; — Vattel, l. IV, ch. VIII, § 113; — Réal, t. V, ch. I, § 4; — Merlin, loc. cit., sect. V, § IV, art. VI; — G.-F. de Martens, § 217; — Ch. de Martens, § 23; — Klüber, § 210; — Heffter, § 42; — Phillimore, II, n° 180; — Wheaton, I, ch. VII, § 16; — Bluntschli, n° 150; — Foelix, n° 189; — Ch. Calvo, § 529; — Pradier-Fodéré, n° 1443; — Fr. de Martens, II, n° 14; — *Pandectes belges*, loc. cit., nᵒˢ 288 et 289.

Voir le § 20 de la loi d'organisation judiciaire de l'empire d'Allemagne. (N° 57.)

Cette question donne lieu, dans la doctrine, aux plus grandes divergences de vues.

De prime abord, il semble logique que la compétence de la juridiction territoriale s'étende, en thèse générale, à toutes les causes qui sont de son ressort ordinaire à l'égard des étrangers non domiciliés dans le pays.

C'est ce qu'enseignent divers auteurs notables, tels que Heffter, Bluntschli, Gand et Favard (1), à la suite peut-être de Grotius (2).

Cette doctrine, nous la retrouvons résumée comme suit dans le mémoire du duc d'Aiguillon : « L'immunité du ministre public consiste essentiel-

----

(1) Voir la note *a* du n° 10.

(2) Toutefois, Grotius n'a pas suffisamment développé sa thèse pour qu'on puisse en apprécier exactement la portée. « La dernière conséquence de Grotius, dit BYNKERSHOEK, est d'en venir aux voies qu'on prend contre les débiteurs qui sont hors du territoire. Il ne marque point quelles sont ces voies. Et comme il n'entend ni la voie d'ajournement en justice, ni la détention en vertu d'une saisie, je ne comprends guère ce qu'il veut dire. » (Ch. IX, § XIV.) Il est probable, pour nous, que Grotius faisait allusion à la faculté de procéder par la voie d'une saisie des biens soumis à la juridiction locale. Mais il se peut toutefois qu'il ait voulu simplement parler de la faculté de poursuivre la personne privilégiée devant les tribunaux de son domicile. Néanmoins, on peut observer, dans le sens de l'interprétation de Heffter, que c'est à propos de la juridiction criminelle que Grotius parle d'une fiction d'exterritorialité passée dans la coutume des nations, et qu'à propos de la juridiction civile il se borne à proclamer des réserves quant aux voies d'exécution. (Voir le n° 8.)

» lement à le faire considérer comme s'il continuait
» à résider dans les États de son maître. Rien n'em-
» pêche donc d'employer vis-à-vis de lui les moyens
» de droit dont on userait s'il se trouvait dans le
» lieu de son domicile ordinaire (3). »

De même, Heffter prétend soumettre l'exterritorial à la juridiction du pays où il réside, « dans
» toutes les affaires privées pour lesquelles il serait
» tenu de répondre en justice même s'il n'y résidait
» pas; car, dit-il, dans les affaires de cette sorte,
» la juridiction territoriale ne saurait être moins
» compétente dans le cas où la personne exempte
» réside dans le pays même, que dans le cas con-
» traire ».

Cette théorie séduit à première vue par ses appa-
rences logiques. Mais pourtant elle est inacceptable,
en ce qu'elle prétend appliquer à l'interprétation
d'une coutume internationale des règles tirées
des législations particulières des États, dans une
matière où celles-ci varient essentiellement d'un pays
à un autre. Elle revient ainsi à méconnaître ce
principe primordial : « qu'il ne faut pas décider par
» les lois politiques les choses qui appartiennent au
» droit des gens (4) », de même que cette autre

(3) Voir l'annexe.
(4) Cette maxime sert d'intitulé au chapitre XXI du livre XXVI

maxime de Montesquieu : « que dans les matières qui
» dépendent du droit des gens, il faut suivre les
» raisons tirées du droit des gens, et non celles qui
» dérivent du droit politique (5). »

Si encore toutes les législations avaient, pour les
matières personnelles ou mobilières, un même système de compétence à l'égard des étrangers non
domiciliés, leur application aux ministres étrangers
serait peut-être admissible, en théorie. Mais il n'en
est pas ainsi ; les législations offrent au contraire sur
ce point les plus grandes discordances.

Il est vrai que la plupart d'entre elles n'accordent
un recours devant la juridiction territoriale, à l'égard
des étrangers non domiciliés, que dans certaines circonstances spéciales, qui semblent justifier une dérogation au principe : *Actor sequitur forum rei* (6).

de l'*Esprit des lois*, chapitre que nous avons reproduit intégrale-
ment au n° 80 du présent traité.

(5) MONTESQUIEU, loc. cit. — Il est clair que Montesquieu emploie
ici les expressions *lois politiques* et *droit politique* pour désigner
les législations particulières des États, par opposition au *droit des
gens* qui règle les relations entre États.

(6) Code de procédure civile de Prusse, t. II, §§ 22 à 29, 114, 119,
120, 148 à 150 ; — code de procédure civile de Bavière, ch. I, § 6,
7 et 8, et ch. IV, § 5 ; — code de procédure civile d'Autriche, ch. 29,
§ 286 ; — code de procédure danois, t. VI, 1re partie ; — lois
civiles de Russie, X, 2263 ; — code de procédure civile pour
l'empire d'Allemagne du 30 janvier 1877, art. 18, 21, 22, 24 à 29,
31 et 33 ; — code de procédure italien, art. 105 et 106 ; — loi belge

Mais il en est d'autres qui attribuent aux regnicoles
la faculté exorbitante de traduire l'étranger devant
leur propre juridiction nationale, même pour des
obligations contractées à l'étranger et quoique le
défendeur n'ait ni un domicile ni une simple résidence dans le ressort territorial de cette juridiction (7).

du 25 mars 1876, art. 52; — code des tribunaux mixtes égyptiens,
art. 14.

Plusieurs de ces textes sont mentionnés dans le *Traité élémentaire du droit international privé*, de WEISS, et dans celui de
FOELIX, nos 148 et 188. — Voir le numéro suivant.

(7) Code Napoléon, art. 14 : « L'étranger, même non résidant
en France, pourra être cité devant les tribunaux français pour
l'exécution des obligations par lui contractées en France avec un
Français ; il pourra (aussi) être traduit devant les tribunaux de
France *pour les obligations par lui contractées en pays étranger
envers des Français.* »

— Dans le même sens, le code de procédure néerlandais,
art. 127, et le code de procédure hellénique, art. 28.

— Le système du droit français a été récemment abandonné
dans divers pays, notamment en Belgique et dans le grand-
duché de Bade.

—La nouvelle loi belge sur la compétence, du 25 mars 1876, est
analogue au système généralement suivi dans les pays allemands.
Les étrangers peuvent être assignés devant les tribunaux belges
dans les cas suivants : « 1° en matière immobilière ; 2° s'ils ont en
Belgique un domicile ou une résidence, ou s'ils y ont fait élection
de domicile ; 3° si l'obligation qui sert de base à la demande
est née, a été ou doit être exécutée en Belgique ; 4° si l'action
est relative à une succession ouverte en Belgique ; 5° s'il s'agit de
demandes en validité ou en mainlevée de saisies-arrêts formées
dans le royaume, ou de toutes autres mesures provisoires ou
conservatoires ; 6° si la demande est connexe à un procès déjà
pendant devant un tribunal belge ; 7° s'il s'agit de faire

Ces variétés et ces discordances qu'offrent les législations particulières des États, sont incompatibles avec le principe de la réciprocité, règle essentielle du droit des gens. Leur application aboutirait à cette conséquence inadmissible d'assujettir les ministres étrangers à la juridiction territoriale, *en toutes matières civiles,* dans les pays régis par le droit français, au moins dans leurs rapports avec les regnicoles ; et d'ailleurs elle aboutirait partout à des résultats irrationnels. C'est ainsi notamment qu'elle aurait partout pour effet de soumettre les ministres étrangers à l a juridiction du lieu de leur résidence,

déclarer exécutoires en Belgique les décisions judiciaires rendues ou les actes authentiques passés en pays étranger ; 8° s'il s'agit d'une contestation en matière de faillite, quand cette faillite est ouverte en Belgique ; 9° s'il s'agit d'une demande en garantie ou d'une demande reconventionnelle, quand la demande originaire est pendante devant un tribunal belge ; 10° dans le cas où il y a plusieurs défendeurs dont l'un a en Belgique son domicile ou sa résidence. »

— Le code de procédure italien stipule ce qui suit :

Art. 105. « L'étranger n'ayant pas de résidence dans le royaume peut être assigné par-devant les autorités judiciaires du royaume, quoiqu'il ne s'y trouve pas :

» 1° S'il s'agit d'actions relatives à des biens immeubles ou des biens mobiliers existant dans le royaume ;

» 2° S'il s'agit d'obligations nées à l'occasion de contrats ou de faits qui se sont passés dans le royaume ;

» 3° Dans tous les autres cas où cela peut se faire par réciprocité. »

Art. 106. « Outre les cas indiqués dans le précédent article, pour les obligations nées dans ce lieu ou destinées à y être exécutées, ce qui constituerait une sorte de retour à des traditions romaines auxquelles le système de l'exterritorialité a eu précisément pour but de déroger (8).

102. Tous les auteurs s'accordent généralement à reconnaître que le *forum contractus* ne peut être invoqué contre un ministre étranger, le droit des gens ayant consacré sur ce point spécial une dérogation aux lois locales.

Il est certain en effet que les raisons de l'immunité diplomatique s'appliquent indistinctement aux dettes

l'étranger peut être assigné par-devant les autorités judiciaires du royaume pour des obligations contractées en pays étranger :

» 1° S'il a sa résidence dans le royaume, quoiqu'il ne s'y trouve pas actuellement ;

» 2° S'il se trouve dans le royaume, quoiqu'il n'y ait pas sa résidence, pourvu que l'assignation soit remise à sa personne. »

— Dans les pays anglo-saxons, d'après les témoignages de Wheaton et de Story (rapportés par Foelix, loc. cit., n°ˢ 148 et 168), toutes les actions personnelles peuvent être portées devant tout juge *dans le ressort territorial duquel se trouve l'étranger,* en quelque lieu que l'action ait pris naissance.

Le même système est suivi en Portugal : « Les étrangers, *quand ils sont rencontrés en Portugal,* peuvent être actionnés devant les justices portugaises pour des obligations contractées avec des Portugais en pays étranger. » (Art. 28 du code civil portugais.)

(8) Le *forum contractus* est en effet le plus souvent admis à l'égard de l'étranger non domicilié, dans les législations modernes.

quelconques contractées par l'envoyé dans le pays de sa résidence et pendant le cours de sa mission, comme à celles qu'il pourrait avoir contractées à l'étranger antérieurement à son envoi en députation (1).

Peu importe, au surplus, la forme du contrat.

Il n'y a évidemment aucune exception à faire en ce qui concerne les contrats passés devant notaire.

Il peut bien y avoir lieu à l'interprétation d'un tel contrat sur le point de savoir s'il a été fait dans le but d'assujettir les contractants à la juridiction locale; mais il est clair que le recours à la forme authentique n'implique point, par lui-même, une intention de se soumettre à une juridiction dont on est affranchi en principe (2).

(1) BYNKERSHOEK, ch. XVI, § II ; — MERLIN, loc. cit., sect. V, § IV, art. IX ; — GUICHARD, *Traité des droits civils*, n° 230 ; — DALLOZ, loc. cit., n° 121 ; — *Pandectes belges*, loc. cit., n°s 280 et 285. — « L'immunité s'applique, dit un auteur français, à tous les actes de la vie civile se rattachant aux fonctions de l'envoyé diplomatique et à tous les engagements dérivant comme une conséquence nécessaire de sa présence sur le territoire français. » (Voir le *Journal...* de CLUNET, 1878, p. 500.) — Voir le n° 21.

(2) WICQUEFORT soutient, dans son livre *L'Ambassadeur et ses fonctions*, qu'un contrat passé par-devant notaire soumet le ministre étranger à la juridiction du lieu de la passation du contrat; à quoi Bynkershoek répond : « Je ne vois pas bien pourquoi un ambassadeur pourrait être appelé en justice pour cause d'un contrat passé devant notaire plutôt que pour tout autre contrat. Si jamais ce grand défenseur des ministres

103. La plupart des législations modernes admettent à l'égard des étrangers non domiciliés le *forum arresti*, ce qui s'entend de la compétence à l'égard des demandes en validité ou en mainlevée des saisies-arrêts ou autres mesures provisoires ou conservatoires pratiquées sur les biens situés dans le ressort du tribunal saisi de ces demandes (1).

Cette règle de compétence est-elle admissible à l'égard d'un ministre étranger?

En théorie pure, nous n'hésitons pas à répondre affirmativement, aucun motif tiré du droit des gens ne s'opposant, selon nous, à la recevabilité d'une demande de cette nature.

A la vérité, la fiction de l'exterritorialité veut que le ministre étranger soit considéré comme continuant

étrangers s'est trompé, c'est ici sans contredit. Mais comme il n'entendait pas le droit privé, il ne faut pas s'étonner qu'il soit tombé dans cette fausse pensée. »

« Le droit privé actuel, dit Merlin, bien différent des lois romaines, ne fait dériver de la passation d'un contrat en un lieu donné aucune soumission aux tribunaux de ce lieu. »

Depuis, les législations ont varié sur ce point; mais ces variations n'ont pu exercer aucune influence sur des règles consacrées par le droit des gens.

Le mémoire du duc d'Aiguillon adopte l'opinion de Wicquefort; mais l'on sait que c'est une œuvre de polémique et partant de parti pris. — Voir le n° 119.

(1) Dans l'ancien droit de la plupart des pays, la voie de la saisie provisoire était le mode ordinaire de procéder à l'égard des étrangers non domiciliés. (Voir les n°s 9, 19, 25 et 31.)

à résider dans le pays d'où il a été envoyé; et cette fiction ne s'étend pas seulement à sa personne, mais encore à tous les biens qui servent à son usage personnel, à l'entretien de sa maison et aux besoins de sa représentation. Mais si le ministre possède dans le pays de sa résidence effective des biens-fonds qui n'ont aucun rapport avec les besoins de sa mission, s'il s'y livre à des entreprises ou à des spéculations industrielles ou commerciales incompatibles avec son caractère public, s'il ouvre une boutique dans le lieu de son ambassade, pourquoi ne pourrait-on pas fonder la compétence de la juridiction locale sur la saisie de ses immeubles, de ses revenus, de ses marchandises, de ses créances, et en général de tous les biens qui sont saisissables à raison de leur nature extra-diplomatique (2)?

Nous ne voyons rien qui s'y oppose.

Le ministre étranger est affranchi de la juridiction du lieu de son ambassade, « parce qu'il n'est là que pour les affaires de son office (3). » Mais s'il s'occupe d'affaires étrangères à son office, pourquoi ne serait-il pas assujetti à la juridiction locale, au moins par

(2) Quant aux biens saisissables, voir le n° 128.

(3) C'est en ces termes que l'exterritorialité est très bien caractérisée par un précurseur de Grotius. (Voir la note 3 du n° 7.)

une conséquence indirecte d'une saisie de ceux de ses biens qui, faute d'une exemption formelle, restent assujettis à cette juridiction? Si les nations ont voulu que les actions personnelles ou mobilières dirigées contre un ministre étranger, soient portées, en thèse générale, devant les tribunaux de son pays, au lieu de son domicile légal, c'est uniquement parce que c'est dans ce lieu que le ministre étranger a le plus souvent le centre de ses affaires, son patrimoine, son principal établissement, en sorte qu'il serait sans intérêt pour les personnes qui ont contracté avec un ministre au lieu de sa mission, de le poursuivre dans ce lieu. L'exécution du jugement à intervenir serait, en effet, paralysée par les franchises qui protègent la résidence diplomatique, et le poursuivant serait ainsi forcé de recourir à la juridiction du domicile de son débiteur pour obtenir l'exécution du jugement, ce qui le plus souvent entraînerait une revision partielle ou totale du procès. Dans ces conditions, le créancier d'un ministre étranger est lui-même intéressé à le poursuivre directement au lieu de son domicile légal. Mais si le ministre possède dans le pays de sa résidence des biens saisissables, pourquoi ne pourrait-on pas les saisir et fonder là-dessus la compétence de la juridiction locale? Pourquoi obliger le créancier à se pourvoir à l'étranger en obtention d'un titre exécutoire, qui, peut-être, n'y sera susceptible d'aucune exécution, parce que le ministre aura le siège de sa fortune au-lieu de son ambassade? Et pourquoi lui imposer, dans toute hypothèse, les frais frustratoires d'une double procédure? Nous nous le demandons vainement.

Les nations n'ont pas voulu que l'ambassade pût avoir pour conséquence de créer un lien de *sujétion personnelle* entre leurs mandataires et la souveraineté étrangère qui les aurait accueillis en cette qualité. Mais il ne s'ensuit aucunement que l'indépendance personnelle du ministre étranger doive avoir pour conséquence d'affranchir de la souveraineté territoriale des biens quelconques, meubles ou immeubles, qui dépendent naturellement de cette souveraineté à raison de leur situation et de leur nature extra-diplomatique. Que la fiction de l'exterritorialité puisse s'étendre aux biens mobiliers qui servent à l'usage de l'ambassadeur et à ses besoins de représentation, à ses bagages, à ses équipages, à sa demeure et au mobilier qui la garnit, cela se conçoit très bien ; mais lorsqu'il s'agit de biens qui n'ont aucune espèce de rapport avec les besoins de l'ambassade, l'exterritorialité doit évidemment cesser avec les motifs qui lui servent de base.

Cette opinion a pour elle la grande autorité de Bynkershoek et des nombreux auteurs qui l'ont suivi dans la même voie. Néanmoins, il faut bien reconnaître qu'elle a contre elle des textes positifs. L'ordonnance néerlandaise de 1679 est peut-être douteuse ; elle se borne, en effet, à reconnaître l'insaisissabilité des *effets* de l'ambassadeur, ce qui ne peut s'entendre de toutes espèces de biens mobiliers. Mais l'ordonnance danoise de 1708 et le statut anglais de 1709 sont plus explicites : la première défend « tout arrêt », et la seconde « toute rétention, saisie » ou arrêt de biens meubles ou immeubles (4). »

Une disposition formelle du code de procédure prussien décide de même « qu'aucune saisie ne peut » être autorisée par le juge... contre les ambassa- » deurs ou chargés d'affaires accrédités près la cour » de Prusse, à moins que, lors de leur nomination, » la juridiction des tribunaux du royaume n'ait » été réservée à leur égard (5). »

On remarquera cette disposition du code prussien. Elle fournit manifestement un témoignage en faveur de la doctrine que nous venons de préconiser.

104. La question de savoir si le *forum arresti* est

(4) Voir les nᵒˢ 18, 24 et 30.
(5) Voir le nᵒ 55.

applicable à l'égard d'un envoyé étranger a donc été tranchée, dans le sens négatif, par des textes formels.

Quoi qu'il en soit, on peut, croyons-nous, établir comme une règle générale qu'en dehors des cas où la soumission du ministre étranger à la juridiction territoriale résulterait d'une saisie de biens saisissables, son immunité de juridiction concerne toutes les actions personnelles ou mobilières qui dépendent, en principe, du domicile.

Que si des difficultés peuvent résulter, dans la pratique, des diversités que les législations particulières des États offrent à cet égard, c'est évidemment à la loi du domicile du défendeur qu'il faudra recourir pour les résoudre ; c'est cette loi qu'il faudra consulter pour savoir quelles sont les actions personnelles ou mobilières qui dépendent ou non du domicile ; et, en cas de doute, c'est évidemment au *forum* du défendeur qu'il faudra s'en tenir, de même qu'au vieil adage : *Mobilia sequuntur personam.*

Quelques législations établissent, en certaines matières mobilières, des dérogations à la compétence ordinaire du *forum rei*. Il en est, par exemple, qui établissent une compétence déterminée par la situation de la chose qui forme l'objet du litige ; notamment, dans certaines causes se rattachant à la location d'un immeuble, lorsqu'il s'agit, par exemple, d'obtenir une expulsion de lieux loués (*a*). Le contrat de louage n'engendre que des rapports purement personnels, selon la rigueur des principes généralement reçus; mais il y a cependant des législations qui assimilent les actions dérivant de ce contrat aux actions réelles, au point de vue de la compétence. Il y a donc lieu de se demander si, dans un cas pareil, le magistrat territorial pourra retenir la connaissance de la cause.

Rien n'y fait obstacle, à nos yeux, quand la loi de la nation à laquelle le ministre étranger appartient, admet elle-même, dans un pareil cas, une compétence réelle, c'est-à-dire déterminée par la situation de la chose qui forme l'objet du litige. Certes, le magistrat territorial ne pourra pas retenir la connaissance du litige en se fondant exclusivement sur les règles particulières de la loi locale. Mais si le litige ne dépend pas du domicile du défendeur, en vertu de la loi de son domicile, il nous semble évident que la juridiction locale sera forcément compétente,

______

(*a*) Voir par exemple l'art. 821 du code de procédure italien, et le § 54 du règlement autrichien sur la juridiction.

D'après cette dernière disposition, certaines actions mobilières peuvent être indifféremment portées soit devant le tribunal du domicile du défendeur, soit devant le tribunal du lieu où se trouve l'objet litigieux. Dans un cas pareil, nous croyons, avec SLATIN (loc. cit., p. 466), que c'est le *forum* du domicile qui doit prévaloir.

à moins d'admettre que l'immunité diplomatique
puisse avoir pour conséquence de soustraire le bénéficiaire de cette immunité à toute juridiction, ce qui
semble radicalement inadmissible.

105. Nous concluons que la juridiction territoriale
est compétente à l'égard des ministres étrangers,
dans tous les cas où la compétence doit être déterminée, d'après la loi du domicile du défendeur, par
la situation de l'objet litigieux (que cet objet soit
mobilier ou immobilier), et que toutes autres actions
doivent être portées devant la juridiction nationale
du défendeur, sauf peut-être le cas où la compétence
de la juridiction territoriale résulterait d'une saisie
conservatoire de biens saisissables.

Mais nous ne pouvons admettre qu'il y ait lieu de
faire aucune autre distinction.

Quel que soit le contrat, qu'il s'agisse d'une vente,
ou d'un louage, ou de tout autre acte de la vie civile;
qu'il s'agisse d'une contestation de pur droit civil ou
d'une cause commerciale; que l'obligation soit née
avant ou pendant la mission; qu'elle se rattache ou
non à l'exercice des fonctions diplomatiques (1);

____

(1) Voir un arrêt de la cour de Paris du 5 avril 1843 (Sirey,
2,306), rejetant la distinction entre les actes inhérents ou étrangers aux fonctions diplomatiques. Il s'agissait, dans l'espèce,
d'un agent diplomatique qui aurait violé un dépôt.

qu'elle ait été contractée envers un regnicole ou envers un étranger..., tout cela importe peu. Aucune de ces distinctions ne peut servir de base rationnelle à un règlement de compétence, et aucune d'elles n'est d'ailleurs admise par la jurisprudence internationale (2).

Il nous reste à rencontrer diverses questions soulevées par la doctrine.

106. Un publiciste autrichien (1) conteste l'immunité diplomatique en matière de louage d'immeubles :

1° A raison de l'analogie que les actions dérivant d'un tel contrat ont avec les actions réelles ;

2° A raison de leur caractère d'urgence ;

(2) D'après PRADIER-FODÉRÉ (loc. cit., n° 1450), « l'immunité complète de la juridiction civile (dans les matières personnelles ou mobilières) semble être la règle de la jurisprudence française ». — HEFFTER (§ 42, n° VI) déclare, de son côté, « que la jurisprudence internationale ne reconnaît en général la compétence des tribunaux locaux qu'en matière réelle ou lorsqu'il s'agit de demandes reconventionnelles ou accessoires à la demande principale formée par la personne exempte ». (Sur ce second point, voir le n° 122.) — En Italie, d'après PASQUALE FIORE (n° 1153 de l'édition française), la question de compétence territoriale ayant été invoquée « pour certaines actions qui, par des considérations spéciales, sont assimilées à des actions réelles », les tribunaux se prononcèrent dans le sens négatif, en décidant que « l'immunité est, d'après le droit des gens, pleine et absolue ». — Voir aussi les *Pandectes belges*, loc. cit., n°s 279 à 285.

(1) SLATIN, loc. cit., p. 468 et 469.

3° A raison de l'influence que les coutumes locales exercent en cette matière (2).

Le *Journal du droit international privé,* de Clunet, nous semble avoir très bien démontré l'inanité de ces raisons. Qu'importe l'analogie qu'un procès de louage peut avoir avec une matière de droit réel, si pourtant le contrat n'engendre que des droits d'obligations! Sans doute, les procès de ce genre nécessitent une solution rapide; mais combien d'autres procès offrent un semblable caractère d'urgence, sans échapper pour cela à la juridiction ordinaire du domicile! La connaissance de la coutume locale peut être nécessaire à l'interprétation du contrat; mais il en est de même dans une foule d'autres cas, et pourquoi ferait-on une exception pour ce cas spécial?

Ces objections sont pertinentes. Mais la question nous semble pourtant devoir être placée sur un autre terrain. Il ne s'agit pas de savoir si dans tel ou tel cas la nécessité de recourir à la juridiction natio-

(2) D'après cet auteur, la compétence de la juridiction locale a été reconnue par un arrêt de la cour suprême du 28 août 1874. Mais il est à remarquer que, dans cette espèce, l'ambassadeur avait lui-même porté devant la juridiction autrichienne une action en dénonciation du bail et se refusait à répondre devant cette juridiction aux exceptions soulevées contre sa demande; ce qui était manifestement idiot. L'autorité de cet arrêt est donc nulle en ce qui concerne la question qui nous occupe maintenant. L'espèce se rattache plutôt à la question traitée au n° 122.

nale du défendeur peut présenter des inconvénients pratiques pour le créancier d'un ambassadeur (à ce compte-là, autant vaudrait supprimer tout d'un coup les privilèges diplomatiques); mais il s'agit de savoir si l'immunité de juridiction s'impose par des considérations d'ordre international dans les questions qui touchent à la personnalité de l'ambassadeur. Et y en a-t-il qui y touchent plus intimement que celles qui concernent le fait même de la résidence diplomatique?

S'il fallait consulter les convenances des créanciers de l'ambassadeur, il n'y a pas de dérogation au principe de l'immunité qui ne serait justifiable. Une créance fondée sur un contrat de louage serait-elle, par hasard, plus respectable que toute autre créance? Mériterait-elle un traitement spécial? Déjà, elle est privilégiée et le bailleur jouit de diverses garanties particulières. Faut-il, parce qu'on lui a accordé des faveurs qui n'appartiennent pas au commun des créanciers, déroger encore à son profit à une règle de compétence qui est fondée sur des considérations d'intérêt international? Évidemment non. Ce créancier savait à quoi s'en tenir lorsqu'il a traité avec l'ambassadeur, et il avait, d'ailleurs, la faculté de subordonner la passation du contrat à la condition que son preneur se soumettrait à la juridiction locale (3). Il ne peut donc imputer ses mécomptes qu'à sa propre imprévoyance.

Il a, du reste, comme tout autre créancier, la ressource d'agir par la voie diplomatique.

La dérogation au principe de l'immunité que l'on réclame en faveur des bailleurs d'immeubles, ne se justifie donc en aucune façon.

Le publiciste autrichien qui préconise cette dérogation, se montre, au surplus, fort inconséquent. Il invoque, en effet, l'analogie que les procès de louage offrent avec les contestations de droit réel; et cependant, lui-même pose en principe que la règle de la compétence domiciliaire doit prévaloir, même dans les cas où la loi locale assimile certaines actions mobilières aux actions réelles (ce qui, d'ailleurs, ne nous semble vrai que pour autant qu'une semblable dérogation ne serait pas consacrée par la loi du domicile du défendeur); puis, lorsqu'il traite du privilège locatif, ce grand protecteur des bailleurs d'immeubles ne veut plus qu'il soit dérogé en leur faveur à l'incompétence de la juridiction territoriale, « parce que, dit-il, ce privilège garantit des obliga- » tions personnelles ».

(3) Voir sur ce point les nᵒˢ 115 à 117.

Ainsi, une obligation purement personnelle pourrait donner lieu à un recours devant la juridiction locale, à raison de son analogie avec un droit réel; mais le privilège du bailleur, qui est un droit réel, dépendrait néanmoins de la juridiction du domicile du preneur. Nous avouons ne pas bien saisir le côté juridique de cette théorie.

107. Une autre question de compétence d'un grand intérêt pratique, est celle de savoir s'il y a lieu, en matière d'immunités diplomatiques, de faire une distinction entre les causes commerciales et les contestations de pur droit civil.

Nous cherchons vainement le principe rationnel d'une telle distinction.

Qu'un agent diplomatique puisse être assujetti à la juridiction locale à raison des biens immobiliers ou mobiliers par lui possédés au lieu de sa mission, et spécialement, dans le cas où il s'occuperait de commerce, à raison de ses marchandises, de ses créances commerciales et, en général, de tous biens susceptibles de former l'objet d'une saisie, cela se conçoit parfaitement; l'exterritorialité ne concerne, en effet, que la personne du bénéficiaire et ceux de ses biens qui ont une corrélation intime avec le caractère représentatif de la personne privilégiée.

L'on peut encore discuter la question de savoir —
nous l'examinerons en temps opportun (1) — si le fait
de se livrer habituellement et publiquement à des
opérations commerciales n'est pas de nature à entraîner une déchéance de l'immunité de juridiction.
Mais là n'est pas l'objet du débat. Présentement, il
s'agit de rechercher si l'immunité diplomatique doit
être restreinte aux contestations de pur droit civil,
de telle sorte que le bénéficiaire de cette immunité
resterait assujetti à la juridiction territoriale à raison
de la nature commerciale du litige; car chacun
peut se trouver engagé dans un litige de cette
nature, sans être pour cela un commerçant.

Encore une fois, c'est en vain que nous cherchons
la base rationnelle d'une telle distinction.

Une créance serait-elle plus ou moins respectable,
suivant la nature, commerciale ou civile, de l'engagement contracté par le débiteur? Y aurait-il, dans
tel cas plutôt que dans tel autre, de moindres
inconvénients à autoriser des poursuites contre le
représentant d'une puissance étrangère dans le
lieu de sa résidence diplomatique? Impossible de
le soutenir sérieusement.

La distinction que nous combattons aboutirait,

(1) Voir le n° 168.

dans la pratique, aux conséquences les plus iniques. Il en résulterait, par exemple, que le boulanger, le boucher, l'épicier du coin et tous les fournisseurs ordinaires de l'ambassade, y compris la couturière ou la modiste de Mme l'ambassadrice, ne pourraient agir en justice qu'à l'étranger, devant la juridiction nationale de leur débiteur, pour des dettes le plus souvent minimes et rarement fondées sur des titres, tandis qu'on accorderait un recours devant la juri-diction locale à l'usurier qui aurait prêté de l'argent contre une lettre de change, ou au banquier par l'intermédiaire duquel l'ambassadeur se serait livré à des opérations financières incompatibles avec son caractère représentatif.

Le système aboutirait, en outre, à des résultats tout à fait disparates et les plus contraires au principe essentiel de la réciprocité, par suite de la subtilité de la distinction et à raison des diversités que les législations particulières offrent, conséquemment, à cet égard.

D'autres raisons s'opposent encore à l'admissibilité de la distinction en question. Les déclinatoires de compétence sont des moyens préliminaires à la dis-cussion du fond, qui demandent à être appréciés *in limine litis* et indépendamment du fond; et il en est ainsi surtout lorsqu'ils sont fondés sur la qualité des parties en cause. C'est pourquoi l'on n'a pas admis une distinction, pourtant rationnelle, entre les affaires de la mission et les affaires privées du fonctionnaire. On a craint que le principe de cette distinction n'eût pour conséquence d'engendrer des procès téméraires, vu la difficulté pratique de distinguer, en maintes circonstances, les affaires privées de l'agent de celles qui concernent l'accomplissement de son mandat politique. Or, les mêmes raisons qui ont fait rejeter une distinction rationnelle, s'élèvent contre un système qui exposerait l'agent diplomatique à des poursuites téméraires, à raison du caractère vague et subtil qu'offre la notion de la commercialité d'une cause.

Et même l'on peut dire que c'est surtout dans les causes vraiment commerciales que peuvent se présenter le plus facilement des difficultés d'appréciation sur le caractère privé ou politique de l'acte. Un arrêt de la cour d'appel de Paris, du 12 juillet 1867, offre un exemple remarquable des questions délicates que la pratique révèle à cet égard. Il s'agissait, dans l'espèce, d'une entreprise de publicité entre un diplomate et un journaliste de profession, laquelle se termina par une faillite (2). L'arrêt n'est d'ailleurs

______

(2) Dalloz, *R. P.*, 1867, 2, 112.—Un conseiller de l'ambassade

intéressant qu'au point de vue du fait et de l'enseignement qui en découle, la cour ayant éludé la
question de savoir si l'immunité s'applique au cas
d'une opération commerciale traitée par un agent
diplomatique. « Considérant, dit-elle, qu'en suppo-
» sant qu'il puisse être fait exception à ce principe
» (de l'immunité) pour les agents qui se livreraient
» à des opérations commerciales et à raison de ces
» opérations, le traité par lequel Titcherine (l'appe-
» lant) se serait assuré le droit de disposer de la
» publicité du journal *La Nation*, aurait un caractère

de Russie à Paris avait conclu avec un journaliste un contrat aux
termes duquel celui-ci s'engageait à recevoir les inspirations du
diplomate sur les affaires de la Pologne et en général sur tout ce
qui intéressait la politique russe. Le journaliste devait toucher
un traitement fixe et était autorisé à acquérir, pour le compte du
diplomate, un journal *(La Nation)*, dont il devait être le directeur
effectif et le propriétaire apparent. Les bénéfices de l'entreprise
devaient revenir, comme de raison, au propriétaire réel du
journal, lequel s'engageait à remettre à son mandataire le prix
d'acquisition du journal et à subvenir aux frais de sa publication
jusqu'à concurrence d'une somme de dix mille francs par mois.
L'entreprise aboutit à une faillite et à une assignation du diplomate
devant le tribunal de la Seine, lequel le déclara responsable du
passif créé par son mandataire. Or, voici en quels termes le
tribunal rejeta le déclinatoire d'incompétence soulevé par le
défendeur : « Attendu que, s'il est vrai que Titcherine est agent
diplomatique et que les immunités qu'il invoque appartiennent
aux représentants des gouvernements étrangers afin qu'ils ne
soient pas troublés dans leurs fonctions, ces immunités ne
sauraient les suivre alors qu'ils se livreraient à des actes de
commerce dans leur intérêt privé ; que Titcherine a agi en

» tout autre que celui d'une spéculation faite dans
» un intérêt privé... »

Il eût été pourtant utile de trancher, en cette circonstance, la question, peut-être délicate, mais en
somme très précise, qui se présentait en l'espèce.
L'appelant n'était pas un négociant, mais un diplomate, qui se trouvait accidentellement mêlé à une
affaire manifestement commerciale. Fallait-il le tenir
pour assujetti à la juridiction territoriale à raison de
la nature commerciale du litige? Non, évidemment.
L'appelant invoquait son bénéfice d'exterritorialité,
et à bon droit; il fallait donc apprécier la cause

dehors de ses fonctions de conseiller d'ambassade, et que, dans
l'espèce, en faisant acte de commerce, il s'est placé en dehors
des immunités diplomatiques ».

Sur appel, la cour déchargea l'appelant des condamnations pro-
noncées contre lui, « considérant que c'est un principe certain du
droit des gens que les agents diplomatiques d'un gouvernement
étranger ne sont pas soumis à la juridiction du pays où ils sont
envoyés; que ce principe se fonde sur la nature des choses, qui,
dans l'intérêt respectif des deux nations, ne permet pas que des
agents soient exposés dans leur personne ou dans leurs biens
à des poursuites qui ne leur laisseraient pas une entière liberté
d'action et qui gêneraient les relations internationales auxquelles
ils servent d'intermédiaires...; considérant que s'il peut être fait
exception à ce principe pour les agents diplomatiques qui se
livreraient à des opérations commerciales et à raison de ces
opérations, le traité par lequel Titcherine se serait assuré le
droit de disposer de la publicité du journal *La Nation*, aurait
un caractère tout autre que celui d'une spéculation faite dans
un intérêt privé ».

comme s'il n'avait jamais résidé dans le pays, et, partant, comme s'il n'y avait jamais passé aucun contrat.

La fiction de l'exterritorialité exclut toute recherche sur la nature de l'opération. En effet, l'exterritorial ne peut être considéré comme ayant traité au lieu de sa résidence effective, puisqu'il est censé n'avoir jamais quitté son pays ; et il n'y a, d'autre part, aucune raison d'admettre le *forum contractus,* par une dérogation au privilège de l'exterritorialité, à raison de la nature particulière du contrat. Quel que soit son objet, un contrat ne peut avoir pour conséquence d'assujettir l'exterritorial à la juridiction du lieu de sa passation, dès qu'il n'en dérive que des obligations personnelles, puisque l'exterritorialité a précisément pour but l'affranchissement de toute sujétion personnelle résultant du fait d'une résidence à l'étranger.

Le privilège ne va pas, il est vrai, jusqu'à affranchir la personne privilégiée de la sujétion réelle dérivant des biens qu'elle pourrait posséder au lieu de sa résidence, si ces biens ne sont pas affranchis de cette sujétion à raison de leur nature diplomatique ; mais alors l'ambassadeur reste assujetti à la juridiction territoriale à raison de ses biens, et quelle que soit la nature, civile ou commerciale, de ses engagements personnels.

108. Voilà la doctrine traditionnelle, telle qu'elle a été créée par Bynkershoek (1) et enseignée, à sa suite, par la plupart des publicistes qui ont traité du droit des gens (2).

Cette doctrine, nous la tenons pour bien plus conforme au principe international de l'exterritorialité et, en même temps, pour beaucoup plus équitable que celle qui semble prévaloir parmi plusieurs publicistes contemporains, d'après lesquels le contrat commercial aurait pour conséquence d'assujettir le

(1) Bynkershoek, loc. cit., ch. VII.

(2) Merlin, loc. cit., sect. V, § IV, art. VI et VII ; — Vattel, l. IV, ch. IX, § 114 ; — Réal, l. V, ch. XI, sect. VII, nᵒ 5 ; — Ch. de Martens, § 28 ; — Klüber, § 210 ; — Guichard, loc. cit., nᵒ 229 ; — Wheaton, loc. cit., § 17.

— « A moins qu'il n'y ait un arrêt ou une saisie qui fonde la juridiction, dit Bynkershoek,, toutes les raisons qu'on étale ici ne servent de rien. »

— « S'il arrive qu'un ministre fasse quelque trafic, dit Vattel, tous les effets, marchandises, argent... tout cela est soumis à la juridiction du pays ; et bien qu'on ne puisse s'adresser à la personne du ministre à cause de son indépendance, on l'oblige indirectement à répondre par la saisie des effets qui appartiennent à son commerce. » — Cet auteur ajoute toutefois, mais bien à tort, ce nous semble, « que le droit de saisir les effets qui n'ont aucun rapport avec le caractère du ministre, particulièrement ceux qui concernent un commerce, ne peut s'exercer pour fournitures à sa maison, pour loyer de son hôtel, etc.... »

— « Les ministres étrangers sont indépendants de la juridiction du pays de leur résidence, dit Guichard, à raison de toutes sortes de dettes, même commerciales. D'abord, de tels personnages sont censés n'être pas absents de leur patrie. Or,

diplomate à la juridiction locale, mais seulement dans les matières se rattachant à ce contrat (3).

109. Il importe de remarquer, pour terminer ce sujet, que la jurisprudence anglaise s'en tient catégoriquement à la doctrine traditionnelle que nous venons d'exposer (*a*).

110. On dispute encore sur le point de savoir s'il n'y a pas tout au moins lieu de déroger au principe de l'exterritorialité en matière de contrat de change. « Ce contrat, dit-on, renferme en soi une opération » juridique si formelle et si étroite qu'un ministre

dans leur affranchissement de la juridiction territoriale, cette première raison, nécessairement, est commune à toutes espèces de dettes, même commerciales. L'autre raison de cet affranchissement a pour obje que ces personnes ne soient pas tourmentées, inquiétées, tracassées, troublées enfin dans l'exercice de leurs fonctions, et qu'elles puissent par conséquent paisiblement et tranquillement y vaquer sans détournement aucun. Or, cette dernière raison, indubitablement, est commune à toutes sortes de dettes. »

(3) Vergé sur Martens ; — Pradier-Fodéré, n° 1444 ; — Dalloz, qui s'était borné dans son *Répertoire* (loc. cit. n° 110) à exposer très brièvement la doctrine traditionnelle, semble incliner vers la théorie de ces deux auteurs, ainsi qu'on peut le voir par ses commentaires de l'arrêt précité.

Voir, dans le même sens, Wharton, *Commentaries*, § 167.

Voir les numéros 102, 103, 119, 167 et 168.

(*a*) Voir les arrêts : (1°) Taylor contre Best ; — (2°) Parkenson contre Potter ; — et (3°) Magdalena Steam Navigation C° contre Martin. — (L. R. 162 B. p. 160.)

» public qui a contracté une obligation de change,
» semble devoir être considéré comme s'étant soumis
» à la juridiction locale (1). »

On pourrait se borner à répondre ce que Bynkershoek répondait simplement à Wicquefort, à
propos des contrats passés par-devant notaire :
qu'on ne voit pas bien pourquoi un ambassadeur
pourrait être appelé en justice pour cause d'un contrat de change, plutôt que pour tout autre contrat.
Ajoutons toutefois qu'on ne voit pas non plus en quoi
une obligation de change serait plus formelle et plus
étroite que toute autre obligation, ni pourquoi ce
prétendu caractère particulier du contrat de change
impliquerait une intention de se soumettre à une

Dans la première affaire, il s'agissait spécialement de savoir
si l'incompétence de la juridiction locale peut être proposée par
la partie intéressée en tout état de cause, le défendeur ayant
soulevé un déclinatoire d'incompétence après avoir conclu au
fond. La cour décida, avec infiniment de raison, que le défendeur avait tacitement renoncé à son privilège en plaidant au
fond. (Voir sur ce point spécial le n° 112). Mais il ressort aussi
des considérations invoquées par le juge, que le fait de s'être
livré à une opération commerciale n'implique pas une renonciation à l'immunité.

Dans la cause Magdalena Steam Navigation C° contre Martin,
la cour a décidé, expressément et catégoriquement, « que le
représentant d'un pays étranger n'est pas justiciable des tribunaux anglais, bien que l'action soit intentée à la suite de
faits de commerce ».

(1) PRADIER-FODÉRÉ, n° 1447.

juridiction dont on est affranchi en principe. Au surplus, il est de règle qu'on ne doit pas admettre facilement la renonciation à un droit; une telle renonciation peut bien être tacite, mais elle doit être certaine : il n'est pas permis de la présumer (2).

§.2 COMPÉTENCE EXCEPTIONNELLE
DE LA JURIDICTION LOCALE

III. Nous venons d'établir que les agents diplomatiques relèvent, en principe, de la juridiction de leur domicile légal, dans les matières purement personnelles, ainsi que pour les actions mobilières qui dépendent, d'après leur loi nationale, de la juridiction de leur domicile.

Vient maintenant la question de savoir s'ils peuvent se soumettre volontairement à la juridiction du lieu de leur résidence, dans les causes qui ne sont pas du ressort ordinaire de cette juridiction, et ce

---

(2) « Il n'y a pas à distinguer, en général, disent les *Pandectes belges* (loc. cit., n° 281), entre les dettes civiles et les dettes commerciales; l'incompétence s'étend à toutes. Ainsi, *les dettes contractées par souscription de lettres de change, de billets à ordre, ne sont pas de la compétence des tribunaux nationaux* » (c'est-à-dire locaux).

Voir un arrêt du 21 août 1841, relaté au n° 112, où il s'agissait d'une lettre de change souscrite en France par la femme d'un diplomate. Cependant, la discussion ne roula pas sur cette circonstance particulière.

soit par une clause expresse, soit par un contrat judiciaire résultant tacitement ou de leur propre initiative, ou de l'acceptation d'une instance dirigée contre eux.

112. En France, la jurisprudence pose en principe que l'immunité diplomatique est d'ordre public; et elle décide, par voie de conséquence, que le bénéficiaire de l'immunité ne peut renoncer à son privilège; qu'on ne peut exciper contre lui d'aucun acte par lequel il aurait consenti à s'en dépouiller; et spécialement, que l'incompétence peut être proposée en tout état de cause et ne saurait être couverte par un contrat judiciaire intervenu en première instance (*a*).

Une décision fut rendue en ce sens par la cour d'appel de Paris, dans une espèce où il s'agissait d'avoir payement d'une lettre de change souscrite par la femme d'un ministre étranger. Celle-ci avait soulevé un déclinatoire en appel, après avoir

(*a*) Paris, 21 août 1841. (Dalloz loc. cit., nᵒˢ 115 et 157.)

Dans le même sens, un jugement du tribunal civil de la Seine du 8 mars 1886. (*Journal...* de Clunet, 1886, p. 592.)

Voir pourtant, à la note 2 du nᵒ 137, un jugement rendu par le tribunal de la Seine le 28 janvier 1885, en cause de Gaspin contre de Brux, sur les formes à suivre à l'égard d'un envoyé étranger *en cas de renonciation au privilège d'exterritorialité*; — et, à la note 3 du nᵒ 121, un jugement de la cour de Paris du 14 août 1857, qui a retenu la connaissance de la cause à raison de l'existence d'un contrat contenant une élection de domicile.

conclu au fond devant le premier juge. Système commode! On tente l'épreuve en première instance et, si elle ne réussit pas, on se retranche en appel derrière son immunité de juridiction. C'est très fâcheux pour le créancier, qu'on a ainsi entraîné dans des procédures et des frais frustratoires; et le système semble être d'une moralité douteuse. Néanmoins, il fut favorablement accueilli. Il paraît que la morale devait céder, en l'occurrence, devant le principe supérieur de l'ordre public. A la vérité, l'on ne voit pas très bien (et l'arrêt ne l'explique pas), en quoi l'ordre public pouvait être intéressé à ce que la cour de Paris ne connût pas en appel d'un débat qui s'était librement formé en première instance entre les parties litigantes. Mais la jurisprudence a parfois de ces vues dont la profondeur échappe à l'entendement du vulgaire.

113. Sur le point particulier de savoir si l'incompétence de la juridiction territoriale peut être proposée en tout état de cause, la jurisprudence française s'est éloignée, croyons-nous, des usages reçus dans les autres pays.

D'après Heffter (qui semble avoir spécialement envisagé les précédents allemands), « la jurisprudence » internationale reconnaît généralement la compé-

» tence des tribunaux locaux,... (notamment) dans
» les cas d'une continuation d'instances commencées
» auparavant (1). »

En Angleterre, il a été décidé, dans le même sens,
que l'ambassadeur qui comparaît volontairement
comme défendeur, renonce tacitement à son immunité en prenant des conclusions sur le fond (2).

114. Pour la doctrine, la question n'est pas douteuse : tous les publicistes qui ont traité du droit
des gens, admettent, sans difficulté, que la juridiction territoriale est compétente pour connaître de
toutes les réclamations qui ne sont que la suite naturelle et légale de l'action intentée par le bénéficiaire

(1) Voir la note 3 du n° 122.

(2) Voir la note *a* du n° 109 ; spécialement, l'arrêt en cause de
Taylor contre Best.

D'après P.-G. ODIER (loc. cit., app., p. 419), l'immunité de juridiction serait envisagé dans les États-Unis d'Amérique comme un
privilège d'ordre public, de même qu'en France ; mais cet auteur
a confondu deux ordres d'idées bien distincts. Ce qui est considéré
comme touchant à l'ordre public, aux États-Unis d'Amérique,
c'est l'institution d'une juridiction spécialement établie par la
Constitution pour les causes concernant les ambassadeurs, les
ministres publics et les consuls. En effet, d'après WHARTON (loc.
cit., § 167), et d'après ODIER lui-même (loc. cit., pp. 187 et 188),
la jurisprudence américaine admet la compétence de la juridiction
locale notamment : 1° dans les causes qui ne sont qu'une suite
naturelle d'une instance introduite par la personne privilégiée ;
et 2° lorsque celle-ci se soumet volontairement à la juridiction
territoriale.

de l'immunité; que l'instance une fois engagée sur le fond, ne peut plus être révoquée par la seule volonté de l'une des parties; que, par suite, l'exception d'incompétence doit être proposée *in limine litis* (*a*).

115. Selon nous, les cas exceptionnels de compétence territoriale qui sont admis par la doctrine traditionnelle, impliquent nécessairement une faculté de renoncer à l'immunité de juridiction.

Nous ne pouvons admettre, avec Laurent (1), que cette doctrine témoignerait contre l'immunité elle-même (exagération voulue d'un adversaire déterminé de l'immunité diplomatique); mais il est certain qu'elle témoigne contre le caractère d'ordre public que la jurisprudence française prétend attacher au bénéfice d'exemption de la juridiction civile; car il est dans la nature d'une incompétence d'ordre public de ne comporter aucune espèce de dérogation.

Le système de la jurisprudence française aboutit à cette conséquence absurde de refuser à l'agent diplomatique toute faculté d'agir comme demandeur devant les tribunaux de sa résidence. Tel est le résultat auquel ont abouti les tribunaux qui ont

(*a*) Voir le n° 122.
(1) Loc. cit., n° 80.

suivi la voie tracée par cette jurisprudence (2); et
ce très logiquement, d'après nous; car il est radicalement impossible de porter une action devant un
magistrat sans s'assujettir à sa juridiction en ce
qui concerne des demandes reconventionnelles qui
seraient manifestement connexes à la demande principale, ou sans s'exposer tout au moins à une
condamnation aux dépens.

Que si le bénéficiaire de l'immunité peut se soumettre à la juridiction territoriale en agissant
comme demandeur devant cette juridiction, on ne
voit pas pourquoi il ne pourrait pas aussi renoncer
à son immunité par l'acceptation d'une instance
dirigée contre lui.

C'est en vain qu'on a allégué qu'il n'y aurait pas
une véritable renonciation à l'immunité dans le fait
d'agir comme demandeur devant une juridiction
dont on est affranchi en principe (3); car s'il est vrai
que ce fait doit avoir pour conséquence d'assujettir le
demandeur à cette juridiction en ce qui concerne les
reconventions et les dépens, ce ne peut être que

---

(2) Notamment en Égypte, où les tribunaux mixtes ont admis,
en conformité de la doctrine qui considère l'immunité comme
un privilège d'ordre public, que cette immunité implique une
interdiction de plaider comme demandeur devant la juridiction
territoriale. — Voir la note 1 du n° 122.

(3) WEISS, loc. cit., p. 890.

parce que le demandeur s'est ainsi soumis tacitement à cette juridiction à l'égard des demandes reconventionnelles ou en remboursement des dépens. S'il en est ainsi, c'est donc que l'agent diplomatique a qualité pour renoncer à son immunité : dès lors, pourquoi ne pourrait-il pas y renoncer en acceptant l'instance dirigée contre lui, comme il le peut en agissant comme demandeur ; et pourquoi, s'il peut renoncer tacitement à son privilège, ne pourrait-il pas y renoncer formellement ? Peu importe la forme d'un consentement, lorsqu'il s'agit de savoir si la faculté de consentir existe.

On voit donc que les cas de compétence territoriale admis par la doctrine se rattachent à un même ordre d'idées; de telle sorte que la jurisprudence française a au moins le mérite d'avoir placé le débat sur son véritable terrain. Le bénéfice d'être exempt de la juridiction civile doit-il être envisagé comme une *immunité d'ordre public?* Voilà la question.

116. Précisons l'objet du débat :

Il n'est pas présentement question de l'inviolabilité diplomatique, laquelle touche manifestement à l'ordre public international. Il s'agit de rechercher si cet ordre public s'oppose à ce qu'un bénéficiaire

de l'immunité diplomatique se soumette à la juridiction du lieu de sa résidence dans les causes qui
ne concernent pas l'exercice de ses fonctions diplomatiques, comme dans le cas d'une lettre de change
souscrite par un membre quelconque d'une légation
étrangère (pour prendre l'exemple emprunté à la
jurisprudence française).

Que le représentant d'une puissance étrangère ne
puisse se soumettre à la juridiction du lieu de sa
résidence sans un ordre formel de son gouvernement, dans une cause qui concerne, non pas sa
personne, mais la légation elle-même, cela va de
soi; il n'est alors qu'un mandataire, qui ne peut agir
qu'en conformité de son mandat. Mais si la cause ne
concerne que les intérêts privés du mandataire, si
elle n'a aucun rapport avec l'accomplissement de son
mandat, pourquoi ne pourrait-il point renoncer librement à son privilège personnel?

Il est vrai que l'immunité diplomatique intéresse
moins la personne de l'agent que l'indépendance et
la dignité de la nation qu'il représente, et que c'est
pour cela qu'il jouit de la faculté de décliner la
compétence des tribunaux de sa résidence, même
lorsque son caractère public n'est pas engagé dans
la cause. Mais n'est-il pas évident que nul n'est
meilleur juge des intérêts de sa nation, comme de

ses propres intérêts, que l'agent diplomatique lui-même? que nul n'est, mieux que lui-même, en situation d'apprécier la ligne de conduite que ses intérêts ou ceux de sa mission lui commandent de tenir? et qu'il n'appartient pas aux tribunaux du lieu de sa résidence de méconnaître sur ce point son libre arbitre?

Il est possible que l'agent diplomatique ait un intérêt sérieux à se soumettre à la juridiction du lieu de sa résidence, ou que le souci de sa dignité lui en fasse un devoir.

Bien plus, il est vrai de dire qu'il sera le plus souvent intéressé à plaider là où il sera en situation de surveiller lui-même son procès, plutôt que devant sa juridiction nationale, fort éloignée peut-être du lieu de sa mission. Or, il est de l'essence du privilège de ne pas tourner au préjudice de la personne privilégiée.

L'immunité de juridiction n'est qu'une sanction de l'inviolabilité du diplomate. On n'a pas voulu qu'il fût contraint à plaider devant les tribunaux locaux, à raison des inconvénients qui pourraient en résulter pour ses fonctions. Mais ces inconvénients ne sont plus à craindre lorsque le diplomate se soumet volontairement à ces tribunaux; et il en est ainsi aussi bien quand il consent à répondre à une demande dirigée contre

lui, que dans le cas d'une action émanant de sa propre
initiative ; dans l'une et l'autre hypothèse, il est également en situation d'apprécier à l'avance les conséquences de sa conduite.

Les prétendus inconvénients d'une soumission
volontaire du diplomate à la juridiction locale sont
d'ailleurs chimériques, puisque l'inviolabilité diplomatique sera sauvegardée, quelle que soit l'issue du
procès, par la franchise qui met la personne du
diplomate et son habitation à l'abri de toute contrainte et de toute procédure d'exécution. Il va de
soi, en effet, que la renonciation à l'immunité doit,
comme toute autre renonciation, être interprétée restrictivement, et que, par conséquent, elle n'implique
ni l'intention, ni la possibilité de compromettre une
inviolabilité qui n'est plus un privilège personnel
de l'ambassadeur, mais une qualité indélébile de son
caractère représentatif.

On admet le diplomate à plaider comme demandeur, sans se soucier des inconvénients qui peuvent
en résulter pour sa personne ou pour ses fonctions.
C'est donc que cette faculté et ses conséquences ne
sont pas absolument incompatibles avec son caractère représentatif ; sinon, on devrait la prohiber
absolument. Or, une telle prohibition reviendrait,
encore une fois, à faire tourner le privilège au préju-

dice de la personne privilégiée; car il peut arriver que le diplomate n'ait d'autre moyen d'obtenir justice qu'en recourant aux tribunaux du lieu de la passation du contrat (*a*).

Et si l'on accorde au diplomate la faculté d'agir en justice comme demandeur, il est manifestement impossible de ne pas admettre la recevabilité d'une demande reconventionnelle qui serait connexe à la demande principale, à moins de déclarer aussi cette dernière irrecevable; auquel cas on aboutirait à un double déni de justice.

On voit donc qu'on ne peut attacher un caractère d'ordre public au bénéfice d'exemption de la juridiction civile, sans aboutir à des conséquences contraires à la logique et à l'équité. S'il en est ainsi, c'est apparemment que le point de départ du système est faux.

D'ailleurs, le privilège diplomatique est fondé sur une fiction qui en explique la portée. Le diplomate est exempt de la juridiction civile du lieu de sa résidence parce qu'il est censé avoir conservé son domicile au lieu d'où il a été envoyé. Or, il est de

---

(*a*) Il en sera ainsi dans les pays qui ne suivent pas le droit français sur la question de la compétence territoriale à l'égard des étrangers non domiciliés, c'est-à-dire dans la plus grande partie de l'Europe. (Voir les notes 6 et 7 du n° 101.)

règle que l'incompétence *ratione loci* n'est pas
d'ordre public.

S'il est un principe qui touche essentiellement à
l'ordre public, c'est bien celui de la territorialité des
lois et des juridictions, auquel l'immunité diplomatique déroge. Proscrire comme contraire à l'ordre
public le fait de se placer soi-même sous l'empire du droit commun, par une renonciation à un
privilège, vraiment, c'est une bien singulière théorie !

Il a toujours été admis, comme une maxime
d'équité et de droit naturel, que chacun peut
renoncer à ce qui a été établi en sa faveur, s'il n'en
doit résulter aucun tort pour autrui. Admettons
donc que l'ambassadeur pourra renoncer à son privilège dans les causes civiles qui ne concernent que ses
intérêts privés, puisqu'il est constant qu'aucun préjudice ne peut en résulter pour l'ambassade, l'inviolabilité diplomatique restant sauve dans toute hypothèse.

117. La faculté de renoncer au bénéfice d'exemption
de la juridiction civile est admise par la généralité
des auteurs, mais sous la réserve d'une autorisation
préalable du gouvernement dont le bénéficiaire de
l'immunité relève (1).

(1) Vattel, loc. cit. ;— Villefort, loc. cit., p. 124 ;— Heffter,

Nous admettons sans difficulté la nécessité de cette autorisation au point de vue des rapports hiérarchiques et disciplinaires qui lient l'agent diplomatique au gouvernement qu'il représente à l'étranger. Mais il nous semble évident que cette règle d'ordre administratif, qui dépend d'ailleurs de la législation interne de chaque État, ne peut exercer aucune influence sur la compétence du tribunal saisi d'une instance formée par la personne privilégiée; qu'elle pourra tout au plus être invoquée par le défendeur comme une fin de non procéder. Nous dirons en ce sens, avec les rédacteurs des *Pandectes belges*, que « vis-à-vis des » autorités judiciaires du pays où il réside, le mi- » nistre étranger doit être censé agir légalement (2). »

118. La renonciation à l'immunité diplomatique est expresse ou tacite, comme toute manifestation d'un libre consentement.

119. Nous avons déjà vu que le seul fait de la passation d'un contrat, fût-ce en forme authentique, n'implique point, par lui-même, une intention de se

§ 42, n° I; — BLUNTSCHLI, n° 148; — *Pandectes belges*, loc. cit., n° 291 ; — et les auteurs cités à la note 3 du n° 122.

(2) *Pandectes belges*, loc. cit., n° 295. Dans le même sens, P.-G. ODIER, ch. II, sect. III, § 2.

soumettre à la juridiction du lieu de la passation du contrat (*a*). On invoquerait vainement
contre un ministre étranger une présomption contraire tirée d'une loi locale, dont il ne relève pas.
Mais rien n'empêche que le ministre ne se soumette
formellement au *forum contractus* pour tout ce qui
concerne l'exécution du contrat.

120. De même, rien ne fait obstacle à ce que les
différends dans lesquels un agent diplomatique
serait engagé, soient soumis à des arbitres.

Quant à savoir si le compromis implique une soumission à la juridiction locale en ce qui concerne
les formalités nécessaires pour rendre la sentence
arbitrale exécutoire, c'est une question de fait, que
le juge appréciera d'après les circonstances de
l'espèce. Il nous semble pourtant rationnel d'admettre
que tout compromis implique une pareille soumission jusqu'à preuve contraire.

121. Il est généralement admis que l'élection de
domicile est par elle-même attributive de juridiction (1). « Elle renferme en soi, dit un ancien
» arrêt, un consentement réciproque des parties à

______

(*a*) Voir le n° 102.
(1) HEFFTER, loc. cit., § 42, n° I. « L'élection de domicile, dit cet

» être traitées en tout comme si elles étaient réelle-
» ment domiciliées au lieu convenu, et non seulement
» à y être assignées, mais à être traduites devant le
» juge de ce lieu (2). »

Ce n'est pas à dire, toutefois, que l'élection de domicile entraîne toujours et nécessairement un assujettissement à la juridiction du domicile élu ; car elle peut avoir eu seulement pour but d'autoriser les significations au dit domicile. Or, il va de soi qu'il faut s'en tenir avant tout à l'intention des parties, et consulter à cet égard les usages locaux. C'est une règle reçue dans le droit des gens que ces usages peuvent et doivent servir à l'interprétation des contrats devant toute juridiction.

Il faut néanmoins poser en principe que l'élection de domicile implique jusqu'à preuve contraire une intention de se soumettre à la juridiction du domicile élu (3).

122. La renonciation tacite à l'immunité diplomatique résulte le plus fréquemment d'un contrat

auteur, entraîne la soumission de la personne exempte, dans tous ses rapports civils en dehors de son caractère public, à la juridiction des tribunaux étrangers. »
Wharton, loc. cit., § 167 ; — P.-G. Odier, loc. cit., ch. II, sect. III, § 9.

(2) Dalloz, *Répertoire*, v° Domicile élu, n° 9.

(3) Villefort, dans l'article précité, cite un cas où le tribunal

judiciaire intervenu entre les parties litigantes, soit que des conclusions aient été prises sur le fond par un ministre étranger assigné en justice, soit que celui-ci ait agi lui-même comme demandeur.

Il est admis, sans discussion, par l'universalité des auteurs (1) que le privilège d'être exempt de la juridiction du lieu de sa résidence ne prive pas la personne privilégiée de son droit d'agir en justice

de la Seine s'est reconnu compétent pour connaître d'une demande en provision alimentaire introduite contre son mari par la femme d'un ministre étranger, en se fondant sur ce que celui-ci s'était soumis à l'obligation de payer une pension alimentaire à sa femme, suivant un contrat dans lequel il avait déclaré être domicilié à Paris, et qu'en outre il avait déposé à la caisse des consignations un terme échu de la dite pension ; — jugement confirmé par un arrêt de la cour d'appel de Paris du 14 août 1857.

(1) « *Il va sans dire*, dit un publiciste français, que chaque diplomate est libre de former une action contre un citoyen du pays. » (CH. CALVO, loc. cit., § 522.) — PRADIER-FODÉRÉ parle également, à propos des demandes reconventionnelles, « du droit qui appartient *incontestablement* au ministre étranger de plaider comme demandeur. » (Voir la note suivante). — Nous disions nous-même jadis : « C'est là une règle de bon sens ; il n'y a pas lieu d'en dire davantage. » (Voir *L'Immunité de juridiction dont les consulats jouissent en Égypte*, Le Caire, 1884 ; ainsi qu'un article de *La Gazette des Tribunaux* du 8 juin 1881, ALEXANDRIE.)

— Plusieurs décisions ont été rendues dans ce sens, en Angleterre, dans des causes introduites devant des cours anglaises par des souverains étrangers. (Voir PHILLIMORE, II, app. IV.)

— La jurisprudence des tribunaux mixtes égyptiens a pourtant admis un système contraire. (Voir la note 2 du n° 115.) Mais il

comme demandeur devant cette juridiction, en
conformité du vieil adage : *Actor sequitur forum
rei* (2); et tous les publicistes admettent pareillement que la personne privilégiée ne peut agir
devant la juridiction locale sans se soumettre, *ipso
facto*, à cette juridiction, au triple point de vue :
1° de la liquidation des dépens; 2° des demandes
reconventionnelles que la défense pourrait soulever (3), et 3° des instances à intervenir éven-

est à observer qu'elle se plaçait au point de vue de l'interprétation littérale de certains traités spéciaux plutôt qu'au
point de vue des règles admises dans le droit des gens. D'ailleurs,
une interprétation authentique des dits traités vient de faire
rentrer l'Égypte, sur ce point, dans le droit commun international. (Voir l'appendice au § 2 du chapitre V.)

(2) Elle a notamment le droit de se constituer partie civile
dans un procès criminel. Voir sur ce point l'article précité de
Villefort ; — Pradier-Fodéré, n° 1465; — les *Pandectes
belges*, loc. cit., n° 265 *bis*.

(3) Germonius, l. III, ch. VII, cité par Luigi Olivi (voir la
note 10 du n° 6); — Bynkershoek, ch. XVI, §§ XIII et XIV; —
Réal, l. V., ch. I, sect. IX, n° 7;—Merlin, loc. cit., sect. V, § IV,
art. X ; — G.-F. de Martens, § 216; — Charles de Martens,
§ 23; — Klüber, § 210; — Heffter, § 42, n° 7 ; — Foelix,
n° 217; — Ch. Calvo, § 522; — Pradier-Fodéré, n° 1448; —
Neumann, § 42;—Weiss, p. 890; — Wheaton, § 15; — Wharton,
Commentaries, § 167; — Westlake, *Treatise on private international law*, § 181.

Voir sur la jurisprudence anglaise, en ce qui concerne la recevabilité des demandes reconventionnelles opposées à des souverains ou des États étrangers, le *Journal de droit international et
de législation comparée*, 1889, t. XII, pp. 538 et suivantes.

—« La jurisprudence internationale, dit Heffter (loc. cit.), ne

tuellement en degré d'appel, de cassation ou de revision (4).

C'était déjà une règle reçue en droit romain que ceux qui ne peuvent être appelés en justice dans un lieu, doivent suivre le *forum* du défendeur lorsqu'ils y portent une action, pour tous les litiges qui ne sont qu'une suite naturelle de la demande introductive d'instance (5).

Appendice. — Nous venons de voir que le principe de la reconvention est universellement admis dans la doctrine, à l'égard de l'agent diplomatique

reconnaît en général la compétence des tribunaux locaux qu'en matière réelle, *ou lorsqu'il s'agit de demandes reconventionnelles ou accessoires à la demande principale* formée par la personne exempte, ou dans le cas d'une continuation d'instances commencées auparavant. »

— Nous ne connaissons aucune opinion contraire en dehors de celle, d'ailleurs non motivée, de BLUNTSCHLI (loc. cit., nᵒ 140, note 1), lequel vise spécialement les demandes reconventionnelles formées contre des *souverains étrangers*. Cet auteur admet néanmoins que le souverain ou toute autre personne jouissant de l'exterritorialité, qui intente une action civile devant un tribunal étranger, ne pourra se soustraire à l'obligation de payer les frais résultant de la perte du procès ; ce qui est d'une manifeste inconséquence, la demande en remboursement des dépens n'étant qu'une espèce de demande reconventionnelle.

(4) En sens contraire, les deux décisions mentionnées au nᵒ 112.

(5) « *Qui non cogitur in aliquo loco judicium pati, si ipse ibi agat, cogitur ibi excipere actiones, et ad eumdem judicem mitti.* Dig., l. V, I, *de judiciis.*

agissant comme demandeur. Une solution contraire vient néanmoins de prévaloir en Égypte, dans une commission technique internationale chargée de reviser certaines parties de la législation des tribunaux mixtes. Mais nous croyons pouvoir affirmer, pour avoir assisté aux débats, que le vote intervenu en cette circonstance n'est que le résultat d'une distraction ou d'un malentendu.

Deux conférences diplomatiques avaient précédemment adopté (en 1880 et en 1884) une définition de l'immunité diplomatique qui admettait pleinement la recevabilité des demandes reconventionnelles à l'égard de l'agent diplomatique agissant comme demandeur. Cette règle se trouvait reproduite dans un texte soumis en 1890 par le gouvernement égyptien à l'appréciation de la susdite commission internationale technique; et cette commission avait adopté, après une longue discussion, un texte nouveau qui maintenait le principe jusqu'alors non discuté de la reconvention, lorsqu'un membre de la commission proposa tout à coup de restreindre la compétence territoriale, dans le cas de demandes reconventionnelles, « jusqu'à due concurrence de la demande » principale ». La proposition était étrange. Il était assez superflu de proclamer dans un texte légal la recevabilité d'une compensation qui s'opère de plein

droit. Il est clair que celui à qui un ministre
étranger réclame une somme d'argent, ne pourra
être condamné à payer cette somme s'il est établi
que ce ministre lui doit une somme égale ou supérieure. La proposition (d'ailleurs non motivée) semble
donc avoir eu pour objet de faire rejeter la recevabilité des demandes reconventionnelles proprement
dites. Cette proposition, contraire à une doctrine
généralement enseignée et aux intentions manifes-
tées à deux reprises différentes par le corps diplomatique, partie intéressée, était d'autant plus inop-
portune que le code des tribunaux mixtes égyptiens
laisse au juge le pouvoir d'apprécier discrétionnai-
rement la question de savoir s'il y a lieu de joindre
la reconvention à la demande principale. Néanmoins, cette proposition irréfléchie fut adoptée, sans
discussion, par onze voix contre quatre.

CHAPITRE III

Des voies de procédure et d'exécution

§ 1. DE LA FACULTÉ D'AGIR

123. Nous avons établi que les représentants des puissances étrangères sont indépendants de la juridiction du lieu de leur résidence dans toutes les matières juridiques qui concernent leur caractère public ou leur personne privée, et que le besoin d'assurer pleinement cette indépendance a déterminé les nations à étendre l'immunité de l'envoyé aux choses qui peuvent être considérées comme appartenant à sa personne ou à sa dignité, telles que son habitation, son mobilier, ses bagages et ses équipages. « Pour jouir d'une pleine sûreté, dit Grotius, un » ambassadeur doit être à l'abri de toute contrainte, » et par rapport à sa personne et par rapport aux » choses qui lui sont nécessaires. »

Cependant, l'immunité n'ayant rien d'absolu en

matière civile, il importe de spécifier ses effets relativement au patrimoine de l'agent, et de rechercher quels sont les actes de procédure qui sont ou ne sont pas conciliables avec cette immunité.

Tel est l'objet du présent paragraphe.

Remarquons toutefois qu'il s'agit, pour l'heure, du fond et non de la forme. Nous examinerons plus loin le point de savoir si les règles ordinaires de la procédure sont admissibles à l'égard d'un agent diplomatique. Présentement, c'est de la faculté d'agir et non de la manière de procéder qu'il est question.

124. Il appartient, sans aucun doute, à toute partie intéressée de recourir, vis-à-vis du bénéficiaire de l'immunité, à toutes les mesures conservatoires de ses droits, qui n'ont pas le caractère d'une contrainte, en d'autres termes, à celles qui constituent non un acte de juridiction, ni un acte d'exécution, mais l'exercice d'une simple faculté individuelle.

C'est ainsi que chacun a évidemment le droit de signifier au diplomate avec lequel il a contracté, des sommations ou mises en demeure, des protêts de lettres de change, des jugements, etc...

125. Peut-on pareillement assigner un agent diplomatique en justice devant les tribunaux de sa résidence, dans des causes qui relèvent en principe de la juridiction de son domicile légal?

Il n'y a pas lieu d'en douter. Cette faculté n'est que le corollaire de celle qui appartient à l'agent de renoncer à son privilège. Une citation en justice n'a d'ailleurs pas le caractère d'un acte de contrainte (1).

Il importe pourtant de noter que la non comparution du défendeur n'a pas pour effet de l'assujettir à une juridiction qui n'est pas la sienne; car il va de

---

(1) On peut voir un exemple de la distinction à faire, en ce qui concerne les citations en justice, entre la faculté d'assigner et la manière d'assigner, dans un arrêt du Parlement de Paris du 20 juin 1729, qui prononce l'interdiction d'un huissier pour avoir donné assignation à un ministre étranger par un exploit signifié « en son hôtel à Paris... » Cet arrêt, tout en annulant l'assignation, reconnaît « qu'il n'est pas douteux qu'on ait *la faculté toute entière* d'intenter des actions contre des ministres étrangers et de former en justice des demandes, dont ils ont réciproquement la liberté de se défendre, soit par les moyens de la forme, soit par le mérite du fond. » Ce qui fut jugé répréhensible en l'espèce, « c'est la voie irrégulière qu'on avait tenue pour assigner une partie qui ne se trouve en France qu'en vertu du caractère de ministre public d'un prince étranger,... qui n'est réputé présent que pour l'exercice de son ministère et de sa fonction »; de telle sorte que « s'il s'agit de ses droits particuliers, de ses intérêts domestiques, c'est un absent, un étranger à l'égard duquel il est des voies légitimes et autorisées qu'on peut prendre, mais à qui il faut s'adresser comme à un étranger et comme à un absent... » (MERLIN, loc. cit., sect. V, § IV, art. III). — Voir sur la question de forme soulevée par cet arrêt, les n°s 134 à 137.

soi qu'elle ne peut être interprétée comme un abandon tacite du privilège ; en sorte que la juridiction territoriale doit décliner sa compétence, même d'office, à l'égard du non comparant (2).

126. La faculté de citer un agent diplomatique en justice existe dans toute hypothèse, qu'il s'agisse ou d'obtenir un jugement à sa charge, ou seulement de requérir son témoignage dans une cause criminelle ou civile. Mais il est d'usage de ne requérir le témoignage des personnes qui jouissent du bénéfice de l'exterritorialité, que par la voie diplomatique et de se borner, s'ils l'exigent, à recevoir leur déposition par écrit (1).

Cet usage, qui est vivement critiqué par quelques publicistes contemporains (2), est une conséquence inéluctable de l'exterritorialité ; car s'il est vrai que

(2) Diverses dispositions législatives contiennent des applications formelles de cette règle, notamment l'art. 54, § 3, de la loi belge du 25 mars 1876, qui décide que lorsqu'un étranger est assigné devant les tribunaux belges en dehors des cas de compétence prévus par cette loi, il sera présumé décliner la juridiction de ces tribunaux s'il fait défaut.

(1) CH. de MARTENS, § 33 ; — KLÜBER, § 212 ; — HEFFTER, § 214 ; — SLATIN, loc. cit. ; — CARNOT, *De l'Instruction criminelle*, art. 514, n° 5 ; — ESPERSON, n° 505 ; — FIELD, *Draft outlines of an international code*, n° 139 ; — *Pandectes belges*, loc. cit., n°s 259 et 287.

(2) LAURENT, n° 75 ; — PASQUALE FIORE, n° 1206.

tous les habitants d'un pays doivent leur concours à la justice comme témoins, ce devoir moral reste forcément dénué de sanction à l'égard des personnes qui sont affranchies de la juridiction locale ; et comme aucune contrainte n'est admissible à l'égard de ces personnes, les requérants sont les premiers intéressés à recourir à une procédure spéciale qui s'impose.

On ne saurait d'ailleurs se dissimuler que la voie diplomatique ne soit de nature à satisfaire le plus souvent aux légitimes exigences de la justice (3).

127. L'exterritorialité protège ceux qui jouissent de ce bénéfice contre toute procédure d'exécution qui s'attaquerait à la personne même du bénéficiaire.

La légitimité de cette règle n'est contestée par aucun publiciste. Elle a d'ailleurs beaucoup perdu de son importance depuis que la contrainte par corps a

(3) Le droit revendiqué par les diplomates de refuser de comparaître en justice comme témoins, a été formellement reconnu à l'occasion d'un incident survenu en 1856 aux États-Unis d'Amérique. Un ministre des Pays-Bas ayant refusé de répondre à une citation de comparaître devant un tribunal de ce pays, le cabinet de Washington adressa à ce sujet une réclamation au gouvernement des Pays-Bas, mais tout en reconnaissant « qu'il n'y avait aucun doute qu'en vertu des usages des nations le ministre des Pays-Bas jouissait du droit légal de refuser son témoignage ». (Field, loc. cit., n° 134.)

disparu de la plupart des législations modernes.

L'on ne conteste guère non plus la nécessité de protéger l'habitation de l'agent diplomatique contre toute procédure d'exécution, de même que ceux de ses biens qui sont nécessaires à l'accomplissement de sa mission.

Il importe pourtant de spécifier les biens auxquels la franchise s'applique.

128. D'après Vattel, « l'on peut dire que tous » ce que le ministre a acquis pour son usage (en sa » qualité de ministre) est tellement attaché à sa » personne qu'il en doit suivre le sort. Le ministre, » venant comme indépendant, n'a pas entendu » soumettre à la juridiction du pays son train, ses » bagages, tout ce qui sert à sa personne... Ces » choses-là sont considérées comme hors du terri- » toire avec la personne à qui elles appartien- » nent (1). »

Voilà, certes, une formule bien vague ! Et Grotius n'est guère plus explicite lorsqu'il dit que l'ambassadeur doit être à l'abri de toute contrainte « par » rapport aux choses qui lui sont nécessaires ». Car quels sont les biens dont on ne puisse dire qu'ils

(1) Loc. cit., l. V, ch. VIII, n° 113.

sont nécessaires à l'ambassadeur ou qu'ils servent à son usage ?

Les meubles qui servent à l'usage d'un ambassadeur ne sont certainement pas insaisissables par cela même qu'il les possède; car, ainsi que Merlin l'observe très bien (2), « si la qualité du possesseur » était la cause de leur insaisissabilité, les choses » immobilières qui lui appartiennent jouiraient » de la même franchise; ce n'est donc que parce » qu'ils sont nécessaires à l'*exercice de l'ambassade* » qu'il est défendu de les saisir. »

Nul doute quant aux biens immobiliers. L'immeuble occupé par l'ambassade échappe exceptionnellement à toute saisie, pendant la durée de la mission; tous autres immeubles sont, au contraire, saisissables, par ce motif que l'ambassadeur ne les possède pas en sa qualité de diplomate et qu'ils ne sont pas nécessaires à l'accomplissement de son mandat politique.

Mais quels sont les biens mobiliers qui doivent être considérés comme nécessaires à l'ambassadeur?

Bynkershoek en fait une énumération qui nous paraît assez oiseuse (3). Il y a là un point de fait

(2) Loc. cit., sect. V, § IV, art VI.

(3) Chapitre XVI, § IV. « J'excepte, dit-il, du nombre des biens qui peuvent être arrêtés : le blé, le vin, l'huile, toutes

qu'il faut nécessairement abandonner, dans une certaine mesure, à l'appréciation du juge.

Bynkershoek et Vattel préconisent une seconde règle, qui montre bien les défectuosités de leur formule : Dans le doute, on devra décider en faveur du ministre.

Admettons-le. Il nous semble néanmoins que la règle de l'insaisissabilité pourrait être formulée de manière à laisser peu de place au doute, en considérant que la franchise s'applique spécialement à l'habitation du diplomate et à tout ce qu'elle renferme et en tenant, en conséquence, pour *saisissables* tous les biens qui servent à l'usage de l'ambassadeur en dehors de son habitation et de son mobilier, à moins qu'ils n'aient une corrélation intime avec son caractère public et les besoins de sa représentation : tels ses bagages et ses équipages.

Ainsi seraient susceptibles de former l'objet d'une procédure d'exécution : les immeubles, sauf ceux destinés à la résidence de l'ambassade, — les meubles servant à l'exploitation de biens-fonds, de

les provisions de ménage, les meubles, l'or, l'argent, la toilette, les ornements..., les habits, les tapisseries, les chevaux, les mulets et toutes les autres choses qui peuvent être comprises, en style de droit romain, dans le legs d'un fonds avec tous ses attirails et tous ses assortiments. »

même que les denrées ou revenus provenant de cette exploitation ; — toutes espèces de créances, en dehors du traitement ; — les valeurs déposées dans une banque ; — et, en général, tous objets de trafic, dans le cas où l'agent diplomatique serait mêlé à des opérations commerciales ou financières (4).

129. Nous avons constaté précédemment que l'immunité diplomatique existe en matière de louage comme en toute autre matière personnelle ou mobilière. Elle offre même en cette matière une importance particulière, à raison de la franchise qui protège spécialement l'habitation du diplomate.

A ce propos a surgi une question, qui a fait jadis l'objet d'une longue discussion entre les gouvernements de Berlin et de Washington : celle de savoir

(4) Nous n'admettons donc pas les réserves formulées par Bynkershoek (d'ailleurs timidement) en ce qui concerne les sommes d'argent. « Il faut cependant avouer, dit-il, qu'il est difficile de distinguer à quel emploi une somme d'argent est destinée. Car celles qu'un ambassadeur gagne au négoce, comme aussi celles qu'il trouve dans une portion d'hérédité..., il peut certainement les employer à son entretien ; et on dira alors qu'il n'a point pensé à se procurer de l'argent, parce que celui-là se présentait à point nommé. Dans un cas douteux tel que celui-là, on décide d'ordinaire en faveur du ministre étranger. Aussi, il est *peut-être* plus conforme à l'équité de mettre l'argent, quel qu'il soit, à l'abri de tout arrêt, comme une des choses les plus nécessaires à l'ambassade. »

si l'insaisissabilité d'un mobilier garnissant l'hôtel d'une légation étrangère, fait obstacle à ce que ce mobilier soit l'objet d'une rétention de la part du bailleur, qui prétendrait que son locataire n'a pas satisfait aux conditions du bail (1).

On a réclamé pour le bailleur le droit de retenir le mobilier, en se fondant sur les dispositions légales qui lui confèrent un privilège sur le dit mobilier.

Cette thèse n'est pas soutenable. Le privilège locatif n'a d'effet que pour autant que le bailleur établisse l'existence de la créance privilégiée. Or, si la juridiction locale est incompétente pour con-

______

(1) Cette discussion est longuement analysée dans les *Éléments de droit international* de WHEATON (I, 3e partie, ch. I, § 17) et dans un article publié par FOELIX dans la *Revue du droit français et étranger* (t. II, 1845, p. 34). Wheaton fut personnellement mêlé à l'incident en question. Il avait pris en location un appartement à Berlin, où il représentait alors les États-Unis de l'Amérique du Nord. Son bail étant sur le point d'expirer, il avait donné l'ordre de transporter son mobilier dans un autre appartement, après avoir payé son loyer. Mais le bailleur réclamait des dommages-intérêts pour de prétendus dégâts, et la contestation roulait sur le chiffre des sommes à payer de ce chef. Wheaton invoquait, avec raison, les termes formels de diverses lois traitant des immunités diplomatiques et notamment la loi des États-Unis d'Amérique de 1790, qui défend de « *retenir*, saisir ou arrêter » les biens meubles des ministres publics. Les mêmes expressions se retrouvent dans le statut anglais de 1709 et dans l'ordonnance néerlandaise de 1679. (Voir les nos 18, 30 et 32.)

naître de la demande en reconnaissance de la
créance (et nous avons vu que cette question dépend
de la loi du domicile du défendeur), il va de soi
qu'elle est également incompétente pour connaître
de l'exercice du privilège, lequel n'est qu'un acces-
soire de la créance.

C'est d'ailleurs bien à tort qu'on parle en l'espèce
d'un prétendu droit de rétention. Un tel droit
n'existe que pour autant qu'on soit en possession de
la chose retenue, comme dans le cas d'une constitution de gage. Que chacun ait la faculté de retenir
la chose engagée par un ministre étranger, sauf à
celui-ci à se pourvoir en justice aux fins d'établir
l'illégitimité de la rétention, cela ne fait pas l'ombre
d'un doute. Mais ce qu'on a appelé, dans l'espèce, le
droit de rétention du bailleur, n'est, en somme, que
la prétention d'empêcher le déménagement d'un locataire. Or, une telle prétention ne peut être exercée
que par un recours devant le magistrat compétent.
Que si le bailleur veut empêcher le déménagement de sa propre autorité, il commet manifestement une simple voie de fait, qui constituera,
suivant les circonstances, une atteinte à l'inviolabilité diplomatique (2).

(2). Voir dans ce sens, outre les deux auteurs précités :
Ch. Calvo, § 522 ; — et Pradier-Fodéré, n° 1452. — « Si

130. La règle de l'insaisissabilité restreint, sans aucun doute, la force exécutoire des jugements rendus à la charge d'un agent diplomatique par le tribunal du lieu de sa résidence. Ces jugements ne sont exécutoires que dans les limites des facultés que le droit des gens autorise.

En est-il de même des jugements émanés de la juridiction naturelle de l'agent?

Nous n'hésitons pas à l'admettre. En effet, la mise à exécution d'un jugement rendu à l'étranger ne résulte jamais que d'une intervention de la souveraineté territoriale, quelle que soit la forme de cette intervention et quelle que soit l'autorité que la loi locale attache aux jugements rendus à

dans un cas analogue, dit Ch. Calvo, les lois autorisaient la vente des meubles d'un ministre étranger, il s'ensuivrait inévitablement que, de concessions en concessions, on arriverait à détruire l'ensemble des privilèges et des immunités diplomatiques; car si les effets et les meubles d'un ambassadeur doivent rester affectés au payement des loyers, devenir passibles de saisies et de ventes, nous ne concevons pas pourquoi il n'en serait pas de même pour assurer l'accomplissement d'obligations tout aussi respectables que peut l'être une dette pour loyer. A nos yeux, il est plus conforme aux convenances diplomatiques et aux vrais principes du droit, que tous les créanciers d'un agent diplomatique soient placés sur la même ligne, et que, connaissant les immunités de la personne privilégiée avec qui ils ont traité, ils subissent la responsabilité d'engagements dont ils ont mal calculé les conséquences extrêmes. »

« L'opinion de Calvo, dit Pradier-Fodéré, est universellement enseignée. »

l'étranger. Or, le diplomate est protégé, dans ses rapports avec la souveraineté territoriale, contre toute procédure d'exécution qui s'attaquerait à sa personne ou aux biens qui servent directement aux besoins de sa mission.

La raison d'être de la franchise s'applique, d'ailleurs, à toute procédure de ce genre, de quelque juridiction qu'émane l'acte à exécuter. Il appartient, à la vérité, au gouvernement dont le diplomate dépend, de mettre fin à une franchise qui entraverait l'exécution d'un jugement quelconque, en mettant fin à la mission de l'agent, mais non d'autoriser la violation d'une règle essentielle du droit des gens.

§ 2. LES FORMALITÉS JUDICIAIRES

131. Il est de règle, dans le droit des gens, que les formalités judiciaires sont régies par la loi du pays où la demande est formée, quelle que soit la loi sous l'empire de laquelle se sont passés les faits dont elle dérive.

Cette règle, qui découle du principe de l'indépendance des États, ne comporte aucune exception en ce qui concerne les actions dirigées contre les représentants d'une puissance étrangère.

132. C'est sans raison aucune que certains

auteurs (1) prétendent poser en principe que les significations judiciaires doivent être faites, en pareils cas, par la voie diplomatique. Celle-ci est un recours ouvert aux parties qui ne suivent pas la voie judiciaire ; mais lorsqu'elles se croient fondées à suivre cette voie, il est évident que le tribunal ne peut être saisi de leurs réclamations que par les moyens ordinaires de mettre l'action en mouvement.

Sans aucun doute, les règles particulières édictées, en la matière, par la loi locale, recevront leur application ; et l'intermédiaire du département des affaires étrangères sera obligatoire si des dispositions légales existent dans ce sens (2) ; mais il n'en est pas moins certain qu'en l'absence d'une disposition spéciale, on devra suivre les formes ordinaires de procéder.

(1) HEFFTER, § 42, n° VII, et WEISS, loc. cit.

(2) Comme, par exemple, en Autriche, où « c'est l'affaire du grand maréchal de la cour », ainsi que le dit Slatin. Nous croyons que ce pays est le seul qui ait établi un mode particulier de procédure en la matière. C'est ainsi que le code de procédure de l'empire d'Allemagne de 1877 ne renferme aucune disposition spéciale sur les significations à faire aux membres des légations étrangères. La plupart des pays admettent, il est vrai, la nécessité pour les autorités locales de ne correspondre avec les légations étrangères que par l'intermédiaire du département des affaires étrangères ; mais c'est là une règle d'ordre administratif, qui ne régit pas et ne peut pas régir, en l'absence d'un texte légal, les significations judiciaires proprement dites.

C'est ainsi qu'en Belgique, où la voie diplomatique est admise, en thèse générale, comme le mode régulier de communication entre les autorités locales et les légations étrangères, il est pourtant constant que les significations judiciaires restent soumises aux règles de la procédure ordinaire (3).

133. Y aurait-il lieu de faire à cet égard une distinction, suivant que la cause serait ou non du ressort de la juridiction territoriale?

Nous ne pouvons l'admettre. La forme ne dépend pas d'une question de compétence, qui n'est point du ressort de l'officier instrumentant. Sans doute, l'autorité judiciaire annulera l'acte si elle estime que la connaissance de la cause ne lui appartient pas, et elle devra même s'en dessaisir d'office en cas de non comparution du défendeur; mais alors elle annulera l'acte pour cause d'incompétence, non pour vice de forme.

Les rédacteurs des *Pandectes belges* semblent admettre la distinction susdite, quand ils disent que « rien ne fait obstacle à ce que l'ambassadeur soit » assigné devant les tribunaux belges dans les mêmes » formes que tout étranger résidant en Belgique..., » *lorsqu'on se trouve dans des cas exceptionnels* » (de

(3) Voir le n° 58.

compétence territoriale) (a). Mais il est probable que cette formule dépasse la pensée des rédacteurs du texte, lesquels auront simplement envisagé les cas de significations judiciaires, qui se présentent le plus fréquemment dans la pratique.

134. C'est pourtant une autre question de savoir s'il faut suivre à l'égard des agents diplomatiques les formes qui sont prescrites par la loi locale en ce qui concerne les étrangers qui résident dans le pays, ou si la fiction de l'exterritorialité n'exige pas que le représentant d'une puissance étrangère soit traité comme un étranger n'ayant dans le pays ni domicile légal, *ni résidence effective*. Ainsi, toutes les législations admettent qu'un étranger non domicilié peut être assigné en justice ou recevoir une signification quelconque par un exploit remis à sa personne, s'il se trouve dans le pays. Cette règle de droit commun est-elle applicable aux agents diplomatiques? D'autre part, est-on autorisé à leur faire des notifications par des exploits remis en leur logis entre les mains d'un habitant de ce logis, lorsque la loi locale admet ce mode de procéder?

La question est controversée dans la doctrine moderne, et elle divisait déjà les anciens auteurs.

(*a*) Loc. cit., n° 294.

135. D'après Vattel (1), le ministre étranger doit
être cité « comme s'il était absent, parce qu'il est
» censé hors du territoire et parce que son indépen-
» dance ne permet pas qu'on s'adresse à lui par une
» voie qui porte le caractère de l'autorité, comme le
» serait le ministère d'un huissier ».

Au contraire, Bynkershoek se prononce pour
l'application du droit commun (2) : «... On ne doit
» pas tant faire valoir, dit-il, ce privilège qu'on
» attribue *aux maisons* d'être sacrées dès qu'un
» ambassadeur y loge. Ce n'est pas respecter peu une
» telle maison que d'y envoyer des officiers de
» justice, pour signifier ce dont il est besoin de
» donner connaissance à l'ambassadeur. Et la fiction
» qui fait considérer les ambassadeurs comme absents,
» n'a lieu qu'en matière de choses pour lesquelles
» ils sont en droit de demander un renvoi au lieu de
» leur domicile. Lors même qu'on met en usage la
» clause de mandement, il faut toujours marquer à
» l'ambassadeur le jour où l'affaire doit être débattue
» en justice, et les lettres de citation s'envoient dans
» l'endroit où il réside par un messager ou par
» quelqu'un des gens de l'ambassadeur, qui ne sont

(1) Loc. cit., l. IV, ch. VIII, § 115.
(2) Dans le même sens, le mémoire du duc d'Aiguillon. (Voir
l'annexe.)

» ni l'un ni l'autre d'une condition aussi honorable
» que l'est celle d'un huissier de cour. A quoi bon
» tant de détours pour une chose qui, si l'on a une
» véritable grandeur d'âme et non pas un frivole
» attachement à la bagatelle, ne diminue en rien
» la dignité du caractère et n'est d'aucune impor-
» tance ? »

Nous avons déjà vu que les *Pandectes belges*
admettent cette dernière manière d'envisager la
question (3).

Le même système a été aussi enseigné en
France (4).

Toutefois, dans ce dernier pays, les plus grandes
divergences de vue existent à ce sujet; et c'est
plutôt l'opinion de Vattel qui semble prévaloir.

C'est ainsi qu'il est admis par Gand, par Legat et
par le *Journal du Palais* — en conformité d'une
vieille jurisprudence de l'ancien Parlement de
Paris (5), — que la forme de procéder doit être celle
que la loi locale prescrit à l'égard des étrangers qui
n'ont ni domicile ni résidence dans le pays; en
sorte que l'exploit devrait être nécessairement et

(3) Voir le n° 133.
(4) Bioche, *Dictionnaire de procédure*, v° Ministre public.
(5) Voir précédemment l'arrêt du Parlement de Paris du
20 juin 1729. (Note 1 du n° 125.)

exclusivement notifié au parquet, conformément à
l'art. 69, n° 9, du code de procédure (6).

D'autres auteurs enseignent pourtant que les
agents diplomatiques peuvent être assignés par
exploit remis à leur personne, pourvu que ce soit
hors de l'hôtel (7); en sorte que ce serait moins la
personne de l'ambassadeur que son hôtel qui serait
inviolable !

Quant à la jurisprudence française, elle en est
encore à considérer, avec les anciens parlementaires,
que l'huissier qui signifie la copie d'une citation
à l'hôtel d'un ambassadeur, est passible de peines
disciplinaires, comme s'étant rendu coupable d'une
atteinte à la considération due aux représentants
d'un État étranger! Toute signification faite autrement que par exploit remis au parquet est donc
nulle à ses yeux.

Le *Journal du Palais* tient cette décision pour

(6) GAND, loc. cit., n° 73 ; — LEGAT, *Code des étrangers*,
ch. I, § 1. « D'après le droit des gens, dit ce dernier auteur,
l'hôtel de l'ambassadeur est considéré comme faisant partie du
territoire de la nation qu'il représente. Voilà pourquoi les
assignations ne sont pas remises à l'hôtel de l'ambassadeur, mais
au parquet. » — *Journal du Palais*, v° Agents diplomatiques,
n°s 201 et 202. — Le même système est suivi, paraît-il, en
Italie. (ESPERSON, n° 199.)

(7) CRIVALLI sur PIGEAU, *La Procédure civile des tribunaux
français*, 1re partie, t. II, ch. VII, — et DALLOZ, loc. cit., n° 120.

« conforme aux vrais principes, bien que peut-être
» trop rigoureuse eu égard à l'incertitude où doit
» se trouver l'huissier en présence des divergences
» d'opinion entre les auteurs (8). »

Dalloz, lui aussi, tient la jurisprudence française
pour « fondée en principe », et il ne se préoccupe
aucunement de l'huissier ; mais « on ne peut cependant
» se dissimuler, dit-il, qu'il serait bien rigoureux
» d'annuler une citation remise à l'hôtel de l'ambassa-
» deur..., surtout si elle avait été reçue par un des
» officiers attachés à l'ambassade (9). »

Si elle avait été reçue par le suisse, ce serait
différent, à ce qu'il paraît.

Néanmoins, Bioche va jusqu'à admettre la validité
de l'exploit remis au suisse ; mais il laisse dans
l'ombre le cas où l'exploit n'aurait été reçu que par
un simple laquais...

Enfin, d'après Villefort, il faudrait distinguer
suivant que la compétence de la juridiction territoriale provient de la nature de la cause ou d'une soumission volontaire de l'agent à la juridiction locale :
dans ce dernier cas, la citation directement notifiée à
la personne de l'intéressé serait valable ; tandis que

(8) Tribunal de la Seine, 2 juillet 1834. (*Journal du Palais,*
n° 201.)
(9) Loc. cit., n° 120.

dans l'autre cas, il faudrait passer par le parquet.

Si, après cela, les huissiers français ne se tiennent pas pour suffisamment éclairés, c'est qu'ils ont décidément un bien mauvais caractère.

136. Nous croyons, comme Bynkershoek, et avec les rédacteurs des *Pandectes belges*, qu'il faut s'en tenir au droit commun.

En effet, l'exterritorialité n'est qu'une fiction, qui doit être interprétée restrictivement et dont les effets cessent avec les motifs qui lui servent de base. Elle sert à caractériser l'indépendance de l'envoyé étranger. Or, les formalités judiciaires n'ont rien de commun avec cette question d'indépendance; elles ne tombent pas sous l'application d'une fiction qui ne touche qu'à la compétence; car il ne s'agit pas, pour l'heure, de savoir dans quel cas l'envoyé peut être valablement assigné devant la juridiction territoriale, mais dans quelle forme il convient de l'assigner devant cette juridiction; et ceci n'a aucun rapport avec l'indépendance de l'envoyé. S'il a été indûment assigné, la forme de l'assignation n'y sera pour rien.

Quand il s'agit de formalités judiciaires, il faut appliquer les lois qui concernent ces formalités; et s'il n'existe, en cette matière, aucune déro-

gation au droit commun, il faut appliquer le
droit commun. Annuler une citation en justice,
ou tout autre acte de procédure signifié conformément à la loi locale, sous prétexte d'inviolabilité
diplomatique ou d'égards dus aux représentants
d'une puissance étrangère, ce serait manifestement
méconnaître ce principe, qui domine toute la matière,
que les nullités de forme sont relatives et ne peuvent
jamais être étendues au delà des cas limitativement
fixés par la loi.

Et d'ailleurs, en quoi l'indépendance ou le prestige
de l'envoyé seraient-ils compromis, parce qu'on lui
aurait notifié un exploit en personne ou à son hôtel?
Une telle notification n'a aucun caractère coercitif;
elle n'implique aucune contrainte; il ne s'agit pas de
traîner la partie assignée de force devant le magistrat territorial : cette façon de procéder n'est plus de
notre temps. L'envoyé reste libre de ne pas comparaître et aucune conséquence fâcheuse ne résultera
pour lui de sa non comparution, puisque le magistrat
devra déclarer d'office son incompétence si la cause
n'est pas de son ressort; ce que lui seul a qualité
pour apprécier. Si par hasard une condamnation
intervenait, par suite d'une fausse appréciation de la
question de compétence, l'inviolabilité de l'envoyé le
protégera contre toute exécution intempestivement.

pratiquée dans sa demeure, et le jugement sera soumis à la revision de sa juridiction nationale, au cas où l'on prétendrait l'exécuter dans son pays d'origine; sans compter que l'envoyé a toujours la ressource de faire opposition au jugement par défaut que l'on voudrait exécuter sur des biens saisissables au lieu de sa résidence.

On veut, sous prétexte d'inviolabilité diplomatique, que le diplomate soit assigné par l'intermédiaire du parquet ou du département des affaires étrangères. Mais ce mode de procédure ne l'empêchera pas d'être assigné et ne le protégera pas contre l'exercice d'une action téméraire; car il est impossible d'admettre que l'appréciation de la validité de l'assignation appartienne, quant au fond, soit au parquet, soit au ministre des affaires étrangères; et, dès lors, où est la garantie?

En fin de compte, ce sera un huissier du département des affaires étrangères qui aura transmis la copie à l'envoyé, à moins que ce ne soit un infime saute-ruisseau. La belle avance! Pourquoi pas l'officier public dans les attributions duquel rentre cet office?

Une signification par la voie du parquet ou du ministre des affaires étrangères entraîne des longueurs superflues et offre, en somme, moins de garanties pour l'intéressé que le ministère de l'huissier. Les intérêts bien entendus de l'envoyé sont donc hors de cause.

Et qu'on ne vienne pas nous parler de la nécessité de ménager la dignité et le prestige de l'envoyé. Car c'est une singulière façon de l'honorer que de vouloir lui appliquer une procédure dont on ne se sert d'ordinaire qu'à l'égard des gens sans domicile.

Le recours au parquet est fondé sur l'impossibilité où se trouve l'officier instrumentant de se transporter à l'étranger pour notifier l'exploit; et, dès lors, il est ridicule de recourir à cette voie lorsque la partie qu'il s'agit d'assigner se trouve sur les lieux.

137. Villefort, nous l'avons dit, prétend établir une distinction, selon que la compétence territoriale dérive de la nature de la cause, ou d'une soumission volontaire de la personne privilégiée à la juridiction territoriale (1). Dans ce dernier cas, il admet la faculté d'assigner directement le défendeur par un exploit signifié à sa personne ou en son logis, mais non plus quand le défendeur ne fait que subir une juridiction forcée; « car, dit-il, la position de l'agent » diplomatique est loin d'être aussi favorable lors-

____

(1) Villefort, loc. cit.

» qu'il a renoncé de lui-même à son privilège, que
» lorsqu'il se trouve assujetti à la juridiction locale
» à raison d'une compétence qui résulte de la nature
» des choses, comme en matière réelle; dans ce
» dernier cas, il retient de son privilège tout ce
» qu'il peut en retenir, et notamment la fiction en
» vertu de laquelle il est réputé n'avoir pas quitté
» le territoire de son pays... Mais lorsque le ministre
» renonce de son gré au privilège de l'exemption de
» juridiction, il fait tomber la fiction de l'exterrito-
» rialité avec ce qui en dépend, et alors les choses
» doivent suivre leur cours ordinaire ».

Étrange raisonnement! Qu'on discute la question
de savoir si le droit commun reste applicable dans
l'hypothèse d'une renonciation au bénéfice de l'exterritorialité, passe encore! L'on est peut-être autorisé
à dire, dans ce cas (en se fondant sur la nécessité
d'interpréter restrictivement toute renonciation à un
droit), que le fait de se soumettre à une juridiction
dont on est affranchi en principe, n'implique pas
nécessairement une intention de renoncer aux
garanties particulières qui résultent d'une certaine forme de procéder. Mais n'est-il pas évident
que la fiction de l'exterritorialité cesse bien certainement d'être applicable, qu'elle tombe avec les
motifs qui lui servent de base et ne saurait plus être

invoquée, dans les causes qui ressortissent à la juridiction locale à raison de l'objet de la contestation, en d'autres termes dans les matières qui n'ont aucune corrélation avec la personnalité publique ou privée de l'agent? C'est précisément et surtout dans cette hypothèse qu'il nous paraît impossible de ne pas admettre que la compétence territoriale entraîne forcément l'application des règles ordinaires de la procédure.

Nous croyons qu'il en est ainsi quelle que soit la cause de la compétence. Comme le disent très bien les rédacteurs des *Pandectes belges*, « du » moment que la compétence d'un tribunal est » reconnue, il faut admettre *à fortiori* la mise en » œuvre des moyens légaux de le saisir (2). »

Au surplus, nous croyons qu'il n'y a pas à rechercher, en l'occurrence, ni sur quel motif se fonde la compétence de la juridiction que l'on prétend saisir d'une instance quelconque, ni même si cette juridiction est vraiment compétente, attendu que les modalités de la procédure dépendent, dans tous les systèmes législatifs imaginables, d'un ordre

----

(2) *Pandectes belges*, loc. cit., n° 294. — Dans ce sens, un jugement du tribunal civil de la Seine du 28 janvier 1885, en cause de Gaspin contre de Brux. (*Journal...* de CLUNET, 1885, t. XII, p. 426.)

d'idées et d'intérêts qui n'a rien de commun avec la matière de la compétence.

138. Nous arrivons ainsi à cette conclusion inéluctable : que les significations judiciaires restent soumises au droit commun, en l'absence d'une dérogation expresse ; que les règles relatives aux significations à faire à des étrangers qui résident dans le pays, sont applicables aux agents diplomatiques, lorsqu'ils y résident effectivement ; et que la signification à la personne même de l'intéressé est toujours recevable, puisque toutes les législations admettent, généralement, ce mode de procéder éminemment rationnel.

139. A ce propos, il importe de remarquer que le droit anglais ne connaît pas d'autre mode d'assigner un étranger non domicilié dans le pays, que celui d'un mandement de comparaître signifié au défendeur en personne, en sorte que la question que nous venons de discuter ne se présente pas dans les pays régis par ce droit (a).

(a) Quant aux formes établies dans les divers États pour les assignations aux étrangers, voir FOELIX, loc. cit., l. II, tit. II, ch. II, note 3.

CHAPITRE IV

De la franchise qui protège la demeure des diplomates

140. La franchise qui protège la demeure des diplomates a donné lieu à diverses interprétations erronées, provenant de ce qu'on a perdu de vue le caractère fictif de l'exterritorialité et la nécessité de l'interpréter restrictivement, sans l'étendre à un ordre d'idées ou d'intérêts pour lequel elle n'a pas été établie. On a raisonné comme si la maison de l'envoyé étranger était effectivement une dépendance du territoire de son pays d'origine : fausses prémisses qui devaient aboutir à de fausses conséquences.

De là, cette idée bizarre qu'un acte de procédure ne pourrait être signifié, en matière civile, dans l'hôtel d'une légation étrangère.

De là aussi, la pratique abusive du droit d'asile, dont nous avons déjà touché un mot.

De là encore, la question de savoir si les crimes ou les délits commis dans l'hôtel d'une légation, par des personnes étrangères à cette légation, sont ou non du ressort de la juridiction territoriale.

141. Jadis, les diplomates prétendaient considérer leur demeure comme une dépendance réelle du territoire de leur nation, d'où nul inculpé ou malfaiteur avéré ne pouvait être extradé sans leur consentement. Les hôtels des légations étaient ainsi devenus des lieux d'asile pour des individualités plus ou moins respectables qui cherchaient à échapper aux poursuites de la police locale. Elles s'y trouvaient sous la protection de l'envoyé, qui, selon son bon plaisir, les livrait à leur juge naturel, ou leur assurait l'impunité. Et souvent même l'asile s'étendait à tout un quartier avoisinant, où l'envoyé régnait en maître omnipotent. C'est ce qui s'appelait la *franchise des quartiers*.

142. Laurent prétend considérer ce soi-disant droit d'asile comme une conséquence logique de l'exterritorialité (1).

Cette prétendue conséquence n'a pourtant été admise par aucun des plus zélés défenseurs des

(1) Loc. cit., n° 67.

immunités diplomatiques (2) ; et d'ailleurs il n'est
pas vrai qu'elle soit logique, puisqu'on n'y aboutit
qu'en étendant arbitrairement ces immunités à des
personnes au profit desquelles elles n'ont pas été
établies.

La franchise de l'habitation diplomatique n'est
que la sanction d'une immunité personnelle, et dès
lors elle n'existe qu'au profit des bénéficiaires de
l'immunité. Peu importe qu'à tort ou à raison on
prétende caractériser cette franchise par une fiction;
il n'en reste pas moins vrai que l'exterritorialité n'est
qu'une fiction, qui doit s'effacer devant la réalité
lorsqu'on n'est plus en présence des intérêts internationaux qu'elle a pour objet de sauvegarder. Son
but est de protéger les représentants des puissances
étrangères et les gens de leur suite contre toute
entreprise indue des autorités locales; mais si
l'action de ces autorités est légitime, parce qu'elle
s'adresse à des individus soumis à leur juridiction,

---

(2) Nous ne citerons que les plus anciens : GROTIUS, t. II, ch. XXI,
§ IV ; — BYNKERSHOEK, ch. XXI : « Si on consulte les lumières de
la raison, je doute qu'on ait jamais rien inventé de si ridicule que
le droit d'asile attaché aux maisons des ambassadeurs... » ; —
WICQUEFORT, loc. cit., l. I, sect. XXVIII ; — VATTEL, l. IV, chap. IX,
n° 118 ; — MERLIN, loc. cit., sect. V, § V ; — CH. DE MARTENS, § 34...
Il faut pourtant bien reconnaître qu'*en fait*, l'asile diplomatique a été peut-être, quelquefois, un correctif à la barbarie des
coutumes ou au despotisme des princes.

il est clair que toute entreprise contraire devient un attentat contre la souveraineté territoriale, justifiant, de la part de celle-ci, tous les actes constitutifs d'une défense naturelle.

Sans doute, c'est chose délicate de concilier, dans la pratique, les droits de la souveraineté territoriale avec les immunités de l'ambassadeur (il y a là une question de tact impossible à formuler); mais il est certain qu'en cas de doute, c'est au privilège à céder devant le principe supérieur de la souveraineté.

143. La question de savoir quelle est la procédure à suivre pour atteindre l'inculpé qui se serait réfugié dans l'hôtel d'une légation étrangère, dépend nécessairement de la législation interne de chaque État. Les usages internationaux veulent seulement qu'il n'y soit procédé à aucune arrestation ou perquisition qu'avec les ménagements et les égards commandés par le respect de l'inviolabilité diplomatique.

C'est ainsi qu'il est généralement admis que le ministère public doit préalablement solliciter du chef de la légation la tradition volontaire de l'inculpé (sauf à prendre provisoirement, au dehors, toutes les mesures nécessaires pour assurer la capture du fugitif), et qu'il devra en référer au gouvernement en cas de refus. Mais il est certain que les agents diplomatiques ne sont pas autorisés, selon l'usage commun des nations européennes, à refuser la tradition d'un justiciable territorial qui aurait cherché un refuge dans leur habitation et qu'il appartient, en dernière analyse, au gouvernement local d'autoriser ses agents à pratiquer, dans la demeure du diplomate, tous les actes d'investigation ou de poursuite prescrits par la loi locale (1).

D'aucuns admettent même la faculté pour les autorités subalternes d'agir spontanément dans les cas qui ne comporteraient aucune temporisation,

______

(1) HEFFTER, § 42, n° VIII; § 63, n° IX; et § 212; — KLÜBER, § 208; — PRADIER-FODÉRÉ, n° 1419; — FAUSTIN HÉLIE, loc. cit., n° 865; — ESPERSON, loc. cit., nos 266 et 271; — *Pandectes belges*, loc. cit., n° 275, — HAUS, *Principes généraux du droit pénal belge*, n° 205.

« Pour obtenir la tradition, disent les *Pandectes belges*, l'officier du ministère public en référera au gouvernement, qui invitera l'ambassadeur à livrer l'inculpé aux autorités locales et qui, après avoir inutilement renouvelé la demande, peut ordonner à ses agents de pénétrer dans l'hôtel et d'y arrêter l'inculpé. »

Considérée comme définitivement tranchée en Europe, dans le sens de l'abolition, la question du droit d'asile n'a pas cessé d'être agitée dans l'Amérique espagnole. Voir à cet égard dans le *Traité de droit international* (III, nos 1422 à 1424) et dans le *Cours de droit diplomatique* (II, ch. XII) de PRADIER-FODÉRÉ, l'analyse des discussions qui eurent lieu, au Pérou dans le courant des années 1865 à 1867.

lorsque, par exemple, un malfaiteur, poursuivi par la clameur publique, se serait échappé des mains de la police pour se réfugier dans la maison d'un envoyé étranger (2).

144. Ch. de Martens, dans son *Guide diplomatique (a)* déclare qu'on a sagement fait de supprimer « le prétendu droit d'asile, dont on a tant abusé » jadis ». Mais quand il aborde la question de savoir comment il convient de procéder pour obtenir la tradition du fugitif, il préconise des tempéraments qui nous ramènent aux anciens errements. « Nous » pensons, dit-il, qu'en tout état de cause, la maison » d'un ministre (étranger) ne peut être visitée » contre la volonté de ce ministre. Si ce dernier » résiste à toutes les sommations, que le gouver-» nement lui enjoigne de se retirer et lui envoie » ses passeports, rien de mieux ; mais toute vio-

(2) MANGIN, loc. cit., n° 82 ; — FAUSTIN HÉLIE, loc. cit., n° 865 ; — PASQUALE FIORE, *Traité de droit pénal international,* traduit par Ch. Antoine, t. I, n° 28.

Faustin Hélie enseigne « ... que les autorités locales doivent en référer à l'ambassade pour obtenir son agrément, ou au ministre des affaires étrangères pour obtenir son autorisation, et que, *sauf le cas de nécessité pressante* où le bien public serait en danger et ne permettrait point de délai, elles doivent attendre, pour agir, la détermination du gouvernement. »

Dans le même sens, VATTEL, l. IV, ch. IX, n° 118.

(a) Loc. cit., § 34.

» lence contre son domicile nous paraît être une
» atteinte contre le droit des gens. Si le coupable
» avait franchi la frontière, ce serait uniquement
» par voie diplomatique que son extradition pour-
» rait être demandée; donc, par analogie, et comme
» conséquence d'une fiction qu'il faut respecter, on
» doit considérer la frontière comme franchie par
» l'inculpé quand il est parvenu à pénétrer dans
» l'hôtel d'un ministre étranger. »

Nous avouons ne pas bien comprendre les avan-
tages pratiques d'un système qui consiste à ménager
le ministre en l'expulsant, ni l'utilité de recourir à
des voies détournées qui ne peuvent qu'entraîner
des lenteurs, souvent inconciliables avec les exigences
de la vindicte publique. Le système de Ch. de Martens nous paraît de nature à engendrer des com-
plications plus graves que celles qui résulteraient
d'un régulier exercice des pouvoirs de la juridiction territoriale. Il repose d'ailleurs sur de fausses
prémisses, en ce qu'il considère l'hôtel de la légation comme une dépendance réelle d'un territoire
étranger, ce qui rendrait en effet nécessaire le
recours à une procédure d'extradition proprement
dite; et, d'autre part, les conclusions qu'il en
déduit ne sont pas juridiques, puisqu'elles tendent à
obtenir l'extradition d'un inculpé contre le gré de

la souveraineté sur le territoire de laquelle il se
serait réfugié.

145. Les mêmes considérations qui ont fait rejeter
de la pratique des États européens le prétendu
droit d'asile, établissent la compétence de la juridiction territoriale à l'égard des crimes ou des délits
commis dans l'intérieur de l'hôtel d'une légation par
une personne étrangère à cette légation. L'exterritorialité n'est qu'une fiction, prenant fin avec les
motifs qui lui servent de base; son objet est de
sauvegarder les immunités personnelles des agents
diplomatiques et des gens de leur suite : dès lors,
elle n'est pas applicable à des personnes qui ne
participent pas à ces immunités. A l'égard de
celles-ci, le principe général de la territorialité de la
loi pénale conserve donc son empire.

Peu importe, au reste, la nationalité ou la qualité
de la victime; et peu importe, de même, la nationalité du délinquant : ces circonstances ne sont pas
de nature à influer sur une compétence qui, partout,
est exclusivement régie par la loi du lieu où le délit
a été commis.

146. On s'étonne de rencontrer comme contradicteur de cette théorie, un jurisconsulte aussi
sérieux que Heffter. D'après lui, en cas de crimes ou

de délits commis dans l'intérieur de l'hôtel d'une légation par des gens de la suite du ministre *ou bien sur
eux, et lorsque le coupable a été saisi dans l'hôtel*, le
gouvernement près duquel le ministre est accrédité
ne peut, sous aucun prétexte, en demander l'extradition (*a*).

Ce système revient encore une fois à prendre la
fiction pour la réalité. Selon Heffter, la franchise
de l'habitation diplomatique est une *immunité réelle*;
c'est la qualification qu'il lui donne. Cette manière de
concevoir la franchise aurait dû le mener logiquement à admettre le droit d'asile, que pourtant il
rejette. Mais Heffter n'aime pas les fictions légales;
du moins critique-t-il celle de l'exterritorialité. Ce
n'est pourtant pas une raison pour méconnaître et le
caractère fictif de l'exterritorialité, et cette règle
essentielle que toute fiction est d'interprétation
étroite et ne peut être étendue à des cas qu'elle n'a
pas pour objet de régir.

147. Au surplus, la compétence de la juridiction
territoriale est reconnue, en la matière, par la jurisprudence internationale (1). Elle a été admise

(*a*) Loc. cit., § 246.
(1) Cassation française, 13 octobre 1865 (Sirey, 1866); —
cour suprême de Leipzig, 26 novembre 1880 (*Journal...* de
Clunet, 1882, p. 336).

notamment par un accord diplomatique intervenu entre la France et la Russie, en 1867, à l'occasion d'un attentat commis à Paris par un sujet russe, dans l'hôtel de l'ambassade de Russie, sur la personne d'un fonctionnaire de l'ambassade (2).

148. De fausses conclusions ont encore été déduites, en certaines matières civiles, d'une fausse conception du principe de l'exterritorialité. C'est ainsi que la jurisprudence française a été appelée maintes fois à se prononcer sur la validité des mariages contractés par des Français dans l'hôtel de la légation d'une nation étrangère, en conformité

(2) Un certain Mikitchenkoff, sujet russe, s'était présenté à l'hôtel de l'ambassade de Russie à Paris, pour solliciter son rapatriement. Sa requête n'ayant pas reçu l'accueil sur lequel il comptait, le requérant déchargea un pistolet sur un fonctionnaire de l'ambassade et sur deux personnes accourues au secours de ce dernier. Le cabinet de Saint-Pétersbourg réclama la connaissance de la cause pour la juridiction russe, en se fondant sur cette double circonstance que le crime avait été commis dans l'hôtel de l'ambassade de Russie, et que la victime et l'auteur de l'attentat étaient tous deux de nationalité russe ; mais le gouvernement français ayant contesté l'applicabilité de l'exterritorialité en l'espèce, le cabinet de Saint-Pétersbourg n'insista pas, tout en se réservant d'agir éventuellement de la même manière par rapport à la demeure de l'ambassadeur de France à Saint-Pétersbourg. En conséquence, l'inculpé passa en jugement à Paris, où il fut condamné, par application de la loi française, aux travaux forcés à perpétuité. (FR. DE MARTENS, traduit par Leo, l. I, ch. I, sect. V, § 12.)

des lois de cette nation. On invoquait la fiction de l'exterritorialité à l'appui de la prétendue validité de ces mariages contractés en fraude de la loi locale, en se prévalant de la règle : *Locus regit actum*. Mais la jurisprudence française en a invariablement prononcé la nullité. Elle a décidé qu'on ne saurait invoquer, dans ces cas, l'accomplissement des formalités de la loi étrangère, parce que l'hôtel d'une légation n'est regardé, d'après le droit des gens, comme une portion du territoire de la nation représentée par cette légation, qu'au point de vue exclusif des immunités diplomatiques (1).

(1) Cassation, 10 août 1819 (DALLOZ, *Rép.*, v° Actes de l'état civil, n° 355); — cour de Paris, 6 avril 1869 (SIREY, 1870, 1, 1878); — tribunal de la Seine, 2 juillet 1872 (Id., 1872, 2, 248); — id., 21 juin 1873 (*Journal du Palais*, 1874, t. I, pp. 70-73).

— Arrêt du 6 avril 1869 : « ... Considérant que le mariage contracté en pays étranger, dont s'occupe l'art. 171, c. Nap., est celui qui a été contracté *sur le sol étranger*,... qu'ainsi le texte même de cette disposition ne permet pas de l'appliquer à un mariage contracté sur le sol français, dans l'hôtel d'un agent diplomatique; considérant que de Meffray ne pouvait contracter mariage que dans les conditions énoncées en l'art. 165, c. Nap.; que l'acte ou certificat du 29 juillet 1868, dont on excipe pour établir un prétendu mariage, ayant été dressé pour échapper aux prescriptions de cet article, n'a aucune valeur, n'établit aucun lien et ne produit aucun effet entre les personnes qui y ont concouru;...

» Considérant, d'autre part, que la fiction du droit des gens qui répute continuation du territoire étranger la demeure des agents diplomatiques, a uniquement pour objet d'assurer

Il ne rentre pas dans le cadre du présent travail de rechercher quelle est l'étendue de la compétence des agents diplomatiques ou consulaires comme officiers de l'état civil; question qui dépend de la

l'inviolabilité de la personne de ces agents et les immunités dérivant de ce principe; considérant que cette fiction de l'exterritorialité ne peut être étendue à des faits qui auraient pour objet de protéger une fraude à la loi française... »

— Jugement du 2 juillet 1872 : « Attendu que l'on ne saurait invoquer pour la validité du mariage dont il s'agit l'accomplissement des formalités anglaises, quoique l'acte ait été passé à l'ambassade britannique; que cette circonstance ne peut avoir pour résultat de faire considérer la célébration comme ayant eu lieu en Angleterre; attendu, en effet, que si l'hôtel d'une ambassade doit, selon le droit des gens, être regardé comme territoire de la nation que représente l'ambassadeur, ce n'est qu'au point de vue des immunités consacrées par les traités internationaux au profit des agents diplomatiques, mais que cette fiction d'extranéité ne saurait être étendue aux actes de la vie civile intéressant les indigènes du pays près duquel est accrédité l'ambassadeur; que c'est donc en France et sur le territoire français que se trouvaient Morgan et la demoiselle French lorsqu'ils ont contracté l'acte du 26 novembre 1867; attendu qu'à supposer que le chapelain Cox eût les pouvoirs suffisants pour procéder au mariage d'un Anglais avec une personne de la même nationalité, il était sans compétence pour unir légitimement une Française à un Anglais; attendu, d'après ce qui précède, que le mariage entre Morgan et la demoiselle French devant se contracter à Paris, ne pouvait l'être d'une manière légale qu'avec les conditions prescrites par la loi française, et que c'est au regard de cette loi que, dans l'espèce, s'appliquait la maxime : *Locus regit actum;* d'où il suit que, l'un des futurs étant Français, le mariage devait être célébré publiquement devant l'officier de l'état civil français ».

Voir P.-G. ODIER, loc. cit., pp. 335 et 336.

législation interne des États et qui a été diversement
réglée d'un pays à un autre (2).

Il importe pourtant d'observer que si le droit des
gens admet cette compétence à l'égard des actes de
l'état civil qui intéressent les compatriotes d'un
fonctionnaire étranger, ce n'est pas en vertu d'une
fiction d'exterritorialité, mais parce que les nations
ont trouvé opportun d'admettre sur ce point l'empire
de la loi personnelle.

La réception par un fonctionnaire étranger d'un
acte de l'état civil se rapportant à un de ses nationaux, ne saurait être considérée comme un empiéte-
ment de ce fonctionnaire sur la souveraineté de
l'État près duquel il est accrédité. Mais il en est
autrement des actes qui concernent des regnicoles.
Un tel acte peut bien être valable d'après la loi
nationale de l'agent qui l'a reçu ; mais il ne saurait
l'être d'après la loi du lieu où il a été passé.

149. La fiction de l'exterritorialité a soulevé encore
une question bizarre : celle de savoir quelle est la
nationalité des enfants nés dans l'hôtel d'une légation étrangère. « Pour ce qui est des enfants qui

(2) Voir sur ce sujet un article d'ÉMILE STOCQUART, avocat à la
cour d'appel de Bruxelles, dans la *Revue de droit international et
de législation comparée,* t. XX, 1888, p. 260.

» naissent *à un agent diplomatique*, dit Bynkers-
» hoek, tout le monde convient qu'ils sont regardés
» comme s'ils étaient nés dans le lieu où leur père a
» son domicile (1). »

Ajoutons que la fiction ne pourra pourtant être
invoquée par l'enfant qui serait né, dans l'hôtel
d'une légation, d'un père étranger à cette légation (2).

(1) Loc. cit., ch. XV, § VIII.

(2) « ... On a demandé si un enfant né en France d'un
étranger dans l'hôtel d'un ambassadeur d'une puissance étrangère, pourrait, aux termes de l'art. 9 du code civil, réclamer,
lors de sa majorité, la qualité de Français. Dans la réalité, l'enfant
est né en France; dans la fiction, il est né à l'étranger : qui doit
l'emporter ici, de la vérité ou de la fiction? Évidemment, c'est la
vérité. C'est un de ces cas où il faut se souvenir et se servir du
principe de Montesquieu, que les règles du droit des gens ne
doivent pas être étendues aux matières de droit civil, et réciproquement. En effet, si, d'après le droit des gens, l'hôtel d'un
ambassadeur est censé sur territoire étranger, c'est uniquement
dans l'intérêt de l'inviolabilité et de l'indépendance diplomatiques ;
le droit des gens protège par là la situation politique, mais ne
s'occupe en rien de l'état civil ; la loi civile reste seule maîtresse
de cet état. » (DALLOZ, loc. cit., n° 152.)

CHAPITRE V

Des personnes qui jouissent du bénéfice de l'exterritorialité

§ 1. FONCTIONNAIRES DIPLOMATIQUES ET CONSULAIRES

150. Les mandataires ou ministres par l'entremise desquels les États traitent de leurs affaires, étaient appelés par les Romains *legati*, ce qui s'entend de gens *envoyés* en députation.

La même idée est renfermée dans le terme générique d'*ambassadeur*.

Au xviᵉ siècle apparaît une nouvelle dénomination, d'origine italienne : celle d'*agent.*

D'après un vieil auteur français (1), elle servait à désigner « celui auquel on ne veut faire qu'à demi « l'honneur d'ambassadeur ».

(1) HENRI ESTIENNE : « Il y a aussi un autre mot nouvellement venu d'Italie, touchant celui auquel on ne veut faire qu'à demi l'honneur d'ambassadeur ; on l'appelle *agent,* et principalement quand il est envoyé à un prince qui est moins que roi. » (MERLIN, loc. cit., sect. I.)

Au siècle suivant, la fréquence des relations internationales et l'importance des négociations déterminèrent les gouvernements à employer des agents permanents, qui étaient souvent recrutés sur place. Nous voyons alors apparaître le *résident*.

A cette époque de la splendeur monarchique remontent des distinctions, jusqu'alors inconnues, d'après lesquelles tel ministre est censé représenter son souverain plus parfaitement que tel autre. C'est ainsi qu'au temps de Vattel, le corps diplomatique est hiérarchiquement divisé en *ambassadeurs, envoyés* et *résidents*. « Les premiers sont seuls » revêtus du caractère représentatif proprement » dit... Le titre d'envoyé implique pourtant un » certain degré de dignité et de considération (2)...

Quant au résident, « c'est celui qui, bien que » muni de lettres de créance, comme l'envoyé, » ne représente aucunement la personne de son » maître dans sa dignité, mais seulement dans ses » affaires (3). » Le Dictionnaire de l'Académie

---

(2) VATTEL, l. IV, ch. XVI. — C'est ce que déclare formellement l'art. 2 du règlement fait à Vienne le 19 mars 1815 (annexé au traité du 9 juin 1815); ce règlement avait pour objet « de prévenir les embarras qui se sont présentés et qui pourraient naître encore des prétentions de préséance entre les divers agents diplomatiques ».

(3) MERLIN, loc. cit., sect. I.

française nous apprend, « qu'il est moins qu'un
» ambassadeur, mais plus qu'un agent (4). »

Il y a aussi le simple *ministre*. « Il représente
» son maître, dit Vattel, d'une façon vague et indé-
» terminée... »

L'agent non qualifié n'est plus dès lors qu'un
chargé des intérêts privés du prince. « La signifi-
» cation de ce mot marque, dit Wicquefort, que ce
» n'est qu'un faiseur d'affaires (5). »

Enfin, depuis la paix de Westphalie les titres se
sont encore multipliés. C'est ainsi que nous avons
aujourd'hui l'honneur de posséder, conformément à
des règlements adoptés, au commencement de ce
siècle, par les congrès de Vienne et d'Aix-la-Chapelle,
quatre ordres d'agents diplomatiques, qui sont :
1° Les ambassadeurs, légats et nonces ; 2° les envoyés
ou ministres extraordinaires ou plénipotentiaires et
les internonces ; 3° les ministres résidents et les
ministres chargés d'affaires ; et 4° les simples chargés

(4) Le Dictionnaire de l'Académie française définit le résident :
« Celui qui est *envoyé* de la part d'un souverain vers un autre,
pour résider auprès de lui, et qui est moins qu'un ambassadeur,
mais plus qu'un agent ».

(5) WICQUEFORT, loc. cit., l. I, sect. V. — « Autrefois, dit
Vattel, les agents étaient une espèce de ministres publics ; mais
aujourd'hui que les titres sont multipliés et prodigués, celui-ci
est donné à de simples commissionnaires de princes pour leurs
affaires particulières... Ils ne sont pas ministres publics. »

d'affaires, qui ne sont accrédités qu'auprès du département des affaires étrangères des pays où ils sont envoyés (6).

151. Toutes ces distinctions, qui sont d'une extrême importance au point de vue du cérémonial et des préséances, ne comptent guère sur le terrain des immunités diplomatiques. Celles-ci appartiennent (selon la définition qui avait été adoptée dans le projet du code civil des Français) à tous « les » étrangers revêtus d'un caractère représentatif de » leur nation, en qualité d'ambassadeurs, de minis- » tres, d'envoyés, *ou sous quelque dénomination que* » *ce soit* (1); » en d'autres termes, à tous les *agents politiques* d'une puissance étrangère.

C'est du caractère représentatif de ces agents que dérive leur bénéfice d'exterritorialité; et, par suite, c'est la nature de leur mandat qu'il faut envisager plutôt que leur titre, pour apprécier la question de savoir s'il ont droit à ce bénéfice (2).

Du temps de Bynkershoek, les agents non qualifiés ne jouissaient pas des immunités diplomatiques,

(6) Travers Twiss, loc. cit., n° 206.
(1) Voir le n° 44.
(2) Vattel, l. IV, ch. XVI; — Réal, t. V, ch. I, sect. VII, n° 7; — Merlin, loc. cit., sect. V, § IV, art. V; — Dalloz, loc. cit., n° 105; — Gand, loc. cit., n° 52.

parce qu'ils n'étaient alors que « des commission-
» naires particuliers de leurs princes, chargés de
» négocier certaines affaires qui ne regardent point
» les intérêts d'une puissance considérée comme
» telle » ; mais, au siècle précédent, ils en jouissaient, parce que « dans ce temps-là les agents
» avaient des commissions plus étendues ; ils repré-
» sentaient leur gouvernement de même que les
» autres ministres publics (3). »

152. Le bénéfice de l'exterritorialité appartient
aux consuls envoyés par les puissances européennes
en Afrique et dans les échelles du Levant. C'est qu'ils
sont accrédités dans ces pays comme des ministres
publics ; ils en remplissent les fonctions, s'ils n'en ont
pas le titre ; et, tout au moins, ils y exercent à
l'égard de leurs nationaux, au nom d'une souveraineté étrangère, des pouvoirs juridictionnels fort
étendus, qui leur donnent une sorte de caractère
représentatif.

En Europe, au contraire, le mandat consulaire
est d'une tout autre nature que le mandat diplomatique, et de la différence de ces mandats dérive
la situation différente des mandataires. Ici, le
consul est simplement chargé de protéger les intérêts

(3) Bynkershoek, ch. XIII

commerciaux de sa nation dans le pays de sa résidence ; son mandat n'a aucun caractère politique ;
sa nomination ne s'adresse pas directement au souverain du pays où il est envoyé ; il n'est pas porteur
de lettres de créance ; et ses pouvoirs sont soumis à
l'acceptation du gouvernement du pays où il est
envoyé. Il n'est donc pas investi d'une représentation de souveraineté ; et dès lors il ne jouit point du
bénéfice d'exterritorialité qui est attaché à cette
représentation.

Cependant, il peut arriver qu'un consul soit
exceptionnellement chargé d'un mandat politique.
Il n'est pas douteux qu'il ne jouisse dans ce cas des
franchises inhérentes à ses fonctions, pendant toute
leur durée, qu'il soit accrédité à titre définitif ou
par intérim.

153. Du temps de Bynkershoek, les opinions
paraissent avoir été divisées sur la question
de savoir s'il ne convenait pas de placer les consuls sur le même pied que les agents politiques,
au point de vue des franchises fondées sur le
droit des gens. Cette thèse, défendue par Leibnitz (1), fut favorablement accueillie par les États-

(1) WHEATON, *Histoire du progrès du droit des gens*, § 16.

Généraux des Provinces-Unies des Pays-Bas (2).

Néanmoins, elle ne prévalut pas dans la pratique des États, en pays de chrétienté. La tendance moderne semble même y être plutôt de restreindre que d'étendre les immunités consulaires.

Quoi qu'il en soit, il est certain que le corps consulaire ne possède dans ces pays, en fait d'immunités, que celles qui lui sont attribuées par des conventions formelles.

154. La règle la plus générale qui ressort de l'ensemble des traités, est celle de l'inviolabilité des archives consulaires. En aucun cas et sous aucun prétexte, il n'appartient aux autorités locales de saisir ces archives ou de perquisitionner dans le local affecté à leur dépôt (*a*).

155. Les traités reconnaissent aussi, d'ordinaire, aux membres des corps consulaires, une immunité

---

(2) BYNKERSHOEK, ch. X, § VI, et ch. XI, § IX.

(*a*) Cette règle est énoncée dans divers traités, notamment dans ceux intervenus : entre la France et les États-Unis, le 23 février 1853 (*Bulletin des lois*, 1853, n° 88); — entre les Pays-Bas et l'Espagne, le 18 novembre 1871, et entre les Pays-Bas et les États-Unis de l'Amérique du Nord, le 23 mai 1878 (*Annuaire de législation comparée*, III, 1874); — entre l'Italie et le Brésil, le 15 juillet 1879 (*Id.*, VII, p. 324); — entre la Belgique et les États-Unis de l'Amérique du Nord, le 26 juin 1881 (*Revue de droit international et de législation comparée*, XX, p. 505); — etc.

pénale qui consiste à ne pouvoir être arrêtés préventivement que dans les cas qui sont qualifiés *crimes* et punis comme tels par la législation des pays de leur résidence (*a*).

156. Ils jouissent d'autre part de certaines franchises d'impôts (1), et tout spécialement de l'exemption de toute réquisition militaire, qu'il s'agisse de logements ou de prestations en argent ou en nature (2).

157. De nombreux traités leur reconnaissent enfin le privilège de n'être pas contraints de comparaître personnellement comme témoins devant la justice locale, sans préjudice de leur obligation de fournir au moins une déposition par écrit (1).

(*a*) Conventions intervenues entre les Pays-Bas et les États-Unis, le 23 mai 1878 ; — entre l'Italie et le Brésil, le 15 juillet 1879 ; — entre la Belgique et les États-Unis, le 26 juin 1881 ; — etc.

(1) L'art. 3 de la convention conclue le 26 juin 1881 entre la Belgique et les États-Unis de l'Amérique du Nord, stipule, à cet égard, une exemption de toutes contributions directes imposées sur les personnes, soit à titre de capitation, soit du chef de leurs propriétés, à moins qu'elles ne soient imposées à raison de leurs immeubles ou des intérêts d'un capital employé dans l'État où elles exercent leurs fonctions.

L'immunité ne s'étend pas, d'ordinaire, aux droits de douane. (Traités conclus par les Pays-Bas avec l'Espagne, le 18 novembre 1871, et avec les États-Unis de l'Amérique du Nord, le 23 mai 1878.)

(2) Art. 3 des traités conclus par les États-Unis de l'Amérique du Nord avec les Pays-Bas et avec la Belgique...

(1) Art. 3 des conventions intervenues entre la France et les

Toutefois, certains traités décident au contraire que les membres des corps consulaires sont tenus de comparaître personnellement en justice, sur la réquisition des autorités compétentes, à moins d'un empêchement motivé par des affaires de service (2).

158. Il y a loin de ces immunités particulières au bénéfice général de l'exterritorialité ; et pourtant, quelque restreintes qu'elles soient, il est encore admis (et le plus souvent stipulé expressément dans les traités) qu'elles n'appartiennent aux agents consulaires que pour autant qu'ils soient les citoyens de l'État qui les a nommés et pour autant qu'ils n'exercent aucune profession, aucune industrie, aucun commerce (*a*).

159. Néanmoins, il est une franchise générale qui existe indépendamment de tout traité, comme une règle du droit des gens et comme un corollaire du

États-Unis, le 23 février 1853 ; — entre la France et l'Espagne, le 7 janvier 1862 ; — entre la France et l'Italie, le 26 juillet 1862 ; — entre l'Italie et le Brésil, le 15 juillet 1879 ; — entre les États-Unis et la Belgique, le 26 juin 1881 — etc.

(2) Traités intervenus le 1er août 1874 entre la Russie et la France, et le 8 décembre 1876 entre la Russie et l'Allemagne.

(*a*) Voir spécialement l'art. 3 du traité entre les États-Unis et la Belgique. On conçoit, au surplus, que l'inviolabilité des archives consulaires soit néanmoins proclamée d'une façon générale. (Art. 6 du traité susdit.)

principe de l'indépendance des États : c'est celle de l'indépendance des fonctions consulaires. Quoique soumis, en principe, à la juridiction du lieu de leur résidence, les fonctionnaires consulaires ne relèvent que de leur juridiction nationale dans tout ce qui touche à l'exercice de leurs fonctions.

Une application de ce principe a été faite, en Italie, par le tribunal de Livourne, dans un cas où il s'agissait d'obtenir l'exhibition de la patente de nationalité et des autres papiers de bord d'un navire saisi, aux fins de rechercher le vrai propriétaire du dit navire (*a*).

160. Il est à peine besoin de dire que les immunités diplomatiques ou consulaires forment l'apanage

(*a*) Jugement du 25 février 1870, en cause de Schiaffini contre Jonas Jensen et Stub. — En voici le sommaire d'après la *Gazette des avoués*, V, p. 326 :

« *I consoli essendo sotto la protezione del diritto delle genti non solo le carte da chiunque e comùnque depositate nei loro archivi e nelle loro cancellerie non possono sotto verun pretesto, ne in alcun caso essere sequestrate o visitate dall'autorità locale ma eglino stessi perché pubblici funzionari delegati da una potenza straniera non possono, senza offesadella nazione della quale tutelano gl'interessi commerciali, ricevere intimazione, o venire tradotti avanti i tribunali del luogo per tutte quelle operazioni che in qualunque maniera si ricongiungono alla pubblica qualità che rivestono. Quindi è radicalmente nulla una citazione fatta a un console per ottenere l'esibizione della patente di nazionalità, e delle altre carte di bordo d'una nave che si pignori, ad oggetto di constatare il vero proprietario della medesima.* »

commun de tous les membres des corps diplomatiques ou consulaires, quels que soient leurs grades
ou leurs titres.

Il en est ainsi spécialement des prérogatives
diplomatiques. Elles n'appartiennent pas seulement
aux chefs des missions, mais à tous les fonctionnaires qui les accompagnent et qui leur sont adjoints
pour les assister ou les suppléer, soit dans leur
mission générale, soit dans les branches spéciales
ressortissant à cette mission.

Ce principe a été proclamé par le tribunal de la
Seine, à l'occasion d'une action intentée contre un
attaché militaire d'une légation étrangère (a).

161. D'après Slatin, la suite officielle de l'envoyé
et les gens de sa maison privée ne pourraient
décliner la compétence de la juridiction locale, ni
renoncer au bénéfice de l'exterritorialité, sans l'assentiment du chef de la mission. Ceci revient à consi-

---

(a) Jugement du 31 juillet 1878, en cause de Dietz contre de la
Jara : « Les agents spéciaux dont un usage récent autorise
l'adjonction aux légations diplomatiques sous la désignation
d'attachés militaires, font également partie de ces légations. S'ils
ne représentent pas directement leur gouvernement, ils sont les
auxiliaires de son représentant pour tout ce qui concerne l'étude
des questions militaires : leur fonction n'est qu'un démembre-
ment des fonctions plus grandes du chef de la mission; accrédités par le gouvernement même, revêtus d'un caractère public

dérer l'exterritorialité comme un privilège personnel de ce dernier.

En ce qui concerne les gens de service, nul doute qu'ils ne participent qu'indirectement à l'immunité de leur maître et suivant le bon plaisir de celui-ci (1). Mais nous ne croyons pas qu'il en soit de même de la suite officielle. Pour être hiérarchiquement subordonnés au chef de la mission, les fonctionnaires diplomatiques n'en jouissent pas moins, à un titre personnel, des prérogatives et immunités inhérentes à leur office, et indépendamment de l'agent auquel ils sont subordonnés (2). Et quant à leur subordination au chef de la mission, elle relève de la législation

et officiel, il y a pour eux les mêmes raisons que pour les agents diplomatiques de ne pas être troublés dans leurs fonctions ou atteints dans leur dignité par des poursuites judiciaires ou des actes d'exécution ; ils puisent encore à la fois dans leur titre personnel et dans leur situation de dépendance d'une légation diplomatique, le droit de participer au privilège d'exterritorialité et aux prérogatives qui en découlent. » *(Journal... de* CLUNET, 1878, p. 500.)

Voir aussi un arrêt de la cour d'appel de Paris du 29 juin 1811. (DALLOZ, loc. cit., n° 118.)

(1) Voir le n° 171.

(2) VATTEL, l. IV, ch. IX, n° 122 ; — MERLIN, loc. cit., sect. VI ; — GAND, loc. cit., n° 49 ; — PASQUALE FIORE, loc. cit., n° 1246 ; — BOUSQUET, loc. cit., n° 45. « Les fonctionnaires de la mission, dit cet auteur, sont personnellement investis des immunités diplomatiques, et il ne dépendrait pas du chef de la mission de les en affranchir et d'autoriser des poursuites contre eux devant les tribunaux locaux. »

interne de chaque État, et non du droit des gens. Qu'ils puissent être tenus, en vertu d'une subordination hiérarchique, de régler leur ligne de conduite sur les instructions de leur chef, de même que celui-ci aura à se conformer aux instructions de son gouvernement, nous n'en disconvenons pas; mais il n'en est pas moins certain, à nos yeux, que les tribunaux du pays n'ont à envisager que les conclusions des plaideurs.

162. L'envoyé diplomatique relève le plus souvent, par sa nationalité, de l'État qu'il représente à l'étranger; mais il n'est pas indispensable qu'il soit le sujet de cet État, et il arrive même qu'il appartienne à l'État auprès duquel il est accrédité (1).

Jouira-t-il, dans ce dernier cas, du bénéfice de l'exterritorialité?

(1) Au siècle dernier, BYNKERSHOEK écrivait à ce sujet: « Les princes se servent souvent d'étrangers comme ambassadeurs, quelquefois même de ceux qui sont citoyens ou sujets de l'État où ils constituent leurs ministres. Il n'y a que les rois de France qui, aujourd'hui, ne reçoivent plus de leurs sujets en qualité de ministres des autres princes, comme le témoigne De Callières. Toutes les autres nations ne font aucune difficulté de reconnaître de telles personnes comme ambassadeurs, et la France même en a reçu autrefois... » (Loc. cit., ch. XI, § I.) — « De . nos jours, dit MERLIN (loc. cit., sect. III), quantité de princes allemands ont employé des Français pour leurs ministres auprès de Louis XVI...; mais depuis, et dans les dernières années de son règne, Louis XVI lui-même avait

C'est une question vivement controversée.

Précisons l'objet du débat.

Il est certain qu'aucun changement de nationalité ne résulte de ce simple fait qu'un regnicole accepte de remplir une fonction diplomatique dans son propre pays, au nom d'un gouvernement étranger.

Wicquefort a soutenu le contraire dans son traité sur *L'Ambassadeur et ses fonctions*; mais son opinion est suspecte, parce qu'il était personnellement intéressé dans la question (2); et, d'ailleurs, suivant le témoignage de Bynkershoek, « il n'entendait point le droit privé (3). »

réglé qu'il ne recevrait plus aucun Français comme agent diplomatique des puissances étrangères. » — L'usage, depuis, a encore varié en France, comme on le verra par la suite. — D'après SLATIN (loc. cit., p. 463), la législation suédoise interdit au gouvernement d'agréer un regnicole comme ministre d'une puissance étrangère. — Pour l'Espagne, voir le n° 37, note *a*.

(2) « Wicquefort s'est laissé séduire ici, dit BYNKERSHOEK (ch. XI, § VII), par son intérêt et son ressentiment particuliers. Il était né à Amsterdam, il avait demeuré à La Haye, où il était aux gages et sous l'obéissance des États-Généraux, même depuis que le duc de Lunebourg l'institua son agent sous le titre de résident. La cour de Hollande le fit arrêter et le condamna à une prison perpétuelle... Je ne dirai rien de la sentence en elle-même, si ce n'est qu'elle fut fondée sur ce que ce ministre condamné avait révélé, dans un commerce illicite de lettres, des secrets de l'État, qu'il aurait fallu cacher. Quoi qu'il en soit, voilà ce qui l'irrita et qui le fit se plaindre, en termes durs, qu'on avait violé envers lui le droit des gens. »

(3) Voir la note 2 du n° 102.

A la vérité, la perte de la qualité de regnicole peut résulter, en vertu d'une disposition formelle de la loi nationale, de l'acceptation non autorisée de fonctions politiques conférées par une puissance étrangère (4). Mais une telle disposition est évidemment inapplicable au cas où le regnicole a été agréé par son propre gouvernement comme représentant officiel de cette puissance.

Que si le regnicole qui accepte des fonctions diplomatiques, perd sa nationalité par la conséquence d'une naturalisation, la question disparaît; l'on se trouve alors en présence d'un diplomate étranger, qui a incontestablement qualité pour se prévaloir du droit commun international.

Nous supposons donc que le regnicole a été accrédité comme représentant d'une puissance étrangère, sans changer de nationalité. Il sera inviolable comme diplomate, cela n'est pas douteux. Il ne dépendra que de l'État qu'il représente, dans tout ce qui touche à l'exercice de ses fonctions; cela est encore indubitable : ainsi le veut l'indépendance respective des nations. Mais il s'agit de savoir s'il a droit aussi au bénéfice de l'exterritorialité; en d'autres termes, s'il reste, ou non, soumis à sa juri-

(4) Code Napoléon, art. 17, 2°.

diction nationale dans les causes qui n'ont aucun rapport avec l'exercice de ses fonctions diplomatiques.

163. La question a été tranchée dans le sens de la compétence de la juridiction territoriale par diverses législations, notamment par celles des Pays-Bas, de l'Allemagne, de l'Autriche et de la Grèce (*a*). Il semble donc qu'elle ne devrait pas exister pour la doctrine; car s'il est une autorité doctrinale supérieure à l'opinion des publicistes, ce doit être, croyons-nous, celle du législateur. Et cependant, les plus grandes divergences de vues se sont produites à ce propos.

164. D'après Bousquet (1), les jurisconsultes seraient presque unanimes à reconnaître la compétence de la juridiction territoriale à l'égard de l'agent diplomatique regnicole; et d'après Lawrence (2), le commentateur de Wheaton, cette compétence serait même universellement admise. Mais ces deux publicistes se trompent.

Il n'y a, à notre connaissance, que quatre auteurs qui soutiennent catégoriquement cette thèse : Byn-

(*a*) Voir précédemment les nᵒˢ 22, 49, 51, 53, 54, 56 et 57.
(1) *Agents diplomatiques et consulaires*, nᵒ 41.
(2) Commentaire du § 15 des *Éléments* de WHEATON.

kershoek (3), G.-F. de Martens (4), Klüber (5) et Wharton (6).

A la vérité, plusieurs publicistes se montrent fort perplexes; quelques-uns émettent même des avis contradictoires (7); et Wheaton notamment est peu explicite. Mais le plus grand nombre défend la thèse contraire (8).

(3) Loc. cit., ch. XV.
(4) G.-F. DE MARTENS, ch. V, § 216.
(5) KLÜBER, § 210.
(6) WHARTON, *Commentaries*, § 167.
(7) HEFTTER enseigne, d'une part, que « dans le cas où la personne exempte aurait conservé d'une manière non équivoque son précédent domicile dans le territoire, elle ne pourra décliner la compétence des tribunaux du pays » (§ 42, n° VII); et, d'autre part, que « la réception du ministre implique une suspension forcée des rapports de sujétion pendant toute la durée de la mission, du moins dans toutes les circonstances où ils seraient incompatibles avec l'exercice des fonctions diplomatiques » (§ 202); — puis, il dit plus loin, à propos de la juridiction pénale : « Si le ministre se trouve être le sujet du gouvernement près duquel il est envoyé, son caractère public le protégera difficilement contre les poursuites dirigées contre lui à raison des infractions qui lui sont imputées... » (§ 214).
D'après VATTEL, d'une part, « lorsque le ministre est en même temps sujet de l'État où il est accrédité, il demeure *incontestablement* soumis à la juridiction du pays dans tout ce qui n'appartient pas directement à son ministère... »; et, d'autre part, « lorsque rien ne décide ou n'indique le contraire, le ministre, quoique auparavant sujet de l'État, en est réputé *absolument indépendant* pendant tout le temps de sa commission... » (l. IV, ch. VIII, n° 112). — Voir aussi PRADIER-FODÉRÉ, d'une part les n°s 1270 et 1449, et d'autre part le n° 1278.
(8) GÉRARD DE RAYNEVAL, *Institutions*, p. 268; — MERLIN, loc. cit.,

Wheaton (9) pose en principe que le ministre reste soumis à la juridiction du pays de sa résidence, « s'il est citoyen du pays auprès duquel il est accré- » dité; et que ce pays n'ait pas renoncé à son autorité » sur lui ». Voilà qui est catégorique. « Mais on peut » se demander, ajoute immédiatement Wheaton, si » sa réception comme ministre d'une autre puis- » sance, sans aucune réserve, ne doit pas être consi- » dérée comme une renonciation à ce droit, puisque » pareille réception implique entre les deux États la » convention tacite qu'il sera entièrement exempt de » la juridiction locale. »

Il est bien vrai qu'on peut se le demander.

sect. III et sect. V, § IV, art. IV,; — Ch. de Martens, § 216; — Vergé sur Martens, § 218; — Neumann, § 42; — Slatin, loc. cit., p. 463; — Demangeat, dans le *Journal...* de Clunet, 1875, p. 89; — Haus, loc. cit., n° 203; — Goddyn et Michiels, loc. cit., § III, n° 2; — *Pandectes belges,* loc. cit., n° 268.

On voit par ces citations que la doctrine incline en France et en Belgique vers l'incompétence de la juridiction territo- riale.

Slatin, après avoir exposé le système contraire, qui domine législativement en Allemagne et en Autriche, dit : « Si cependant il n'y a pas de loi formelle sur la question de savoir si le sujet d'un État étranger doit, malgré sa mission diplomatique, rester soumis aux tribunaux de sa patrie, et si cette question n'a pas été tranchée lors de l'envoi du ministre, nous croyons que l'interprétation la plus favorable à l'immunité diplomatique doit prévaloir, et que le ministre doit jouir de l'exemption de la juridiction locale. »

(9) Loc. cit. p., 15, n° 2.

Il serait intéressant de savoir la réponse, mais Wheaton ne la donne pas.

Charles Calvo (10) n'est pas plus explicite. Il nous enseigne que « le ministre reste soumis aux auto- » rités locales pour tous les actes qu'il accomplit en » dehors de sa charge, s'il est sujet de l'État près » duquel il est accrédité et s'il n'a été reçu dans sa qua- » lité officielle qu'à la condition de rester soumis à la » juridiction du pays ». Mais, encore une fois, cette formule ne tranche pas la question. Il va de soi que la juridiction territoriale conservera son empire à l'égard du regnicole, s'il n'a été accrédité, comme représentant d'une puissance étrangère, qu'à la con- dition de rester assujetti à sa juridiction nationale. La question de savoir jusqu'à quel point le regnicole accrédité par un État étranger reste soumis à la juridiction de son pays, dépend principalement des conditions formelles de sa réception. La législation prussienne le déclare expressément, et bien inutile- ment d'ailleurs (11). Mais que faut-il décider si le regnicole a été accrédité purement et simplement, sans réserve aucune?

D'après Esperson, les indigènes ne seraient ordi- nairement admis comme ministres d'une puissance

(10) Loc. cit., § 523.
(11) Voir le nº 54.

étrangère, qu'à la condition de rester assujettis à la juridiction locale, en tout ce qui n'appartient pas à leur office (12). C'est parfait. Mais si cependant aucune réserve n'a été faite, que faut-il admettre?

165. Nous croyons, avec Bynkershoek, qu'il faut se prononcer, en cas de doute, pour la compétence de la juridiction territoriale. « Celui qui choisit » pour ambassadeur un de nos sujets, dit ce savant » magistrat, est censé mettre hors de notre juridic- » tion son emploi, et non pas sa personne ; ... un » tel ministre demeure sujet de celui de qui il » dépendait auparavant, à moins qu'il n'ait manifes- » tement changé de souverain ou de domicile. »

Wicquefort, nonobstant son ignorance du droit privé, avait donc placé le débat sur son véritable terrain ; il s'agit de savoir si un regnicole change de nationalité ou de domicile en acceptant une fonction diplomatique d'un gouvernement étranger. Or, cette question n'en est pas une.

Merlin se donne une peine bien inutile pour combattre longuement une thèse que Wicquefort a été seul à soutenir. Mais il rejette néanmoins la thèse de Bynkershoek, pour ce motif que le bénéfice de l'exterritorialité appartiendrait au regnicole

(12) Loc. cit., § 161.

en vertu d'une convention tacitement intervenue
entre les deux États lors de sa réception. « Par
» cela seul qu'un souverain admet son propre sujet
» à représenter auprès de lui un État étranger, il
» l'admet nécessairement avec les prérogatives
» attachées à son emploi. La qualité de sujet n'est
» pas effacée par la mission diplomatique; seulement,
» les effets en sont suspendus à l'égard des actions
» personnelles. »

Voilà un raisonnement qui ressemble fort à une
pétition de principe. Il revient à créer arbitrairement une seconde fiction à côté de celle de l'exterritorialité. On veut mettre le ministre regnicole sur le
même pied que le ministre étranger; et comme le
principe de l'exterritorialité ne mène pas logiquement
à ce résultat, on crée une seconde fiction pour les
besoins de la cause, en décidant, *ex professo*, qu'il
faut supposer que cela a été ainsi entendu entre les
deux États intéressés.

Si encore on aboutissait, par ce raisonnement
vicieux, à des résultats équitables et notamment à
une égalité de situation pour tous les ministres,
regnicoles ou étrangers! Mais il n'en est pas ainsi.
On aboutit, au contraire, à cette conséquence odieuse
d'affranchir le ministre regnicole de toute loi et de
toute juridiction; pendant toute la durée de sa

mission, le cours de la justice serait suspendu en ce qui le concerne! Ce ministre est nécessairement indépendant, pour ses affaires privées, de l'État qu'il représente, et ce à raison de sa nationalité et de son domicile réel ; et il devrait l'être aussi de sa juridiction nationale, comme étant censé domicilié dans un pays où peut-être il n'a jamais mis le pied! Cela choque le bon sens.

Comment admettre un système qui aboutit à l'impunité et au déni de justice? Le ministre étranger, lui, n'est pas indépendant de toute juridiction. Quelle que soit sa nationalité, il relève toujours de sa juridiction nationale, en quelque lieu que l'obligation ait pris naissance ou que le fait se soit passé (1). Pourquoi le ministre regnicole ne serait-il pas soumis à cette loi commune? Si le ministre étranger est affranchi de la juridiction du lieu de sa résidence diplomatique, c'est parce qu'il n'est là que pour les affaires de son office et que cette résidence est nécessairement précaire et aléatoire,

(1) Code Napoléon, art. 15 ; — code des tribunaux mixtes égyptiens, art. 13 ; — loi belge du 25 mars 1876, art. 51 ; — code de procédure néerlandais, art. 129 ; — lois civiles de Russie, X, 2295 ; — code de procédure hellénique, art. 28 ; — etc. — « Dans tous les pays civilisés, dit FOELIX (loc. cit., n° 128), on admet l'étranger à se porter demandeur devant les tribunaux du pays *contre un regnicole,* pour obtenir l'exécution des obligations contractées par ce dernier soit dans sa patrie, *soit à l'étranger.* »

quelle qu'en puisse être la durée; c'est parce qu'il n'a pas changé de domicile et qu'il a gardé, de fait, son principal établissement dans son pays d'origine, en sorte qu'il est naturel de le poursuivre en ce pays. Or, n'est-il pas évident que ces raisons ne peuvent s'appliquer à un ministre regnicole?

La fiction de l'exterritorialité implique un changement de résidence, puisqu'elle consiste à faire abstraction de ce changement; et dès lors elle cesse d'être applicable à défaut du fait qui lui sert de base.

D'autre part, l'admissibilité de la fiction mène à des conséquences qui sont en contradiction avec le principe de la réciprocité internationale. C'est ainsi que la faculté de poursuivre le ministre regnicole en exécution de ses engagements personnels, dépendrait de la nationalité du poursuivant. Dans ses rapports avec un demandeur régi par la loi française ou par une loi similaire, le ministre serait justiciable de la juridiction nationale du demandeur; mais il serait à l'abri de toute atteinte pour les affaires traitées, au lieu de sa résidence, avec un Allemand, un Italien ou un Anglo-Saxon. Est-ce soutenable?

Et qu'on ne vienne pas parler d'une convention tacite intervenue entre les deux États intéressés. Cette convention ne peut concerner que ce qui inté-

resse directement les deux États, c'est-à-dire l'inviolabilité et l'indépendance des fonctions diplomatiques.
Tout ministre a un droit absolu à cette prérogative
inhérente à son caractère représentatif, quelle que
soit sa nationalité ; c'est entendu. Mais il ne s'ensuit pas que le regnicole doive être affranchi de
la juridiction de son domicile *réel et légal* dans
des causes qui n'ont aucun rapport avec ses fonctions.

Au surplus, la question est tranchée par
des textes positifs ; car les lois particulières des
États sont, ce nous semble, la principale expression
du droit des gens.

Il est certain qu'en Allemagne et en Autriche, dans
les **Pays-Bas** et en **Grèce**, le ministre regnicole reste
soumis à sa juridiction nationale pour toutes ses
affaires privées et tous les délits qui lui seraient
imputés (2). Pourquoi en serait-il autrement en
France, en **Italie**, en **Belgique** ou ailleurs? N'est-il
pas évident que le principe de la réciprocité s'oppose
à ce qu'on soulève dans un pays une question de
droit international qui se trouve tranchée ailleurs
par des textes positifs ?

166. La jurisprudence anglo-saxonne est fixée

(2) Voir les nᵒˢ 22, 49, 51, 53, 54, 56 et 57.

dans le sens de la compétence de la juridiction territoriale (1).

Il en est différemment de la jurisprudence française (2).

Cependant, les intentions des rédacteurs du
code Napoléon sont patentes. Ils avaient rédigé
un texte sur les immunités diplomatiques ; s'ils ne
l'ont pas inséré dans le code, c'est parce qu'ils ont

(1) WHARTON, loc. cit., § 167.

D'après une note de M. John Rose, avocat à Londres et
membre du conseil dirigeant le collège de droit *Grays Iran*,
l'immunité de juridiction n'est pas admise par la jurisprudence
anglaise quand le ministre accrédité est sujet britannique. Nous
devons la communication de cette note à notre collègue anglais
près des tribunaux mixtes égyptiens, M. Law.

(2) Tribunal de la Seine, 12 juillet 1867. (SIREY, 1868, 2011.) —
Un Français, ministre plénipotentiaire de la république du
Honduras, fut assigné, avec d'autres membres de la commission
de l'emprunt du Honduras, par des porteurs d'obligations de
la dite république, qui prétendaient que les commissaires étaient
en faute, et réclamaient contre eux le remboursement de leurs
obligations à titre de dommages-intérêts. Le ministre public
opposa l'incompétence du tribunal ; le tribunal admit l'immunité, quoique le défendeur fût Français, et qu'il s'agît d'une
affaire d'intérêt purement privé, et ce pour les motifs suivants :
« Attendu que le ministre plénipotentiaire du Honduras, représentant un gouvernement étranger, n'est pas justiciable des
tribunaux français, même quant aux actions qu'il peut avoir
accomplies comme personne privée ; que s'il a conservé
sa qualité de Français, il n'en jouit pas moins des immunités
diplomatiques inhérentes à la fonction dont il est investi, et
qu'il serait contraire au droit des gens et à l'indépendance
réciproque des nations que le représentant de l'une d'elles fût

trouvé inopportun de formuler une règle du droit des gens dans une loi de régime intérieur; or, ce texte n'attribuait pas le bénéfice de l'exterritorialité à tous les représentants d'une puissance étrangère,

justiciable des tribunaux du pays où il représente un État souverain; qu'on ne s'explique même pas qu'un exploit ait pu être porté à son hôtel et délivré ainsi en pays étranger. »

LAURENT a émis au sujet de cette décision, qui n'est basée que sur une pétition de principe, des appréciations sévères, mais justes. (Loc. cit., n° 88.)

— Tribunal de la Seine, 24 janvier 1875. *(Journal... de* CLUNET, 1875, p. 89.) Jugement confirmé, pour les motifs du premier juge, par arrêt du 30 juin 1876.

— Demangeat approuve ces décisions comme fondées sur le décret de la Convention de l'an II, mais c'est bien à tort; car ce décret ne définit pas l'immunité diplomatique, et lorsqu'il parle des réclamations qui doivent être adressées au comité de salut public, il entend évidemment parler des réclamations qui ne sont pas du ressort de la juridiction territoriale. L'immunité a été définie plus tard par les rédacteurs du code Napoléon, et cette définition exclut, comme de raison, l'application de l'exterritorialité aux indigènes. Au surplus, le décret de la Convention parle des *envoyés* des gouvernements étrangers ; expression qui ne peut pas rationnellement s'entendre d'un agent recruté sur place. On invoque l'intérêt public, devant lequel les intérêts privés devraient s'effacer ; mais on n'a pas expliqué en quoi l'intérêt public commanderait, au profit du ministre regnicole, une suspension du cours de la justice qui n'est pas admise en faveur des ministres étrangers. C'est avec infiniment de raison, selon nous, que les réclamants observaient, dans l'espèce, que l'immunité a simplement pour but d'empêcher qu'un ministre étranger puisse être distrait de son juge naturel, qui est à l'étranger, mais que l'immunité n'a plus de raison d'être lorsqu'il s'agit de poursuivre un ministre regnicole devant la seule juridiction dont il relève, comme regnicole.

mais seulement aux « *étrangers* revêtus d'un caractère représentatif de *leur nation*... (3) »

167. Les considérations qui établissent la compétence de la juridiction territoriale à l'égard de
l'agent regnicole, servent aussi à résoudre la
question de savoir si le bénéfice de l'exterritorialité
appartient à l'agent qui serait en même temps fonctionnaire de l'État auprès duquel il est accrédité, ou
à celui qui occuperait une situation commerciale
dans le lieu de sa résidence diplomatique.

Les nations n'ont pas voulu qu'une sujétion
casuelle pût résulter pour les représentants d'une
puissance étrangère, de leur résidence à l'étranger,
« parce qu'ils ne sont au lieu de leur résidence que
» pour les affaires de leur office ». Cette raison d'être
de l'immunité tranche la question de savoir à qui le
privilège appartient. Tant qu'on ne se trouve qu'en
présence d'un *fonctionnaire public*, *envoyé* dans le
pays par une puissance étrangère avec une mission
diplomatique, le privilège est indiscutable; mais il
n'en est plus de même lorsque ce fonctionnaire
étranger possède ou acquiert, dans le pays de sa
résidence, une situation spéciale, impliquant néces-

(3) Voir le n° 44.

sairement un changement de domicile. Que ce fonctionnaire soit indépendant de la souveraineté territoriale dans tout ce qui touche à l'exercice de ses fonctions, cela se conçoit très bien; mais il est inadmissible qu'il soit, en outre, affranchi pour ses affaires privées et pour des faits étrangers à sa mission, de la juridiction d'un pays où il a, de fait, son principal établissement.

Nous tenons donc pour déchu de son bénéfice d'exterritorialité tout agent diplomatique qui passe au service du gouvernement auprès duquel il est accrédité, ou qui s'occupe habituellement d'affaires commerciales (a).

168. Certains auteurs enseignent que l'agent qui s'occupe de commerce, est justiciable de la juridiction locale, mais seulement pour les faits qui se rattachent à son commerce (1).

Cette distinction ne nous semble ni rationnelle ni équitable. Elle consiste, en effet, à créer, au profit du monde commercial, un privilège que rien ne justifie; nous l'avons précédemment démontré (2).

(a) Dans ce sens, KLÜBER, § 210 (d'après PUFFENDORF, *Obs. juris universi*, t. IV, art. 100); — et BLUNTSCHLI, n° 140.

(1) VATTEL, l. IV, ch. VIII, § 114; — PRADIER-FODÉRÉ, n° 1444.

(2) Voir le n° 107.

Et elle est irrationnelle, en ce qu'elle prétend fonder la compétence de la juridiction territoriale sur la nature de l'affaire, dans une matière où la question de compétence dépend de la qualité des parties. Car autre chose est l'affaire commerciale ou industrielle, et autre chose la qualité d'industriel ou de négociant; il arrive à chacun d'être engagé dans un litige commercial sans être pour cela un négociant, et un agent diplomatique peut, comme toute autre personne, être mêlé accidentellement à une affaire de négoce sans qu'il y ait lieu de l'assujettir, pour cette affaire, à une juridiction qui n'est pas celle dont il relève personnellement.

Ce n'est pas, selon nous, la nature de l'affaire qu'il importe d'envisager, mais l'individualité du défendeur. Celui-ci n'est-il qu'un agent politique, un fonctionnaire envoyé dans le pays avec une mission diplomatique et représentant à ce titre une souveraineté étrangère, il doit être affranchi de la juridiction locale pour toutes les opérations de sa vie civile, celles-ci fussent-elles mêlées d'un élément mercantile, parce qu'ainsi le veut la fiction de l'exterritorialité, qui sert de base à son immunité de juridiction. Mais si ce fonctionnaire étranger est en même temps un négociant; s'il s'occupe habituellement d'opérations commerciales ou financières, incompatibles avec son caractère représentatif ; s'il a manifestement dans le lieu de sa résidence diplomatique son principal établissement, son patrimoine, le centre de ses affaires, la fiction doit s'effacer devant le fait brutal, devant la réalité palpable : l'on n'est plus alors en présence d'une *personne exterritoriale*, mais d'un *sujet* qui reste soumis, comme tout autre habitant du territoire, à la juridiction du lieu de son domicile, dans toutes les causes qui ne concernent pas l'exercice de ses fonctions diplomatiques.

Appendice. — La question que nous venons de discuter ne présente en Europe qu'un intérêt d'école, la carrière diplomatique y étant absolument incompatible avec le négoce. Elle est au contraire d'une grande importance pratique dans les pays hors chrétienté, où le bénéfice de l'exterritorialité a été attribué aux membres du corps consulaire. Ce corps y comprend, en effet, à côté de quelques agents de carrière auxquels tout négoce est interdit, un grand nombre de consuls ou de vice-consuls non rétribués, qui sont originaires du pays ou qui s'y sont établis sans esprit de retour et qui s'occupent ou, tout au moins, ont la faculté illimitée de s'occuper d'affaires commerciales.

Le bénéfice de l'exterritorialité appartient-il à cette dernière catégorie d'agents?

Cette question est controversée en Égypte, et elle y forme, présentement, l'objet de négociations diplomatiques. Nous croyons donc utile d'en dire quelques mots (*a*).

En 1875, à l'occasion de l'institution des tribunaux dits de la Réforme, des conventions intervenues entre le gouvernement égyptien et les puissances européennes ont consacré une immunité de juridiction au profit des « consulats et des fonction- »naires qui dépendent d'eux»; et·elles ont déclaré non justiciables des nouveaux tribunaux « les consuls, » les vice-consuls, leur famille et toutes les per- » sonnes attachées à leur service ».

On a soutenu, sous l'empire de ces traités, en se fondant sur les enseignements du droit des gens, que cette immunité ne concernait que les *fonctionnaires de la carrière consulaire* et non les simples agents, quel que fût leur titre, et qu'elle ne pouvait être attribuée, notamment, aux consuls négociants. Mais les tribunaux mixtes égyptiens ne se crurent pas autorisés à faire une distinction que les traités n'avaient pas formulée expres-

(*a*) Voir sur ce point notre brochure *L'Immunité de juridiction dont les consulats jouissent en Égypte*, Le Caire, 1884.

sément et que d'anciens errements semblaient contredire.

Pourtant, la pratique des affaires ne tarda pas à révéler les inconvénients d'une interprétation que les termes absolus des traités justifiaient peut-être, et le gouvernement égyptien prit en conséquence l'initiative d'une revision des traités.

Le nouveau texte présenté à l'approbation des puissances contractantes de la Réforme, s'en tenait à la formule des traités en vigueur, sur le point de savoir à qui l'immunité appartient, en déclarant affranchis de la juridiction mixte : « les agents diplomatiques, » les consuls généraux, les consuls et les vice-consuls». Mais il stipulait en même temps la réserve suivante : « Toutefois, s'ils s'occupent de commerce ou d'indus- » trie..., ils seront soumis à la juridiction des » tribunaux de la Réforme dans toutes les affaires » commerciales ou industrielles où leur qualité offi- » cielle ne sera pas en cause. »

Il semble donc que dans le système du gouvernement égyptien, le bénéfice de l'immunité devait être attribué indistinctement à tous les membres du corps consulaire, y compris les consuls négociants, dans toutes les affaires personnelles ou mobilières qui n'auraient pas un caractère commercial. Néanmoins, les discussions auxquelles le texte donna lieu et la rédaction qui fut finalement adoptée, révèlent l'intention de refuser aux consuls négociants toute immunité en dehors des causes se rattachant à leur mission officielle. On a, en effet, substitué à une énumération qui comprenait les diverses catégories d'agents consulaires, la formule d'une distinction entre les agents qui appartiennent et ceux qui n'appartiennent pas à la carrière consulaire proprement dite ; formule qui exclut indubitablement les consuls négociants.

Voici, au surplus, le texte définitivement adopté :
« Tous les *fonctionnaires* diplomatiques ou consu-
» laires *envoyés* de l'étranger en Égypte *(missi)*,
» et leur famille, auront la faculté d'actionner les
» tiers devant les tribunaux mixtes égyptiens, sans
» cependant être justiciables de ces tribunaux comme
» défendeurs, sauf dans le cas de demandes reconven-
» tionnelles jusqu'à due concurrence de la demande
» principale.

» S'ils s'occupent de commerce ou d'industrie, s'ils
» possèdent ou exploitent des immeubles en Égypte,
» ils seront soumis à la juridiction des tribunaux
» mixtes égyptiens pour toutes les affaires commer-
» ciales ou industrielles et pour toutes les actions
» réelles immobilières où leur qualité officielle ne
» sera pas en cause.

» *Tous les autres fonctionnaires non compris dans*
» *le premier paragraphe du présent article,* ainsi que
» les cawas, seront assujettis à la juridiction mixte
» pour toutes les affaires ne concernant pas leurs
» fonctions officielles. »

Nous n'entendons pas, à propos de ce texte
(assez défectueusement rédigé, selon nous), entrer
dans une discussion qui nous écarterait trop de
l'objet de la présente étude. Nous tenons seulement
à faire remarquer que les débats auxquels le
susdit texte donna lieu, ne manifestent aucun
dissentiment sur le point de savoir à qui appartient
le bénéfice d'exemption de la juridiction territoriale.
Des divergences de vues se sont produites uniquement
au sujet de la disposition qui prévoit l'hypothèse d'un
fonctionnaire de la *carrière* consulaire s'occupant de
commerce ou d'industrie. On a soutenu qu'il ne convenait pas de prévoir une telle hypothèse dans un
texte légal, à raison de l'incompatibilité qui existe
entre la carrière consulaire et le négoce suivant
l'usage commun des nations européennes ; que mieux
valait abandonner cette particularité à l'appréciation
du juge. Un amendement proposé en ce sens fut
implicitement écarté par l'adoption préalable du
texte élaboré par le gouvernement égyptien. D'où il
suit que le *bénéficiaire de l'immunité* reste assujetti

à la juridiction mixte égyptienne dans les causes
commerciales. Pour le surplus, la discussion n'a
roulé que sur des questions de rédaction plutôt
que sur des questions de fond. Les uns auraient
voulu s'en tenir dans le premier paragraphe du
texte à la rédaction primitive, qui consistait à énu-
mérer les divers agents qui jouissent du bénéfice de
l'exterritorialité; d'autres trouvaient plus logique
d'y formuler un principe général, sauf à indiquer
dans un paragraphe spécial les diverses catégories
d'agents assujettis à la juridiction territoriale;
d'autres, enfin, trouvaient toute énumération dange-
reuse, et c'est cette dernière manière de voir qui a
fini par prévaloir. Mais personne n'a réclamé une
immunité de juridiction pour les consuls négociants.

La rédaction définitivement adoptée nous semble
défectueuse, en ce qu'elle laisse quelque place au
doute sur le point de savoir quels sont les agents
assujettis à la juridiction territoriale. Une classi-
fication de ces agents était peut-être superflue dans
le système du gouvernement égyptien, qui consistait
à spécifier les diverses catégories d'agents qui jouissent de l'exterritorialité; mais dès qu'on trouvait
inopportun de faire cette dernière spécification, il
devenait utile de désigner au moins ceux qui ne

jouissent pas de l'exterritorialité. Une *énumération énonciative* des agents de cette catégorie s'imposait, d'après nous, à raison de la généralité des termes du premier paragraphe.

Quoi qu'il en soit, il nous semble bien établi, par les discussions du texte, que les consuls négociants sont implicitement compris parmi les soi-disant fonctionnaires qui sont « assujettis à la juridiction » mixte pour toutes les affaires ne concernant pas » leurs fonctions officielles ».

§ 2. FAMILLE DU BÉRÉFICIAIRE ET GENS DE SA MAISON PRIVÉE

169. Nous avons déjà constaté que le bénéfice de l'exterritorialité s'applique à la famille du bénéficiaire et aux gens de sa maison privée : secrétaires, précepteurs, chapelains, médecins, domestiques...

Ce principe du droit coutumier européen, qui est établi par de nombreuses dispositions légales prémentionnées, soulève diverses questions intéressantes, dont quelques-unes divisent les publicistes.

170. Il y a tout d'abord lieu de se demander si l'immunité appartient à tous les membres de la famille de l'ambassadeur, ou seulement à son épouse et à ses enfants.

Les dispositions légales ne fournissent aucun éclaircissement à cet égard. Le code d'instruction criminelle pour le royaume de Prusse vise spécialement *l'épouse* et les gens de service (1). Mais les autres textes parlent vaguement de « *la famille* de l'ambassadeur » (2), ou simplement des « personnes attachées à une mission étrangère » (3), ou plus vaguement encore de « ceux qui jouissent du droit des ambassadeurs » (4). D'aucuns ne mentionnent même que « les ministres et leurs domestiques » (5).

Pour l'épouse et les enfants, il ne peut y avoir de doute ; ils sont une partie intégrante et intéressante de l'ambassade, et leur personnalité est en quelque sorte inséparable de celle de l'ambassadeur (6).

(1) Voir le n° 56.

(2) Art. 19 de la loi d'organisation judiciaire de l'empire d'Allemagne et projet du code civil des Français. (Voir les n°s 57 et 44.)

(3) Textes russes et autrichiens. (Voir les n°s 46, 47 et 51.)

(4) Textes bavarois et grec. (Voir les n°s 48 et 49.)

(5) Textes néerlandais, danois, anglais et portugais. (Voir les n°s 18, 24, 30 et 39.)

(6) Il paraît qu'il était jadis de mauvais ton pour un ambassadeur d'emmener sa femme à sa suite ; c'est du moins ce qui ressort d'une anecdote racontée par Bynkershoek : « Un ambassadeur du roi d'Espagne étant venu ici avec son épouse, l'ambassadeur de France dit là-dessus, par une raillerie froide et impertinente, que c'était une *ambassade hermaphrodite*. Il

Mais que décider à l'égard des ascendants et des collatéraux ?

Dans le silence de la loi, certains publicistes n'accordent l'immunité qu'à l'épouse et aux enfants (7), tandis que d'autres l'admettent pour tous les membres de la famille qui résident à l'ambassade (8).

Cette dernière opinion nous paraît la plus ration-

n'eut pourtant pas le front d'inventer quelque chose qui pût faire soupçonner cette dame d'avoir fait aucune fonction d'ambassade. » — Au reste, les immunités de cette partie la plus intéressante de l'ambassade n'ont jamais été mises en question. Bynkershoek observe, très exactement, après F. de Marselaer, « que les ambassadrices... sont de la suite de l'ambassadeur et ses plus chères compagnes. » — En France, où la galanterie ne perd jamais ses droits, la jurisprudence a même admis que les immunités de l'ambassadrice sont d'ordre public ; d'où il suit, notamment, que lorsque Mme l'ambassadrice daigne plaider en France, elle peut toujours, si cela ne lui a pas réussi en première instance, décliner la compétence territoriale en appel. (Voir le n° 112.)

(7) *Pandectes belges*, loc. cit., n° 297 : « Quant aux personnes de l'ambassade à qui s'étend l'exemption de la juridiction et des lois civiles, il faut suivre les mêmes principes qu'en matière criminelle. La règle, c'est l'exemption pour l'ambassadeur, sa femme, ses enfants habitant avec lui, et pour tout le personnel officiel de la mission. » — Dans le même sens, GODDYN et MICHIELS, § 3, n° 11.

(8) HEFFTER, § 221 ; — PRADIER-FODÉRÉ, n° 1485 ; — SLATIN, loc. cit. ; — ESPERSON, n° 2715 : « *E eguale la condizione giuridica dé figli e delle altre persone della famiglia dell' inviato residenti presso di lui.* »

Nous ne croyons pas cependant qu'il y ait lieu d'assimiler les membres de la suite personnelle d'un ministre public aux membres de la suite officielle, comme le fait le *Projet d'un code international* publié par M. ALB. ROLIN d'après l'ouvrage de Field. (§ 144.)

nelle. A la vérité, les parents de l'ambassadeur qui habitent avec lui, n'ont aucun titre personnel à l'immunité, et il n'existe aucune raison de les assimiler complètement aux fonctionnaires diploma-tiques. Mais il nous semble difficile de ne pas admettre qu'ils soient au moins indirectement protégés, au même titre que les gens de service, par la franchise qui couvre le maître de la maison.

171. Quant aux gens de service, il est certain qu'ils n'ont pas un titre personnel à l'immunité comme les personnes de la suite officielle. « Ces choses-là, ainsi que le dit Grotius, ne sont saintes qu'accessoirement. »

La franchise qui protège les gens de la suite non officielle n'étant qu'une garantie secondaire de l'invio-labilité du diplomate, il est naturel que celui-ci puisse y renoncer lorsqu'il juge que les intérêts de sa mission ne sont pas en cause; il ne tient qu'à lui d'y renoncer au préjudice de gens qui ne dépendent que de lui-même, comme il a le droit de les congédier si bon lui semble.

Les *Pandectes belges* posent en principe que les gens de la suite non officielle rentrent dans le droit commun (1).

Cette formule manque d'exactitude. L'usage

(1) *Pandectes belges*, loc. cit., n° 270 : « Quant aux membres de la

général veut que la suite non officielle ne soit assujettie à la juridiction locale, en matière criminelle comme en matière civile, qu'avec le consentement du chef de la mission (2). On peut discuter l'usage et nous reconnaissons qu'il est fort discutable ; mais on ne peut le nier, puisqu'il est formellement établi par les législations de divers États. La règle de la réciprocité, qui domine le droit des gens, s'oppose à ce qu'on puisse se prévaloir dans un pays de l'absence d'un texte légal.

Il s'agit ici d'une antique coutume qui est en discordance avec les tendances modernes, et il est assez généralement admis que l'envoyé a une sorte d'obligation morale de ne pas s'y conformer (3) ; mais

famille qui habitent avec lui et aux personnes de sa suite, tels que secrétaires particuliers, précepteurs, domestiques, l'indépendance du ministre n'exige pas que ces personnes, que le ministre peut congédier quand il veut, jouissent de l'exemption de la juridiction. En principe donc, elles rentrent dans le droit commun. Cependant, il est d'usage, en Belgique, que le ministère public, avant de les poursuivre, s'adresse au gouvernement, qui examine s'il y a lieu, et qui, dans l'affirmative, demande à l'ambassadeur de lui livrer le prévenu. Celui-ci a le devoir d'obtempérer à cette invitation, et en fait, loin d'y manquer, il livre presque toujours spontanément l'inculpé. »

(2) BYNKERSHOEK, ch. XIII ; — RÉAL, l. V, ch. I, sect. IX, nº 8 ; — MERLIN, loc. cit., sect. VI ; — VATTEL, l. IV, ch. IX, § 124 ; — GUICHARD, nº 128 ; — DALLOZ, loc. cit., nº 158 ; — WHEATON, § 16 ; — etc.

(3) MERLIN, loc. cit., sect. VI ; — MANGIN, nº 81 ; — HAUS, nº 214 ; — CH. DE MARTENS, § 27. — Voir les nºs 66 et 68.

ce n'en est pas moins une nécessité pour les autorités locales de subordonner leur action à une autorisation de l'envoyé.

172. Quelques auteurs prétendent faire une distinction en matière pénale, suivant que le crime ou le délit aurait été commis dans l'hôtel de la légation ou au dehors (*a*). Mais cette distinction n'est consacrée par aucun texte et elle n'est pas rationnelle. Il importe, en effet, de ne pas perdre de vue la nature *personnelle* du privilège ; celui-ci est plus ou moins étendu suivant qu'il s'agit de la suite officielle de l'ambassadeur ou de gens à ses gages ; mais en toute hypothèse le privilège est un droit personnel, et dès lors peu importe le lieu où le délit a été commis.

Il n'y a pas à sortir de ce dilemme : le bénéfice d'exemption de la juridiction criminelle appartient ou n'appartient pas à la domesticité du diplomate ; peu importe dans le premier cas que le délit ait été commis hors de l'hôtel de la légation, et peu importe dans le second cas qu'il ait été perpétré dans l'hôtel. Ce n'est pas en vertu d'un droit d'asile inhérent à l'hôtel que le domestique de l'ambassadeur est

(*a*) G.-F. DE MARTENS, § 219 ; — KLÜBER, § 213 ; — HEFFTER, § 216 ; — CH. CALVO, § 334 ; — VILLEFORT, loc. cit.

affranchi de la juridiction locale; c'est à titre de *personne privilégiée*, de personne exterritoriale.

173. Nous nous trouvons ici, encore une fois, en présence de ce faux système qui consiste à considérer l'hôtel de la légation comme une véritable dépendance d'un territoire étranger.

Ce système est au surplus rejeté par la jurisprudence internationale (*a*).

174. La franchise qui protège les gens de la

(*a*) Nous empruntons le fait suivant à M. A. Ott, le commentateur de Klüber (§ 213, note *d*) :

En 1812, un laquais du ministre de Bavière ayant tué un autre domestique du même ministre, l'autorité berlinoise abandonna l'information, quoique le crime eût été commis hors de l'hôtel de la légation, « attendu que le criminel n'était pas sujet prussien, et qu'il se trouvait au service d'un ministre étranger ».

Dans une autre espèce, jugée le 11 juin 1852 par la cour de cassation de France, il s'agissait d'un délit commis à Paris par un individu employé comme maître d'hôtel à l'ambassade d'Angleterre à Paris. On excipa en cette circonstance d'une double incompétence : *ratione loci*, en ce que le fait incriminé aurait été commis sur un territoire étranger, l'hôtel de la légation étant considéré comme tel suivant le droit des gens, et *ratione personæ*, en ce que, comme attaché à l'ambassade d'Angleterre, le défendeur participait aux immunités personnelles qui couvrent les agents diplomatiques. Or, la cour de cassation rejeta le premier moyen pour ce motif « qu'il s'agissait d'un crime commis en France », et le second moyen par cette considération que l'inculpé n'avait été arrêté et poursuivi que sur la plainte et avec l'assentiment des autorités qui représentent en France le gouvernement anglais. (Sirey, 1852,1,467.)

maison privée d'un agent diplomatique existe donc
en toutes matières, pénales ou civiles; et elle consiste
dans le privilège de ne pouvoir être assujetti à la
juridiction locale qu'avec l'assentiment du chef de la
légation. Mais c'est une autre question de savoir s'il
n'y a pas une distinction à faire quant à la nationalité des parties en cause.

Il nous semble d'abord indubitable que la situation
juridique des gens au service d'une ambassade ne
peut jamais différer, quelle que soit leur nationalité,
de celle de l'ambassadeur lui-même. S'il est vrai
qu'ils ne font que participer indirectement à un
privilège qui ne leur appartient pas en propre, il
va de soi qu'ils ne seront exempts de la juridiction
locale que pour autant que leur maître en sera
lui-même exempt.

Et il nous semble, d'autre part, non moins évident
que les circonstances qui excluent le privilège de
l'ambassadeur, s'appliquent, *à fortiori*, aux gens de
sa suite non officielle.

Le bénéfice de l'exterritorialité suppose l'existence
d'un domicile légal dans l'État représenté par l'ambassade; il ne peut, conséquemment, appartenir
qu'aux gens de la suite qui relèvent de cet État par
leur nationalité et qui, de plus, ne possèdent dans le
pays de la résidence diplomatique aucune situation

spéciale impliquant nécessairement un changement
de domicile.

Il y a, d'ailleurs, en l'occurrence, une raison qui
milite spécialement en faveur de la compétence de
la juridiction territoriale. En effet, les gens de service d'un ambassadeur ne sont pas officiellement
accrédités auprès du gouvernement local. Il est vrai
qu'il est d'usage dans certains pays de communiquer
au département des affaires étrangères une liste du
personnel non officiel de l'ambassade (1); mais il est
certain qu'une telle communication n'équivaut pas à
une lettre de créance. Le gouvernement local n'a
pas qualité pour autoriser ni pour empêcher l'agent
diplomatique de prendre à son service qui bon lui
semble. Il ne peut donc être question, en ce qui
concerne les domestiques de l'ambassade, d'une
convention tacitement intervenue entre les deux
États; et comme c'est la seule raison que l'on
a invoquée en faveur de la prétendue exterritorialité
de l'agent regnicole, il est clair qu'il n'en existe plus
aucune pour tenir affranchis de leur juridiction
nationale les regnicoles qui trouveraient opportun
de passer au service d'un ministre étranger (2).

Au surplus, la question est tranchée par des textes

(1) Notamment en Angleterre et aux États-Unis. (Voir le n° 30.)
(2) Dans ce sens, BARBEYRAC, le commentateur de Bynkers-

formiels en Allemagne, en Autriche et en Grèce (3);
et elle était tranchée dans le même sens par le projet
du code civil des Français (4).

175. D'aucuns, et notamment Heffter (1), s'obsti-
nent pourtant à enseigner, à la suite de Bynkershoek, que le bénéfice de l'exterritorialité appartiendrait à tous les serviteurs de l'ambassadeur, y
compris les regnicoles, sans prendre en considération
que cet ancien et estimable publiciste néerlandais
invoque, à l'appui de sa thèse, des raisons qui, tout
en étant peut-être admissibles à son époque, ne
concordent plus avec les principes du droit public
moderne.

« Nous avons établi, dit Bynkershoek, que les
» ambassadeurs ne changent pas de juridiction s'ils
» sont sujets de l'État avant que d'être revêtus du
» caractère d'ambassadeur. Il semble donc qu'à plus
» forte raison doit-on dire la même chose des gens

hoek ; — MANGIN, n° 81 ; — CH. CALVO, § 534 ; — GAND, n° 93 ;
— SLATIN, loc. cit., p. 473.

(3) Voir les n°s 49, 51, 53, 54, 56 et 57. — C'est donc bien à tort
que PRADIER-FODÉRÉ allègue que l'usage moderne serait favorable
à l'extension de l'immunité de juridiction aux domestiques et aux
gens de la suite de l'agent diplomatique, « alors même qu'ils
seraient sujets de l'État auprès duquel il est accrédité ». (N° 1491.)

(4) Voir le n° 44.

(1) Loc. cit., § 221.

» qui entrent à son service. Cependant, nous
» sommes obligé de soutenir le contraire, *à cause*
» *de la condition des domestiques,* qui est telle que
» tous ceux d'une maison dépendent de la même
» juridiction que le père de famille, en sorte qu'un
» valet change de juridiction autant de fois qu'il
» change de maître. Le valet d'un conseiller doit
» être appelé devant le même tribunal que le con-
» seiller... (De même), quoique celui qui est entré
» au service d'un ambassadeur fût auparavant notre
» sujet, il cesse dès lors de l'être, et il passe sous la
» même juridiction que son maître (2). »

Bynkershoek admet pourtant que l'ambassadeur
peut « livrer ses domestiques au magistrat du pays,
» quoiqu'ils ne dépendent pas de sa juridiction, ou,
» s'il le trouve à propos, les renvoyer à leur juge
» naturel (3). » Il lui reconnaît aussi la faculté
d'exercer lui-même à l'égard de sa domesticité les
pouvoirs juridictionnels qui lui auraient été formellement délégués par son gouvernement, avec le
consentement du souverain territorial, conformément à des usages alors en cours. Bref, l'ambassadeur fait de son serviteur à peu près ce
qu'il veut; c'est *sa chose,* une chose qui n'est

(2) Chapitre XV, § V.
(3) Chapitre XX.

« sainte qu'accessoirement » ; et, dans toute hypothèse, c'est le juge de l'ambassadeur, si pas l'ambassadeur lui-même, qui devient le juge naturel du domestique, parce que celui-ci, en passant au service de son maître, est devenu le sujet du souverain que son maître représente à l'étranger.

Est-ce que ces idées sont encore de notre temps ? Est-ce qu'un regnicole change de nationalité en prenant du service chez un ministre étranger ? Est-ce que l'ambassadeur a encore des droits de juridiction sur les gens de sa maison privée ? Est-ce qu'il pourrait les condamner à mort, à l'exemple de l'illustre Sully, un homme juste, mais sévère ?

Évidemment non.

Laissons donc là l'opinion de Bynkershoek (4) et tenons-nous-en au moderne droit des gens, dont les prescriptions ont changé à l'égard du juge compétent de la domesticité du diplomate, en même temps que la condition sociale de cette domesticité s'est elle-même modifiée.

Appendice. — La question que nous avons traitée dans ce dernier paragraphe, vient de recevoir en

---

(4) Il est à remarquer, au surplus, que Bynkershoek, d'ordinaire si lucide, donne à sa thèse des développements assez obscurs et parfois même contradictoires.

Égypte une solution tout à fait conforme aux tendances de la doctrine moderne. Les traités de 1875 déclaraient affranchis de la juridiction des tribunaux mixtes : « les consuls, les vice-consuls, leur » famille et *toutes les personnes attachées à leur ser-* » *vice* ». Au contraire, dans le nouveau texte l'immunité n'a été maintenue que pour « les fonctionnaires » et leur famille ». Des gens de service, il n'en est plus question; et, par suite, ils ne participent plus à l'immunité du maître.

L'intention de déroger sous ce rapport aux anciens traités est patente, quoique la dérogation n'ait donné lieu à aucune discussion.

Cette intention ressort clairement de ce fait que le nouveau texte assujettit formellement à la juridiction territoriale les « cawas », qui sont des fonctionnaires d'un ordre subalterne plutôt que des gens de service.

Le gouvernement égyptien ne revendiquait les droits de la souveraineté locale qu'à l'égard des « drogmans et cawas, *sujets indigènes,* jouissant tem-» porairement d'une protection étrangère ». Mais il réclamait ainsi, comme nous nous venons de le démontrer (a), des droits qui existaient déjà mani-

(a) Voir le n° 174.

festement. Ce n'est qu'à l'égard des « cawas », *sujets étrangers*, que la question pouvait surgir. Les commissions internationales de 1884 et de 1890 ont, du reste, déclaré assujettis à la juridiction mixte tous les cawas, sans distinction, « pour toutes les affaires » ne concernant pas leurs fonctions officielles ».

Un membre de la commission internationale de 1890 aurait voulu que l'on assimilât en outre les drogmans, comme les cawas, aux gens de service, « pour » couper court, définitivement, aux difficultés consta- » tées dans la pratique ». Il y aurait, en effet, un bien joli chapitre à écrire au sujet des bigarrures de la jurisprudence égyptienne sur cette question des drogmans. Mais cela nous entraînerait trop loin; et puis, à quoi bon!

La commission internationale n'a pas cru pouvoir adopter l'assimilation qui lui était proposée, uniquement parce que le titre de drogman sert dans certains pays à désigner un grade de la carrière consulaire; en sorte qu'il ressort claire- ment des discussions qu'*en principe* les drogmans doivent être assimilés aux cawas et aux gens de service.

CONCLUSION

Nous voici arrivé au bout de notre tâche.

Nous nous étions proposé d'étudier, au double point de vue de sa raison d'être et de ses conséquences pratiques, une règle du droit des gens qui n'a cessé d'être discutée et qui est encore vivement critiquée de nos jours : celle de l'exterritorialité diplomatique.

Des considérations que nous venons d'exposer se dégage cette conclusion : que le principe est rationnel, mais qu'il en a été fait des applications outrées.

— Nous tenons l'exterritorialité pour un privilège absurde et odieux quand on prétend l'octroyer à des regnicoles, à des marchands ou à des domestiques. Mais à l'égard des *fonctionnaires étrangers* qui sont revêtus d'un caractère représentatif de leur nation et qui ne se trouvent au lieu de leur résidence diplomatique que pour les affaires de leur mission, nous ne voyons plus dans l'exterritorialité qu'une juste application du principe de l'indépendance des États et des règles admises en matière de domicile.

Pour nous, dans les causes civiles, le juge naturel du diplomate étranger c'est le juge de son domicile, et ce domicile se trouve dans son pays, là où il a conservé son patrimoine, le centre de ses affaires, son principal établissement.

Les adversaires les plus déterminés des immunités diplomatiques sont obligés de reconnaître que la nécessité d'assurer le libre exercice des fonctions du diplomate entraîne, par voie de conséquence, certaines dérogations au droit commun, une certaine incompétence de la souveraineté territoriale, ou certains tempéraments de procédure (1). Or, la souveraineté répugne à toute délimitation arbitraire. N'est-il pas plus logique d'admettre, en thèse générale, que le diplomate dépende de sa juridiction nationale dans toutes les matières juridiques qui touchent à sa personne, plutôt que de créer en sa faveur une série de privilèges qui froissent le sentiment moderne de l'égalité? Comme le dit très bien

(1) Esperson, loc. cit., n°s 151 à 153, 163, 165 à 167, 171, 241, 250; — Pasquale Fiore, loc. cit., n°s 1202, 1203, 1205 (n° 1159 de l'éd. franç.); — Laurent, loc. cit., n° 15.

Bynkershoek, « en accordant une juridiction à quel-
» qu'un, on lui accorde, en même temps, tout ce
» qui est nécessaire pour que là juridiction ait son
» effet ».

On admet généralement la nécessité de tenir la
demeure du diplomate pour inviolable. Or, l'incompétence de la juridiction locale découle logiquement
de cette règle. A quoi bon recourir à une juridiction
dont la décision resterait forcément une lettre morte ?
C'est à l'étranger que le requérant devra se pourvoir pour obtenir l'exécution du jugement, et ce
recours entraînera forcément une revision du procès.
Autant vaut dès lors se pourvoir directement devant
le juge du lieu où le défendeur a son patrimoine et
son principal établissement.

A la vérité, le poursuivant peut avoir, dans certaines circonstances, un intérêt sérieux à porter son
action préférablement devant la juridiction du lieu
de la résidence de l'envoyé. Il en sera ainsi si
celui-ci y possède des biens-fonds, ou d'autres biens
saisissables à raison de leur nature extra-diplomatique, et spécialement dans le cas où il s'y occuperait
d'affaires commerciales ou financières. Aussi avons-
nous admis, dans cette hypothèse, la faculté d'agir
devant la juridiction locale, par la voie d'une saisie
des biens saisissables. Mais hors ce-cas, l'intérêt de

procéder devant cette juridiction n'existe pas ; et,
dès lors, l'immunité est pleinement justifiée.

« Il faut convenir, dit Heffter, qu'une juridiction
» dépourvue de moyens de contrainte ou d'exécution
» présente un médiocre intérêt, outre la difficulté
» d'en déterminer les limites exactes. C'est ce qui
» explique comment la fiction de l'exterritorialité a
» gagné de plus en plus de terrain dans la pratique
» moderne des États (2). »

A l'encontre de l'immunité pénale, les adversaires de l'exterritorialité n'ont guère invoqué que
les raisons qui justifient, en thèse générale, le principe de· la territorialité de la loi ; et ils ont fait
abstraction des considérations qui ont déterminé les
nations à y déroger en faveur des représentants d'une
puissance étrangère (3).

Laurent a fait une grande dépense d'éloquence
pour combattre un usage consacré par l'expérience
des siècles. Mais nous croyons que l'on peut dire, à
ce propos, de ce publiciste aussi éminent que fou-
gueux, ce qu'il a dit lui-même de l'illustre auteur de
L'Esprit des lois : « La magnificence du langage sert
» parfois à cacher la faiblesse des idées. »

D'après Laurent, les franchises diplomatiques ne

(2) Loc. cit., § 205.
(3) Voir la note 2 du n° 85.

sont qu'un produit du fétichisme de la royauté et
de l'orgueil princier, et les progrès des mœurs demandent que les représentants des puissances étrangères
soient désormais soumis au droit commun. « Les
» jurisconsultes, grands partisans du pouvoir royal,
» prirent au pied de la lettre, dit-il, les grands mots
» d'indépendance et de liberté que les rois ont tou-
» jours à la bouche, quand il s'agit de couvrir des
» prétentions dictées par l'orgueil et la vanité. C'est
» ainsi que se forma l'étrange fiction de l'exterrito-
» rialité, la plus absurde que les légistes aient
» jamais inventée... L'immunité, telle que Montes-
» quieu et Vattel la justifient, implique un état
» social qui a été détruit par la révolution de 89.
» Elle n'a plus de raison d'être, dans une société où
» la justice n'est plus dans la main des rois. »

« Sans doute, l'ambassadeur doit être libre ; mais
» faut-il pour cela qu'il soit hors de la loi et au-
» dessus de la loi ?... Pour être libre, il n'est point
» nécessaire qu'il puisse contracter des dettes sans
» les payer, qu'il puisse assassiner et adultérer à son
» aise... »

« Il n'y a pas de droit contre le droit, et jamais
» la justice ne doit se taire devant un intérêt poli-
» tique, quelque considérable qu'il soit... L'intérêt
» public demande que les princes s'envoient des

» ambassadeurs. Soit ; mais il y a un intérêt plus
» grand, pour mieux dire il y a un droit éternel et
» immuable, c'est que l'empire de la justice ne soit
» jamais suspendu, sinon il n'y aurait plus de
» société... »

« Les ambassadeurs ne créent point les rapports
» entre les peuples ; ils les rendent plus faciles.
» Qu'est-ce que cet avantage, quelque considérable
» qu'on le suppose, en comparaison de la justice,
» qui serait détruite si l'on admettait l'immunité des
» ambassadeurs de toute justice civile et crimi-
» nelle (4). »

Pour constater ce qu'il y a de vain dans ces décla-
mations, il suffit de se rappeler que la doctrine de

(4) Loc. cit., nᵒˢ 11, 15, 17.

Dans le même sens, ESPERSON, nᵒˢ 173 et 241 à 248 ; — PASQUALE
FIORE, loc. cit., nᵒ 1201, et *Droit pénal international*, § 22 à 26.

Voici ce que dit ce dernier auteur : « ... *In altri tempi, i principi
si credevano superiori alle leggi, e siccome essi potevano violare
impunemente qualunque diritto, cosi arrivarono pure a pretendere
che le persone dei loro ministri e ambasciatori dovessero essere
esenti da qualunque soggezione alle leggi. I giuristi che favorivano
le orgogliose pretese dei sovrani per diritto divino, inventarono
la strania teoria dell' estraterritorialità, e cosi si arrivò a sottrarre
gli agenti diplomatici dalla giurisdizione territoriale : ma oggi che
i sovrani stessi possono essere assoggetti alla giurisdizione territoriale straniera per i rapporti attinenti alla loro vita privata, come
dicemmo innanzi, manca ogni ragione per ammettere la esenzione
assoluta degli agenti diplomatici, per la considerazione del loro
carattere rappresentativo.* »

l'exterritorialité est née dans la république des Provinces-Unies des Pays-Bas ; que ceux qui l'ont propagée et défendue avec le plus d'ardeur étaient des républicains, Grotius, Bynkershoek, Vattel, Wheaton, etc... ; et qu'elle a été adoptée par la Convention, à un moment où la République française était en guerre ouverte avec l'Europe monarchique. Et quels sont les grands hommes d'État qui tiennent, avec Laurent, pour l'empire absolu de la loi territoriale ? Un ministre de Louis XV et Napoléon Ier. Voilà, pour un aussi grand libéral, une bien mauvaise société !

Les rédacteurs des *Pandectes belges* ont déjà fait justice des arguments de notre éminent compatriote. « Les ambassadeurs ne sont pas hors et au-dessus » des lois. Ils sont hors de l'application des lois » politiques de l'État qui les accepte, hors des » atteintes de son pouvoir coercitif ; mais ils restent » soumis à l'autorité de l'État qui les envoie. « C'est » l'impunité », dit M. Laurent. Pourquoi ? Est-ce » qu'aujourd'hui la justice d'un pays ne vaut pas » celle de l'autre, et quel intérêt aurait un État à » assurer l'impunité de son agent, qui compromet- » trait ses relations internationales ? Du reste, ce » danger imaginaire de l'impunité doit céder devant

» la nécessité supérieure de l'indépendance de
» l'agent... »

« Remarquons que c'est un système d'argumenta-
» tion trop facile pour que M. Laurent y recoure si
» souvent, d'apprécier un principe par ses applica-
» tions outrées. Si l'on voulait y soumettre la thèse
» de la juridiction territoriale appliquée aux ambas-
» sadeurs, il serait aisé de forger des espèces où
» l'on verrait singulièrement compromis la liberté et
» le prestige des envoyés, par la raison qu'il serait
» souvent délicat de distinguer entre ce qui appar-
» tient à l'accomplissement de la mission et ce qui
» lui est étranger. C'est là le danger auquel l'usage
» des nations a voulu parer. Elles l'ont cru plus
» sérieux que celui de voir l'une d'entre elles main-
» tenir comme son représentant un conspirateur,
» un voleur, un adultère, un assassin ou un
» escroc ! »

« Au surplus, les abus, les conspirations, l'assas-
» sinat, l'adultère, le vol, les filouteries, dont argu-
» mente notre contradicteur sans qu'il y en ait des
» exemples de notre temps, ne seraient guère de
» longue durée. Ils trouveraient un remède immé-
» diat, non seulement dans l'action répressive de
» l'État qui accrédite, mais encore dans le droit de
» rappel, dans le droit de renvoi, et même dans le

» droit de légitime défense, si le cas devenait
» extrême (5). »

Les arguments qu'on oppose à la doctrine
traditionnelle de l'exterritorialité portent donc à
faux.

Sans doute, il peut arriver que les franchises
diplomatiques aient parfois pour conséquence de
porter préjudice à des intérêts privés; mais cette
considération doit fléchir devant un intérêt supérieur,
devant la nécessité sociale de garantir la sécurité et
la liberté des relations internationales. « S'il naît
» de là quelque injustice, dit Bynkershoek, c'est
» une de celles qui sont récompensées par l'utilité
» publique. »

Il faut bien reconnaître, d'ailleurs, que les immunités du diplomate ne sont pas aussi contraires aux
exigences d'une justice absolue qu'on veut bien le
prétendre.

Comment ne pas tenir compte du souci que le
représentant d'une puissance étrangère aura le plus
souvent de son bon renom, si pas de sa dignité personnelle?

Si cette première garantie est insuffisante, rien
n'empêche de réclamer de lui des gages ou des

(5) *Pandectes belges*, loc. cit., nos 250 à 254 *bis*. (Voir aussi les
nos 267 à 269.)

éautions, ou de stipuler expressément qu'il se soumettra à la juridiction du lieu de la passation du contrat.

Au surplus, une garantie nouvelle résulte pour les tiers qui auraient traité sans prendre aucune précaution, de la dépendance étroite dans laquelle le diplomate se trouve vis-à-vis du gouvernement qu'il représente, comme aussi, dans une certaine mesure, vis-à-vis de celui auprès duquel il est accrédité. Il importe, en effet, de ne pas perdre de vue qu'il existe un correctif au privilège de l'exterritorialité : la faculté de recourir contre le diplomate à la voie diplomatique, sans préjudice de tout recours devant son juge naturel (6).

D'après un précurseur de Laurent (7), les franchises diplomatiques seraient un dernier vestige d'un régime disparu. Peut-être étaient-elles nécessaires à une époque où le magistrat n'était qu'un délégué du prince, et alors que le diplomate était le plus souvent le représentant d'une nation ennemie; mais elles n'auraient plus aucune raison d'être « aujour- » d'hui que l'indépendance du pouvoir judiciaire est » partout consacrée et que les relations internatio- » nales sont fondées sur le principe d'une fraternité

(6) Voir les nos 43, 46, 49 et 50.
(7) ESPERSON, *Diritto diplomatico*, nos 173 et 248.

» universelle, qui fait considérer le genre humain
» comme une seule famille ».

Douces illusions d'un esprit généreux!

Vous nous avez peut-être révélé, ô illustre publiciste! « les vrais principes de la science ». Mais pourtant nous craignons fort que la présente étude ne conserve certain intérêt pratique durant quelque temps encore.

ANNEXE

MÉMOIRE DU DUC D'AIGUILLON (1)

L'immunité des ambassadeurs et autres ministres publics est fondée sur deux principes : 1° sur la dignité du caractère-représentatif auquel ils participent plus ou moins ; 2° sur la convention tacite qui résulte de ce qu'en admettant un ministre étranger, on reconnaît les droits que l'usage, ou si l'on veut le droit des gens lui accorde.

Le droit de représentation les autorise à jouir dans une mesure déterminée des prérogatives de leurs maîtres. En vertu de la convention tacite, ou, ce qui est la même chose, en vertu du droit des gens, ils peuvent exiger qu'on ne fasse rien qui les trouble dans leurs fonctions publiques.

L'exemption de la juridiction ordinaire, qu'on appelle proprement *immunité*, découle naturellement de ce double principe. Mais l'immunité n'est point illimitée ; elle ne peut s'étendre qu'en proportion des motifs qui lui servent de base.

Il résulte de là :

1° Qu'un ministre public ne peut en jouir qu'autant que son maître en jouirait lui-même ;

2° Qu'il ne peut en jouir dans le cas où la convention tacite entre les deux souverains vient à cesser.

Pour éclaircir ces maximes par des exemples analogues à l'objet de ces observations, on remarquera :

1° Qu'il est constant qu'un ministre perd son immunité et se rend sujet à la juridiction locale lorsqu'il se livre à des manœu-

______

(1) En réponse à la note des ambassadeurs et ministres résidant à la cour de France, du 1er janvier 1772. — Extrait des *Causes célèbres du droit des gens*, de MARTENS, t. II, p. 111. (Voir le n° 41.)

vres qui peuvent être considérées comme *crimes d'État,* et qui troublent la sécurité publique. L'exemple du prince de Cellamare constate ces maximes à cet égard.

2° L'immunité ne peut avoir d'autre effet que d'écarter tout ce qui pourrait empêcher le ministre public de vaquer à ses fonctions.

De là, il résulte que la personne seule du ministre jouit de l'immunité, et que ses biens pouvant être attaqués sans interrompre ses fonctions, tous ceux qu'un ministre possède dans le pays où il est accrédité, sont soumis à la puissance territoriale; et c'est par une suite de ce principe, qu'une maison ou une rente qu'un ministre étranger posséderait en France, seraient sujettes aux mêmes lois que les autres héritages.

3° La convention tacite sur laquelle l'immunité se fonde, cesse lorsque le ministre se soumet formellement à l'autorité locale, en contractant par-devant un notaire, c'est-à-dire en invoquant l'autorité civile du pays qu'il habite.

Wicquefort, qui, de tous les auteurs, est le plus zélé pour la défense du droit des ministres publics, et qui s'y livrait avec d'autant plus de chaleur qu'il défendait sa propre cause, convient de ce principe et avoue :

« Que les ambassadeurs peuvent être forcés de remplir les » contrats qu'ils ont passés par-devant notaire, et qu'on peut saisir » leurs meubles pour prix du loyer des maisons dont les baux » auraient été passés de cette manière.» (T. 1, p. 416.)

4° L'immunité étant fondée sur une convention, et toute convention étant réciproque, le ministre public perd son privilège lorsqu'il en abuse contre les intentions constantes des deux souverains.

C'est par cette raison qu'un ministre public ne peut pas se prévaloir de son privilège, pour se dispenser de payer les dettes qu'il peut avoir contractées dans les pays où il réside :

1° Parce que l'intention de son maître ne peut point être qu'il viole la première loi de la justice naturelle, qui est antérieure au privilège du droit des gens ;

2° Parce qu'aucun souverain ne veut ni ne peut vouloir que ces prérogatives tournent au détriment de ses sujets, et que le caractère devienne pour eux un piège et un sujet de ruine ;

3° On pourrait saisir les biens mobiliers du prince même que le ministre représente, s'il en possédait sous notre juridiction ; de quel droit les biens du ministre seraient-ils donc exceptés de cette règle ?

4° L'immunité du ministre public consiste essentiellement à le faire considérer comme s'il continuait à résider dans les États de son maître.

Rien n'empêche donc d'employer vis-à-vis de lui les moyens de droit dont on userait s'il se trouvait dans le lieu de son domicile ordinaire ;

5° Il en résulte qu'on peut le sommer, d'une manière légale, de satisfaire à ses engagements et de payer ses dettes ; et Bynkershoek décide formellement que ce n'est pas peu respecter la maison d'un ambassadeur que d'y envoyer des officiers de justice, pour signifier ce dont il est besoin de donner connaissance à l'ambassadeur ;

6° Le privilège des ambassadeurs ne regarde que les biens qu'ils possèdent comme ambassadeurs, et sans lesquels ils ne pourraient exercer les fonctions de leur emploi.

Bynkershoek (pp. 168 et 172) et Barbeyrac (p. 173) sont de cet avis, et la cour de Hollande a adopté cette base dans l'ajournement qu'elle fit signifier en 1721 à l'envoyé de Holstein, après avoir accordé saisie de tous ses biens et effets, autres que meubles et équipages, et autres choses appartenantes à son caractère de ministre. — Ce sont les termes de la cour de Hollande, du 21 février 1721.

Ces considérations justifient suffisamment la règle, qui est reçue dans toutes les cours, qu'un ministre public ne doit point partir d'un pays sans avoir satisfait ses créanciers.

Lorsqu'un ministre manque à ce devoir, quelle est la conduite à tenir ? c'est la seule question essentielle que la matière puisse faire naître. Elle doit se décider par un usage conforme aux différentes maximes qu'on a établies ci-dessus.

On ne parlera point de l'*Angleterre*, où l'esprit de la législation, borné à la lettre de la loi, n'admet point de convention tacite, ni de présomption, et où le danger d'une loi positive dans une matière aussi délicate a jusqu'ici empêché de fixer légalement les prérogatives des ministres publics.

Dans toutes les autres cours, la jurisprudence paraît à peu près égale ; les procédés seuls peuvent différer.

A *Vienne*, le maréchalat de l'empire s'arroge sur tout ce qui ne tient pas à la personne de l'ambassadeur et à ses fonctions, une juridiction proprement dite, dans une étendue qu'on a quelquefois envisagée comme difficile à concilier avec les maximes généralement reçues. Ce tribunal veille d'une manière particulière sur le payement des dettes contractées par les ambassadeurs, surtout au moment de leur départ.

On en a vu l'exemple, en 1764, dans la personne de M. le comte de Czernicheff, ambassadeur de Russie, dont les effets furent arrêtés jusqu'à ce que le prince de Lichtenstein se fût rendu sa caution.

En *Russie*, un ministre public est assujetti à annoncer son départ par trois publications. On y arrêta les enfants, les papiers et les effets de M. de Bausset, ambassadeur de France, jusqu'à ce que le roi eût fait son affaire des dettes que ce ministre avait contractées.

A *La Haye*, le conseil de Hollande s'arroge une juridiction proprement dite dans les États où les intérêts des sujets se trouvent compromis.

En 1688, un exploit fut signifié à un ambassadeur d'Espagne en personne, qui en porta des plaintes (Bynkershoek, p. 188); les États jugèrent qu'elles étaient fondées, en ce qu'il n'aurait fallu remettre l'exploit qu'aux gens de l'ambassadeur.

A *Berlin*, en 1723, le baron de Posse, ministre de Suède, fut arrêté et gardé, parce qu'il refusait de payer un sellier malgré les avertissements réitérés du magistrat.

A *Turin*, le carrosse d'un ambassadeur d'Espagne fut arrêté sous le règne d'Emmanuel. La cour de Turin se disculpa, à la vérité, de cette violence, mais personne ne réclama contre les procédures qui avaient été faites pour condamner l'ambassadeur à payer ses dettes.

Ces exemples paraissent suffire pour établir en principe qu'un ministre étranger peut être contraint à payer ses dettes. Ils constatent même l'extension qu'on a quelquefois donnée au droit de coaction.

On a soutenu qu'il suffirait d'avertir le ministre de payer ses dettes, pour justifier en cas de refus les voies judiciaires et même la saisie des effets.

Grotius (liv. II, ch. 18) dit : « Que si un ambassadeur a

» contracté des dettes et qu'il n'ait point d'immeubles dans le pays,
» il faut lui dire honnêtement de payer ; s'il le refusait, on s'adres-
» serait à son maître ; après quoi on en viendrait aux voies que
» l'on prend contre les débiteurs qui sont d'une autre juridiction.»

Or, ces voies sont les procédures légales, qui tombent sur les
biens de l'ambassadeur autres que ceux qui sont immédiatement
nécessaires à l'exercice de ses fonctions, ainsi qu'on l'a déjà
observé.

L'opinion la plus modérée est qu'il convient dans tous les cas
de s'abstenir, autant qu'il est possible, de donner atteinte à la
décence qui doit environner le caractère public ; mais le souverain est autorisé à employer l'espèce de coaction qui n'emporte
aucun trouble dans ses fonctions, et qui consiste à interdire à
l'ambassadeur la sortie du pays avant qu'il ait satisfait à ses
engagements.

C'est dans ce sens que Bynkershoek conseille d'employer contre
les ambassadeurs des actions qui emportent plus une défense
qu'un ordre de faire telle ou telle chose. Ce n'est alors qu'une
simple défense, et personne n'oserait soutenir qu'il soit illicite de
se défendre contre un ambassadeur, qui ne doit pas troubler les
habitants en usant de violence et emportant ce qui appartient à
autrui.

Cette maxime est encore plus de saison lorsque des circonstances particulières et aggravantes chargent le ministre du
reproche de mauvaise foi et de manœuvres répréhensibles.

Lorsqu'il viole lui-même ainsi la sainteté de son caractère
et la sécurité publique, il ne peut point exiger que d'autres le
respectent.

Pour appliquer ces maximes au cas particulier de M. le baron
de Wrech, ministre plénipotentiaire du landgrave de Hesse-
Cassel, il suffit de rappeler sa conduite depuis son arrivée à Paris,
et surtout depuis huit mois.

Les voies indécentes qu'il avait adoptées pour se procurer de
l'argent ayant été supprimées, il s'est livré à toutes sortes de
manœuvres que les ménagements qu'on a pour son caractère
empêchent de caractériser.

On se contentera de remarquer que tout conduit à penser que
ce ministre a formé le dessein de frustrer ses créanciers, en
sortant du royaume ; et cette circonstance suffit pour autoriser à

prendre contre lui les mêmes mesures qu'on prendrait s'il était effectivement sorti du royaume, après avoir déposé son caractère par la remise de ses lettres de rappel.

Le ministre des affaires étrangères l'a fait exhorter par le magistrat chargé de la police, et l'a exhorté lui-même à faire honneur à ses engagements.

Dès lors les poursuites qu'on pouvait faire contre lui devenaient légitimes, pourvu qu'elles ne passassent pas les bornes indiquées plus haut.

Le marquis de Bezons se trouvait même dans un cas plus particulier ; le baron de Wrech avait contracté avec lui par écrit ; il avait promis de fournir caution bourgeoise pour l'exécution du bail de la maison. Le baron de Wrech avait donc contracté l'engagement d'assujettir indirectement cette exécution à la juridiction territoriale dans la personne de sa caution. Il est vrai qu'il n'a pas jugé à propos de remplir cette obligation ; mais comme il est assurément le garant de son propre fait, le marquis de Bezons pouvait, selon les règles de l'équité et du bon sens, s'en prendre à lui-même ; et il ne peut être admis à se faire un titre de la mauvaise foi même qui caractérise le refus d'exécuter cette clause de la convention.

C'est d'après ces considérations que, sur les plaintes multipliées des créanciers du baron de Wrech, le ministre des affaires étrangères crut devoir suspendre l'expédition du passeport que ce ministre demanda pour sortir du royaume, en alléguant des ordres du landgrave son maître, jusqu'à ce que les intentions de ce prince fussent connues par le canal du ministre qui réside de la part du roi auprès de lui.

Il permit en même temps au marquis de Bezons de faire valoir ses droits par les voies légales, et il en prévint le baron de Wrech.

Ce ministre s'étant néanmoins plaint qu'on s'était prévalu de cette permission pour forcer sa porte, pour lui signifier l'exploit de la vente de ses meubles, et tout acte de violence devant être banni en pareil cas, on n'a pu s'empêcher de blâmer cet excès, et on a cru devoir suspendre toute poursuite ultérieure. Mais afin de concilier la protection que le roi doit à ses sujets avec les égards dus au caractère public, et afin de remplir tous les procédés que les règles du droit des gens peuvent dicter, le ministère des affaires étrangères vient de déférer au landgrave lui-même la conduite de son ministre.

Ce prince pourra d'autant moins trouver à redire à la conduite qui a été tenue avec son ministre, qu'un fait récent a mis en évidence le sentiment qu'il avait lui-même sur l'immunité. Il fit, en effet, emprisonner, il y a quatre ou cinq ans, le comte de Wartensleben, ministre de Hollande, pour le forcer de rendre compte d'une fondation dont il était l'exécuteur. L'entreprise sur la personne d'un ministre public fut à la vérité condamnée; mais les États-Généraux ne contestèrent pas la juridiction du landgrave; et dans le cas où se trouve le baron de Wrech, les principes que ce prince a soutenus ne lui permettront pas de soustraire son ministre aux mesures capables d'assurer les droits des sujets du roi, ni de les priver du seul gage qu'ils aient de l'exécution de leurs conventions avec lui.

FIN

DU MÊME AUTEUR

De l'Hypothèque judiciaire en Égypte. — Lettre à Son Excellence Nubar Pacha. Le Caire, J. Serrière, 1884.

Bruxelles. — Imprimerie J. Lebègue et Cie, impasse du Devoir, 2.

www.ingramcontent.com/pod-product-compliance
Lightning Source LLC
LaVergne TN
LVHW010858060726
842526LV00002B/516